百年贵大
文化建设丛书

百年贵大文化传承工程项目资金资助

百年贵大
文化建设丛书

音学四表

赵伯愚 / 著
杨 适 赵 和 赵晓梅 赵晓冬 / 整 理

贵州大学出版社
Guizhou University Press

图书在版编目（CIP）数据

音学四表 / 赵伯愚著 ; 杨适等整理. -- 贵阳 : 贵州大学出版社, 2022.7
（百年贵大文化建设丛书）
ISBN 978-7-5691-0601-5

Ⅰ. ①音… Ⅱ. ①赵… ②杨… Ⅲ. ①汉语－古音－音韵学 Ⅳ. ①H11

中国版本图书馆 CIP 数据核字（2022）第 134038 号

YINXUE SIBIAO

音学四表

著　　者：赵伯愚

出 版 人：闵　军
责任编辑：葛静萍
排版设计：方国进

出版发行：贵州大学出版社有限责任公司
地址：贵阳市花溪区贵州大学北校区出版大楼
邮编：550025　电话：0851-88291180
印　　刷：贵阳精彩数字印刷有限公司
开　　本：787 毫米 ×1092 毫米 1/16
印　　张：28.75
字　　数：454 千字
版　　次：2022 年 7 月第 1 版
印　　次：2022 年 7 月第 1 次印刷

书　　号：ISBN 978-7-5691-0601-5
定　　价：140.00 元

“百年贵大学术精品文库”序

◇ 李建军

“溪山如黛，常沐春风，学府起黔中。”1902年，贵州大学堂崛起于黔中，历经省立贵州大学、国立贵州农工学院、国立贵州大学等时期，1950年定名为贵州大学。1951年，毛泽东主席亲笔题写贵州大学校名。2005年，贵州大学成为国家“211工程”大学。2017年，入选国家世界一流学科建设高校。2018年，荣列教育部、贵州省人民政府“部省合建”高校。2022年，再度入选国家新一轮“双一流”建设高校。贵州大学学科门类齐全，涵盖文学、历史学、哲学、理学、工学、农学、医学、经济学、管理学、法学、教育学、艺术学等12个门类。

2021年12月，习近平总书记在中国文联十一大、中国作协十大开幕式上说：“文化是民族的精神命脉，文艺是时代的号角。古人说：‘文者，贯道之器也。’”在贵州大学建校120周年之际，将贵大学人的学术精品以及珍贵的校史资料、档案进行研究整理并予以出版，有利于百年贵大的文化传承，有利于提升学校的文化品位和学术影响力，有利于增强校友对母校的认同感和凝聚力。因此，学校特别策划出版了“百年贵大文化建设丛书”，“百年贵大学术精品文库”即为其中之一种。

贵州大学在百廿年的办学历程中，虽然校名几经更迭，校址几度变迁，筚路蓝缕，历经沧桑，但百年传承，薪火相继，始终坚持以兴学育人为根本，以立足贵州、服务地方为己任。学校由小到大，由弱渐强，形成了“艰苦奋斗，自强不息”的办学精神，凝练出“明德至善，博学笃行”的校训，以严谨、求实、创新的校风和丰厚的文化底蕴培养和孕育了大批优秀人才，为国家特别是贵州经济建设和社会发展提供了强有力的人才支撑和智力保障，而这离不开诸如周恭寿、周步瑛、李书田、张永立、柳诒徵、魏寿昆、王栋、张廷休、罗登义、吴定良、谢六逸、郎世俊、丁道衡、乐森璕、王世真、吴汝康、吕荧、刘述文、恽震、徐采栋、黎东方、姚奠中、汤炳正、张汝舟、张振珮、杨汉先、杜文铎、蒋希文、陈祖武、虞愚、王锳、宋宝安、马克俭、郝小江、张克勤等众多优秀学者的努力和贡献。他们在诲人不倦、教书育人的同时，也在各自的学术领域取得了丰硕的成果，撰写了诸多可堪传世的精品力作，成就了贵州大学“黔中第一学府”的美誉。这是百年名校的历史积淀，更是建设“双一流”大学的厚重底蕴。

“百年贵大学术精品文库”选取贵州大学两个“甲子”120年来贵大学人在各学科领域创作的、具有代表性的经典学术著作整理出版，如《中国文化史》《世界文学》《二毋室古代天文历法论丛》等。

《中国文化史》一书为1942—1946年被聘为国立贵州大学特约讲席的史学家柳诒徵的代表作，被称为中国文化史的“开山之作”。本书着眼于世界文化史与中国文化史的密切关系，叙述了从周代至清代五千年来的中国文化发展史。引用资料自六经、诸子、二十五史、历代各家著述、国外汉学家论著至近代报纸杂志、统计报道，无不详为选辑，史论结合，在当时流传甚广。柳诒徵，字翼谋，亦字希兆，号知非，晚年号劬堂，是中国近现代史学先驱、中国文化学的奠基人和现代儒学宗师，也是著名的书法家和教育家。他在贵州大学任教时，讲课有条不紊，既不做枯燥无味的考证，也不做不着边际的空谈，而是广征博引，引人入胜，不仅得到文科生的喜爱，就连理工科的学生也赶来旁听。在学术方面，他以“一不敷衍自己，二不敷衍古人，三不敷衍今人”为治学准绳，注重史料的作用，并把历史分为“代史、类史、地史、国史”四类，影响了现代史学的治学方向和学科架构。

谢六逸的《世界文学》介绍了英国、法国、德国的古典主义文学、浪漫主义文学、现实主义文学和自然主义文学及新兴文学，内容丰富，介绍系统，是最能表现作者学术功底和眼界的作品。谢六逸，号光燊，字六逸，笔名宏徒、鲁愚，是著名的作家、翻译家、教授，中国现代新闻教育事业的奠基者之一。他提出新闻记者须具备“史德、史才、史识”三条件，为全国大学设新闻系之嚆矢。在贵阳，谢六逸以振兴家乡文化教育为己任，先后任大夏大学文学院院长、国立贵州大学中文系教授，主讲“中国文学史”“文学批评”“国文教材及教法研究”等课程。他学识渊博、和蔼可亲，讲解细致入微，深受学生爱戴。先生十分勤勉，夙兴夜寐、著作等身，有关日本文学、世界文学的著作更是成为文学研究的珍贵文献。

《二毋室古代天文历法论丛》是知名学者、语言学家、贵州大学教授张汝舟先生的代表作。张汝舟先生在对中国古代天文历法的研究中，强调将纸上材料（文献记录）、地下材料（出土文物）、天上材料（实际天象）对证，做到“三证合一”，倾力研究中国古代天文历法资料，较前人取得了可靠的结论。这种古天文历法体系，影响了整个学术界。本书是张汝舟先生在古代天文历法方面的文章合集，解决了很多历史上长期没有解决的具体问题，成为古代天文历法方面独具特色的著作。张汝舟先生毕生从事教育事业，敬德修业、教书育人，以培养人才为己任。他崇高的道德修养、精深的学术水平影响和造就了一大批人才。国内知名学者如周本淳、宋祚胤、孟醒仁、祖保泉等都出自他门下。他在贵州从教近30年，为贵州培养了众多的专业人才，不少弟子成为教育、文艺、学术方面的骨干与中坚，在贵州文教领域熠熠生辉。弟子们给张汝舟先生撰述的《墓碑记》所言：“玉在山而草木润，先师于贵州文教学术之贡献，可谓大矣。弟子遍黔中，颂先师之书、传先师之道，敬德修业咸以先师为楷模。道德风范，口耳相传，无不以升堂入室为荣。”

“百年贵大学术精品文库”所选学术精品著作，涵盖了文学、历史、哲学、政治、经济、法律、社会学、艺术学及理、工、农等众多学科，限于篇幅，恕不能在此一一列举。本丛书一方面梳理、归集了贵州大学建校以来的丰硕学术成果，以明晰学术传承脉络，继传统，启后学；一方面以回顾历史为契机，将当前活跃在国内外学界的贵大人的精品学术成果纳入丛书之中，激励大家沉潜学术，关照现实，投身新时代，为推进学校“双一流”建设、学校学科振兴建设贡献力量。

明德至善，博学笃行，文脉永赓续。“百年贵大学术精品文库”的整理出版，不仅有利于传承贵大百余年的文脉、彰显贵大文化自信，更有利于落实立德树人的根本任务。百年贵大，时逢盛世中华，贵大人当不忘初心、牢记使命，薪火相传，一路凯歌行进，未来必将无限广大。

出版前言

赵伯愚先生当年求学于北京大学经济系时，经常到中文系旁听，后来为官南京，师从国学大师黄侃先生治“小学”。赵伯愚先生高足杨适说：“‘章黄学派’有个传统，不到五十不出书。但每问世一本，必大有价值。”赵伯愚先生的《音学四表》是其遗书，辨析精微，对研究章黄学术及进一步探讨文字和音韵的奥秘具有重要价值。

黄侃与章太炎并称为“乾嘉以来小学的集大成者”“传统语言文字学的承前启后人”。在音韵方面，段玉裁分古韵为十七部，章太炎分为二十三部，黄侃继承先儒之说，首倡的“古韵二十八部，古声十九纽”广受认可。黄侃之说，是乾嘉以来之大成，建立了自己的古音学体系。但他只是提出纲领，来不及做具体而微的论述，所以寄希望于赵伯愚对其进行精细而深入的研究阐释。赵伯愚毕数十年之功，写成《古声韵表》《广韵切语上下字常用字表》《广韵重音抄》《古韵二十八部》，合称《音学四表》。

《古声韵表》汇集《说文解字》中所有形声字，以二十八部为纲，按得声偏旁归类，凡从同一偏旁之字均系于此偏旁之下，并逐字加上切语。同时还订正《说文解字》中有误之处。《广韵切语上下字常用字表》系整理、归纳反切上下字而成。此表按二十八部并结合等呼排列《广韵》中的反切上下字，对研究反切和掌握反切有很大帮助。《古韵二十八部》利用《广韵》的语言系统去探求上古音的系统。《广韵》的重音往往透露出古音韵的情况，《广韵重音钞》的重要性不言而喻。《古韵二十八部》是作者晚年出于对黄侃壮年离世，未暇进一步展开对古韵二十八部研究的遗憾，沿着黄侃的古韵分类做的具体而精微论述的成果。《古韵二十八部》主要采撷《说文解字》中的最初声母汇集而成，完全按黄氏古韵二十八部、古声十九类排列。此表之作，不啻以最简之方式介绍黄侃先生探索上古音的成果，堪称黄侃先生分类最详尽系统的音表。

赵伯愚先生一生兢兢业业治学，全身心教书育人，弦歌不绝。其弟子杨适说："赵老师讲授文字学，有时需要从文字结构上阐述本义，便随手板书篆体古文解析'六书'意义，笔画均匀美观，让人叹为观止。又常引用黄季刚先生的观点。每当此时，必板书'本师曰'三字，以示尊重，接着才写上黄先生的话。"正是因其恪守师道尊严、敬畏学术，所以留下了《音学四表》这样的巨著惠及后学。

本书是赵伯愚的遗著，经其子赵和、孙女赵晓冬、赵晓梅整理，于 2019 年由贵州大学出版社首次出版，此次在初版的基础上，修订了一些错讹之处，同时由竖排改为横排，以便于阅读使用。

适逢贵州大学建校 120 周年之际，我们将此书收入"百年贵大学术精品文库"，以飨读者。

總　目

古聲韵表

目　録

歌部	
影	
曉	𠀀虎何
匣	
見	哥古俄　奇渠羈　畧居宜　加古牙
溪	
疑	我五可　義宜寄
端	多得何　㠃◦陟加
透	它託何　豸式視　弛施氏　烗◦昌氏
定	㇈弋支　也◦羊者
泥	那◦諾何
來	羅魯何　詈力智　麗郎計　离◦呂支
精	𠂇臧可　左則箇
清	叉初牙　槎初牙　鬖千可
從	
心	沙◦所加　徙◦斯氏
邦	
滂	
並	
明	

戈部	
影	
曉	匕呼跨　隓許規
匣	禾户戈　𡝩胡瓦　為薳支　萑户戈
見	冎古瓦　果古火　戈古禾
溪	科苦禾　午苦瓦　虧◦去為
疑	臥吾貨　瓦五寡　囮五禾
端	朶丁果
透	吹昌垂
定	𡚱是為　隋徒果　瑞◦是偽　睡是偽　憜◦徒果
泥	
來	羸郎果　蓏◦郎果　厽力軌　𤻪郎果　絫◦力軌　垒力軌　𠄢郎果
精	
清	
從	坐徂卧
心	貨稣果　惢苏果
邦	髀◦府移
滂	
並	罷薄蟹　皮◦符羈
明	麻莫遐

曷部

影	乙烏轄
曉	
匣	
見	介古拜　丰古拜　㪿古代　匃古代　彑居例　㓣古屑　孑居桀　桀渠列　蓋◦古太
溪	栔苦計　契◦苦計
疑	𡿪五葛　歺五割　埶魚祭　臬◦五結　乂魚廢　豙魚既　㜸◦魚列　櫱◦五葛　忍◦魚既
端	制征例　製征例　带當蓋　摯◦脂利
透	屮他達　介他達　中丑列　世◦舒制　联恥列　蠆丑介　𨐬◦丑利　泰◦他蓋
定	大徒蓋　筮時制　㔾時制　舌◦食列　𣂈食列
泥	
來	剌盧達　砅力制　𠬪◦良辥
精	祭子例
清	察初八
從	
心	卨私列　殺所八

末部	
影	眍○烏括　窫於決
曉	烕許劣
匣	會黄外　曰○王伐　粵王伐　衞○于歲　害于濊
見	巜古外　夬古賣　乚居月　獗居月　𠦃居月　乁居月　丨衢月　決古穴
溪	𩱦傾雪
疑	月魚厥　外五會
端	贅之芮　叕陟劣　綴陟衛
透	說失爇　蛻輸芮　𢅞輸芮
定	奪徒活　兑大外　叡以芮　彗祥歲
泥	
來	劣力輟　𤔣力輟　寽○呂戌
精	最○祖外
清	毳此芮　竄七亂　脃此芮
從	絕情雪
心	㕞所劣　戌○辛聿
邦	貝博蓋　巿分勿　𢷾博怪　𣥠北末
滂	癹普活　朩○普活
並	敗薄邁　吠符廢　罰房越　伐房越　㡀毗祭　犮蒲撥
明	苜莫結　蔑莫結　末莫撥　萬無販

寒部

影	安烏寒　𥨫◦烏寒　㫃於幰　晏◦烏諫　燕於甸
曉	夐朽正　仚呼堅　厂呼旱　憲◦許建　㬎◦呼典　暵◦呼旰
匣	寒胡安　閑户閒　焉有乾
見	干古寒　肩古賢　見古甸　閒古閑　姦古顔　建居萬　柬古限 蠒古典　件其輦　幵古賢　虔◦渠焉
溪	看苦寒　䇂去虔　侃空旱　𠳋去衍　栞◦苦寒　俔苦甸
疑	虤五閑　鬳◦牛建　言◦語軒
端	丹都寒　旦得案　孨旨兖　珏知衍　單都寒
透	羴式連　㢟丑連　扇◦式戰
定	廛直連　譱常衍　衍◦以浅　延◦以然　㳄叙連　羨似面
泥	鷬◦那干　肰如延　㞋人善　䁥尼見　㦜◦奴案
來	連力延　聯力延　輦力展　潄郎电
精	贊則旰
清	奻◦倉案　羼初限　毇◦七然
從	𣦼昨干　𦻏昨先　戔昨干　㱮昨干　孱士連
心	鱻相然　尟苏典　删所姦　柭苏干　山所閒　鮮◦相然

桓部	
影	冤於袁　夗於阮　[illegible]怨阮　肙◦
曉	吅況袁　奐呼貫　夐◦況晚
匣	雈胡官　丸胡官　閔胡畎　幻胡辦　宦胡慣　縣胡涓　爰羽元 媛王眷　俒胡困　[illegible]户关　袁◦羽元　莧◦
見	毌古丸　官古丸　貫◦古玩　盥古玩　[illegible]居倦　〈姑泫　倌古患 弮居劵　丱古猛　祼◦古玩
溪	犬苦泫　款◦苦管
疑	元◦愚袁　厵愚袁　邍愚袁
端	耑多官　叀◦职緣　短◦都管
透	彖通貫
定	斷徒玩　𢇍大丸　旋似沿　[illegible]詳遵　璿◦似沿
泥	[illegible]而兖　妏女還　偄奴乱　耎◦而沇
來	䜌呂員　𤔔郎段　卵盧管　鑾洛官　亂郎段
精	
清	爨七亂
從	全疾緣　泉疾緣　雋徂兖　顛士戀　弜士戀
心	祘蘇貫　筭蘇貫　算蘇管　亘須緣　顨蘇困
邦	班布遠　𠦒北潘　般北潘　半博慢　辡芳萬　反府遠
滂	𣥠普班　片匹見　娩芳萬　挽芳萬　[illegible]芳萬
並	番附袁　楙附袁　便房連　釆蒲莧　扶薄旱　覍皮變　辯符蹇 緐◦附袁　煩◦附袁
明	㒼母官　宀武延　緜武延　臱武延　[illegible]母官　曼◦無販　懣莫困 面彌箭

屑部	規字上者合口
影	一於悉　抑於棘　乙於筆　瞻於悦
曉	肸羲乙　血呼決
匣	
見	吉居質
溪	
疑	隉五結
端	質之日　至脂利　致陟利　疐陟利
透	設識列　徹○丑列　屮丑列　室式質
定	實神質　鷩直質　逸夷質　耋徒結　戜徒結
泥	日人質　絰人質　疒女戹
來	栗力質
精	卩子結　卪子結
清	桼親吉　七親吉
從	疾○秦悉
心	悉息七
邦	八博拔　馬八博拔　必○卑吉　畢○卑吉
滂	匹○普吉
並	𠛱憑列
明	

先部	規字上者合口
影	因於真　印於刃　淵○烏玄
曉	轟○
匣	弬胡田　豩胡田　玄胡涓　衙黄絢
見	緊○糾忍　堅○古賢
溪	礥○口莖
疑	齤語巾　斦語巾
端	㐱○之忍
透	天他前　炃丑刃　申　身○失人
定	田　畋待年　奠　甸　電堂練　寅弋真　臣植鄰　塵直珍　神食鄰 廴　引余忍　㐆直刃　胤羊晉　匀羊倫　旬詳遵
泥	人　儿　仁如鄰　佞乃定　閏如順
來	令力正　粦　闔○良刃
精	聿將鄰　真側鄰　晉卽刃
清	千○此先
從	秦○匠鄰
心	囟　丨息進　卂　信息晉　辛息鄰　燊　屾　㚘　甡所臻　睿私閏
邦	扁方沔
滂	朩匹刃
並	頻符真
明	民弥鄰　丏弥兖　命眉病

灰部

影	威於非　委於詭　畏於胃　尉於胃　衣於稀　伊於脂　肙於機　医於計
曉	虫許偉　毇許委　火呼果　靝虛器　希○香衣
匣	回戶恢　洄戶灰　惠胡桂　胃云貴　位于備　囗羽非　褢戶乖　贙胡畎
見	鬼居偉　臾求位　蕢求位　癸居誄　夔渠追　皆古諧　幾居衣　卟古兮　禾古兮　几居履
溪	凷苦對　豈墟喜　启康礼　開苦哀　𣪠○苦壞
疑	产魚毀　危魚為
端	𠂤都回　隹職追　𣏟之壘　氐丁礼　黹陟几　夂陟侈　旨○職雉
透	水式軌　尸式脂　屎式脂　𠧪式視　矢式視　豕式視
定	采徐醉　夷以脂　弟特計　㣇羊至　肄○羊至
泥	尼○女夷　尒兒氏　二而至
來	靁魯回　磊落猥　耒盧對　頪盧對　纇盧對　戾郎計　蠡郎計　豊盧啟　履良止　利力至　𥝢力至　㸚力几
精	𠂔卽里
清	夊楚危　妻七稽　次○七四
從	崔胙回　辠徂賄　罪徂賄　齊徂兮
心	奞息遺　綏息遺　衰穌禾　厶息夷　師疏夷　死息姊　𦃃息利　帥所律　犀○先稽
邦	非甫微　飛甫微　騑甫微　匕卑履
滂	妃○芳非　配○滂佩
並	肥符非　闠符未　比毗至
明	枚莫桮　眉武悲　𢼸無非　米莫禮　美無鄙　尾無斐

没部	
影	鬱迂勿
曉	[illegible]呼骨　瘖火滑　卉許偉　旻火劣　眉◦許介
匣	
見	骨古忽　[illegible]居未　計古詣　繼古詣
溪	圣苦骨　气去旣　器去冀　棄詰利
疑	兀五忽　刖五忽
端	對都隊　窋丁滑
透	宊他骨　出尺律　復他内　丨他内
定	突徒骨　矞余律　示神至　視神至　曶徐姊　隶徒耐　秫食聿　聿◦余律
泥	内奴對　肉女滑　訥内骨
來	逮力至
精	卒臧没　醉將遂
清	
從	自疾二　囟疾二
心	率所律　四息利　祟雖遂
邦	弗分勿　乀分勿　轡兵媚　閉博計　筆鄙密
滂	由敷勿　朏芳尾
並	誎房六　丿房密　[illegible]平祕　孛蒲妹　鼻父二
明	勿文弗　旻莫勃　溭莫勃　未無沸　[illegible]密祕

痕部	
影	殷於身　𠃊於謹　𤔌於謹
曉	
匣	
見	筋居銀　巾居銀　斤舉欣　堇巨斤　艮古恨
溪	
疑	犾語斤　釿宜引　猌魚僅
端	㐱之忍　典多殄
透	
定	辰植鄰
泥	刃而振
來	
精	薦作甸
清	齔初堇
從	
心	先蘇前　西先稽
邦	
滂	
並	
明	

魂部	
影	𥁕烏渾　壹於云
曉	昏呼昆　熏許云
匣	雲王分　圂胡困　員○王權
見	䍜古魂　昆古渾　蚰古魂　君舉云　軍舉云　｜古本　睔古本
溪	坤苦昆　壼苦本　困苦悶　囷去倫
疑	
端	屯陟倫
透	川昌緣　穿昌緣　舛昌兗
定	𡱂徒魂　𧰼徒魂　遯徒困　𦎫常倫　盾食閏　順食閏　㕣以轉 尹余準　允○余準
泥	
來	侖力屯
精	尊祖昆
清	寸倉困　夋○七倫
從	存○徂尊
心	飧思魂　孫思魂　隼思允
邦	豩伯貧　豳補巾　奔○博昆　分甫文　本布忖　奮方問　糞方問 黺方吻　賁○彼義
滂	
並	
明	門莫奔　文無分　彣無分　免○莫辯

齊部	規字上者合口
影	
曉	醘呼雞
匣	兮胡雞　匸胡礼　系胡計
見	乖古懷　𢆶古懷　丫工瓦　圭古畦　規居隨
溪	
疑	
端	支章移　巵章移　知陟离　只諸氏　[illegible]知義
透	
定	是承旨　氏承旨　𠂆余制　裔○余制　謚○神至
泥	兒汝移
來	
精	呰將此
清	此雌氏
從	
心	虒○息移　斯○息移
邦	卑補移
滂	
並	
明	羋緜婢

錫部	規字上者合口
影	益伊昔　[illegible]伊昔
曉	闃許激
匣	覡胡狄　畫胡麥
見	毄古歷　解佳買　狊古闃
溪	
疑	
端	帝○
透	彳丑亦
定	豸池尔　廌宅買　易羊益　狄徒歷　役營隻
泥	
來	鬲郎激　[illegible]郎激　秝郎擊
精	[illegible]資昔　迹資昔　責側革
清	冊楚革　朿七賜
從	
心	析先激
邦	辟必益
滂	𣏟匹卦　𠂢匹卦
並	辟父益
明	賣莫邂　買莫蟹　冖莫狄　糸莫狄　衇莫獲

青部	規字上者合口
影	䁝烏莖　嬰於盈
曉	
匣	𡚁胡耿　刑○户經　形○户經　熒户扃
見	敬居慶　耿古杏　冂古熒　炅古迥
溪	磬苦定　殸苦定　𦃃去穎　頃去營
疑	
端	丁當經　鼎都挺　貞陟盈　正之盛
透	壬他鼎
定	盈以成　嬴○以成　定徒徑
泥	寍奴丁
來	霝郎丁
精	晶子盈　井子郢　爭側莖
清	青倉經
從	
心	觲息營　生所庚　省所景
邦	
滂	甹普丁
並	平符兵
明	名○武并　鳴武兵

模部

影	烏哀都　於哀都　亚衣駕　晉衣駕
曉	虍荒烏　虎呼古　襾呼訝
匣	乎户吴　壺户吴　户侯古　笠胡誤　華户瓜　𥁕互瓜　叚乎加 亏羽俱　雨王矩　禹王矩　羽王矩　丅胡雅　夏胡雅
見	夃古乎　古公户　鼓工户　[illegible]公户　蠱公户　羖◦公户　股◦公户 瓜古華　家◦古牙　寡古瓦　斝古雅　叚古雅　居九魚　凥九魚 豦强魚　巨其吕　虡其吕　句九遇　睭九遇　瞿九遇　臾舉朱
溪	凵去魚　庫苦故　夸苦瓜
疑	吴五乎　五疑古　伍◦疑古　午疑古　魚語居　鰲語居　瀲◦語居 圉魚舉　御牛據　牙五加
端	貯陟吕　者之也
透	土他魯　兔湯故　鼠書吕　黍舒吕　庶商署　処昌與　車尺遮 舍始夜
定	圖同都　昇以諸　絫以諸　與余吕　与余吕　予余吕　[illegible]直吕 社常者
泥	奴乃都　如人諸　女尼吕
來	魯郎古　鹵郎古　旅力舉　吕力舉
精	組側吕　且子余
清	初楚居　麤倉胡
從	
心	素桑故　疋所菹　卸司夜
邦	夫甫無　甫方矩　巴伯加　靶博下
滂	普滂古
並	步薄故　父扶雨
明	霖文甫　巫武扶　毋武扶　武文甫　莫莫故　馬莫下

鐸部	規字上者合口
影	蒦乙虢
曉	叡呼各　赫呼格　靃呼郭
匣	
見	各古洛　丮几劇　戟紀逆　谷其虐　䨏古博　虢古伯　矍九縛
溪	㐭起戟
疑	屰魚戟
端	隻之石　炙之石　乇陟格
透	辵丑略　尺昌石　赤昌石　㡿昌石
定	石常隻　亦羊益　睪羊益　席祥易　夕祥易　射食夜
泥	若而灼　叒而灼
來	路落故
精	作則洛
清	舄七雀
從	乍鉏駕
心	索蘇各　昔思積
邦	百博陌　博補各　伯博陌
滂	霸匹各
並	白旁陌
明	

唐部	規字上者合口
影	央於良　尣烏光
曉	皀許良　香許良　亯許兩　向許諒　兄許榮
匣	行戶庚　洐戶庚　杏何梗　皇胡光　黃乎光　王雨方　㞷戶光　永于憬
見	庚古行　鬻古行　亢古郎　畕居良　畺居良　強巨良　弜其兩　竟居慶　京舉卿　誩渠慶　競渠慶　光古皇　[illegible]居況　冏居永
溪	羌去羊　𠨍去京　慶丘竟
疑	卬伍岡　仰魚兩
端	章諸良　爪諸兩
透	昌尺良　鬯丑諒
定	長直良　羊与章　昜与章　丄時掌　尚時亮　丈直兩　祥似羊
泥	毀女庚
來	良呂張　量呂張　从良獎　㒳良獎
精	葬則浪
清	倉七岡　刅楚良
從	爿去羊　匠亮疾
心	相息良　桑息郎　喪息郎　爽疏兩
邦	方府良　匚府良　兵補明　秉兵永　丙兵永
滂	
並	彭薄庚　竝蒲迥
明	亾武方　茻模朗　望無放　网文紡　明武兵　皿武永　黽莫杏

矦部	規字上者合口
影	
曉	
匣	矦乎溝　後胡口　后胡口　郈胡口　厚胡口
見	句古矦　冓古候　具其遇
溪	口苦后　寇苦候　區豈俱
疑	禺牛具　愚麌俱
端	兜當矦　斗當口　鬥都豆　晝陟救　豈中句　丶知庾　主之庾 枓之庾　朱章俱　斲竹角
透	音○天口　戍傷遇
定	殳市朱　投度矦　杸市朱　乚市朱　俞羊朱　臾羊朱　豆徒候 梪徒候　尌常句　豰常句　瓜以主　鋀力哷
泥	乳而主
來	婁洛矦　㔷盧候　扇盧后
精	走子苟　奏則候　[illegible]則候
清	芻叉愚　取七庾
從	堅才句
心	須相俞　需相俞
邦	付方遇　頫方矩
滂	
並	鳧房無
明	

屋部

影	屋烏谷
曉	
匣	
見	谷古禄　玨古岳　角古岳　局渠绿　[illegible]居玉
溪	曲丘玉　肯苦江　㱿苦角　哭苦屋
疑	玉魚欲　獄魚欲　岳五角
端	馵之戍
透	秃他谷　束書玉　亍丑玉　豕丑六
定	蜀市玉
泥	辱而蜀
來	鹿盧谷　録盧谷
精	足卽玉
清	
從	族昨木
心	粟相玉
邦	卜博木
滂	
並	屋皮卜　菐蒲沃
明	木莫卜

東部	
影	邕於容
曉	凶許容　兇許拱
匣	䪢胡絳　邕胡絳
見	公古紅　工古紅　廾居竦　共渠用　𨶹渠容
溪	孔康董
疑	喁◦魚容
端	東得紅　匆知朧
透	舂書容　充昌終
定	同徒紅　容余封　庸余封　𩫖余封　用余訟　重柱用
泥	茸而容　宂而朧　軵而朧
來	龍力鍾　弄盧貢
精	嵕子紅
清	囱楚江
從	从疾容　叢徂紅　從慈用
心	竦息拱　送蘇弄　雙所江
邦	封府容
滂	丰敷容　豐敷戎
並	奉扶朧
明	冡莫紅　冡莫紅　尨莫江

蕭部

影	奥○烏到　幽於虯　麀於虯　幼伊謬　𢡇於求
曉	好呼皓　孝呼教　休許尤　嚚許救
匣	學胡覺　頁胡結
見	臯古勞　夰古老　臭古老　告古奥　丩居虯　糾居黝　求巨鳩 裘巨鳩　韭舉友　九舉有　臼其九　臯其九　咎其久　𣪘居又 𢍏渠追　馗渠追　簋居洧　臼居玉　匊居六
溪	丂苦浩
疑	
端	鳥都了　周職留　舟職流　州職流　盩張流　肘陟柳　帚支手 竹陟玉　祝之六
透	夲土刀　討他皓　丑敕九　守書九　首書九　百書九　手書九 獸舒救　臭尺救　畜丑六　尗式竹
定	匋○徒刀　䍃余招　濤直遥　鼂直遥　卣徒遼　道徒皓　舀以沼 䨓直由　雔市流　攸以周　𠧪以舟　由以舟　囚似由　汓似由 牖与久　羑与久　酉与久　丣与久　受○殖酉　酎除柳　褎似又 毓余六　逐直六　𩰫殊六　毒徒沃
泥	夒奴刀　獿女交　脜耳由　杻女久　内人九　肉如六
來	牢魯刀　老盧皓　𣏟力求　鎦力求　劉力求　翏力救　六力竹 坴○力竹
精	㸚卽消　𩰫○卽消　焦○卽消　醮卽消　早子浩　棗子皓　爪側狡 [illegible]側狡　[illegible]○側狡
清	艸倉老　屮倉老
從	𣝣昨牢　䨓昨牢　酋字秋　就疾僦
心	埽蘇老　蒐所鳩　叜穌后　秀息救　肅息逐　夙息逐　㐁○息逐 莤所六

邦	勹布交　包布交　禾博褒　保博褒　卆博抱　報博号　髟必凋 彪甫州　驫甫虬　缶方九
滂	胞匹交　孚芳無　采芳無　[illegible]芳遇
並	勽薄皓　阜房九　𨸏房九　复房六
明	卯莫飽　冃莫報　冒莫報　牟莫浮　矛莫浮　蟊莫浮　戊莫候 牡莫厚　目莫六　㣎◦莫卜　[illegible]◦莫卜

豪部	
影	幺於堯　窅烏皎　皛烏皎　邑烏皎　杳烏皎　夭於兆
曉	囂許嬌　唬呼訏
匣	諕乎刀　號乎刀　爻胡茅　顥胡老　号胡到　佼下巧
見	高古牢　羔◦古牢　交古爻　梟古堯　県古堯　喬巨嬌　杲古老 教古孝　絞古巧
溪	
疑	敖五牢　垚五聊　堯五聊
端	刀都牢　釗止遙　弔多嘯　祒都僚　罩都校
透	叏土刀　弢土刀　少書沼
定	盜徒到　兆治小　[illegible]治小　肁治矯　覞弋笑　䍃以周
泥	𡿺奴皓　褭奴鳥
來	勞魯刀　料洛蕭　尞力照　了盧鳥
精	
清	
從	巢鉏交
心	小私兆　喿蘇到
邦	猋甫遙　杓甫遙　[illegible]方昭　表彼矯
滂	
並	麃◦薄交　受平小
明	毛莫袍　髦◦莫袍　薹莫報　苗武鑣

沃部	
影	
曉	
匣	隺胡沃
見	
溪	
疑	樂五角　虐魚約
端	卓竹角　勺之若　焯都歷
透	皀丑略
定	岸以灼　敫以灼　龠以灼　翟徒歷　糴徒歷
泥	弱而勺　溺奴鳥　尿奴弔　休奴歷
來	
精	雀卽略　爵卽略
清	
從	丵士角
心	
邦	
滂	
並	暴薄報　㬥薄報
明	皃莫報

冬部	
影	
曉	
匣	夅下江
見	躳居戎　宮居戎
溪	
疑	
端	冬都宗　中陟弓　眾之仲　[illegible]職戎
透	
定	彤徒冬　沖直弓　蟲直弓　融以戎
泥	農奴冬　戎如融
來	隆◦力中
精	宗作冬
清	
從	潀徂紅
心	宋蘇綜
邦	
滂	
並	
明	

咍部	規字上者合口
影	𦤎過在　醫於其
曉	醢呼改　灰呼恢　欯許其　𡙇○許其　喜虛里
匣	亥胡改　郵羽求　尤羽求　有云久　𡕒云久　又于救　右于救
見	改古亥　龜居追　丌居之　箕居之　其居之　己居擬　久舉友
溪	北去鳩
疑	𠤕○語期　疑○語其　儗魚己　𦣞魚紀　牛語求
端	等多肯　之止而　芝止而　止諸市
透	態他代
定	臺徒哀　㠯羊止　台与之　𦣝与之　巳祥里　似祥里　詞似兹 辝似兹　辭似兹　市時止　寺祥吏　偫直里
泥	耏奴代　而如之　耳而止　耼仍吏
來	來洛哀　氂里之　里良止
精	巛祖才　𠙹側詞　甾側詞　菑側詞　再作代　宰作亥　兹子之 子卽里
清	采倉宰
從	才昨哉　士鉏里　仕鉏里
心	司息兹　思○息兹　絲息兹　諰胥里　史疏士
邦	不方久　否方久　啚方美
滂	
並	佩蒲妹　婦房九　負房九
明	某莫厚　母莫后　冃莫保

德部	規字上者合口
影	啻於力　意於記
曉	黑呼北
匣	或于逼
見	戒居拜　棘己力　戟○己力　戛古黠　茍己力　革○古覈　國古惑　怪○古壞　亟紀力
溪	克苦得
疑	
端	㝵多則　悳多則　置陟吏　陟竹力　戠之弋
透	敕○恥力
定	直除力　異羊吏　食○乘力　飤祥吏　弋与職
泥	匿○女力
來	泐盧則　力林直
精	則子德　仄阻力　夨阻力
清	畟初力
從	
心	𡨄蘇則　塞先代　嗇所力　色所力　息○相卽
邦	北博墨　皕彼力
滂	畐芳逼
並	伏房六　𠬝房六　[illegible]房六　葡平祕
明	麥莫獲　牧莫卜

登部	規字上者合口
影	雁○於淩
曉	興虛陵
匣	恒胡登　熊羽弓
見	兢○居陵　𢀜居隐　弓居戎　厷○古薨
溪	肎苦等
疑	冰魚陵
端	登都滕　㲝都滕　徵陟陵
透	再處陵　升識蒸
定	椉食陵　丞署陵　承署陵　蠅○余陵　炏○直亙　艂直禁　孕以證
泥	乃奴亥　卤如乘
來	夌力膺
精	
清	
從	曾○昨稜
心	
邦	仌○筆陵
滂	
並	凭皮冰　鳳○馮貢　朋馮貢　馮○房戎
明	瞢○木空

合部	規字上者合口
影	邑於汲
曉	
匣	合侯閤　祫侯夾
見	及巨立　急○居立
溪	
疑	㬎五合
端	執○之入　雷陟立
透	
定	沓徒合　譶徒合　龖徒合　眔徒合　疊徒叶　習似入　十是執　什是執
泥	㚔尼輒　廿人汁　入人汁
來	立力入
精	㗊阻力　卙子入　緝姊入
清	咠七入
從	雥徂合　雧秦入　亼秦入
心	卅蘇沓　馺蘇荅　歰色立
邦	
滂	
並	○ 皀皮及
明	

覃部	規字上者合口
影	音於今　罯烏感
曉	
匣	咸胡監　銜胡監
見	今居音　琴巨今　黅巨今　縣巨錦　弇古南
溪	
疑	众魚音　喦五咸　碞五銜
端	
透	㝢式鍼　㴱式荏　闖丑禁
定	𡈼余箴　冘余箴　𡬶○徐林　甚常枕　覃○徒含　㐁徒感
泥	壬如林　䍐如審　男那含　南○那含
來	林力尋　臨○力尋　亩力甚　葻○盧含
精	先側岑　兓子林
清	侵七林
從	𡭽鉏箴
心	心息林　森所今　㑴○所今　三穌甘　彡所銜
邦	○稟筆錦　○風○方戎
滂	○品丕飲
並	○凡浮芝
明	

帖部	規字上者合口
影	
曉	䖷◦呼濫
匣	𣌭筠輒　曫筠輒　劦胡頰　協胡頰　勰胡頰　盇胡臘
見	劫居怯　甲古狎　夾古狎
溪	狜◦去劫
疑	業魚怯
端	聑丁帖　耴陟葉
透	𦐇土盍　狧◦他合
定	𣶒時攝　涉時攝　枼◦与涉
泥	聶尼輒　喦尼輒　𦘒尼輒　籋◦尼輒　図女洽
來	巤良涉
精	帀子荅
清	妾七接　臿楚洽　届楚洽　揷楚洽
從	疌◦疾葉
心	燮蘇俠　爕蘇叶
邦	○灋方乏　○法方乏　○貶方歛　○㝵方歛
滂	
並	○乏房法
明	

添部	規字上者合口
影	猒於鹽　奄依檢　弇一儉
曉	
匣	炎于廉　𢎘胡先　𢎗胡感　函○胡男　臽户猎
見	甘古三　兼古甛　監○古銜　㪅○古覽
溪	竷苦感　凵口犯　欠去劍
疑	广魚儉
端	占職廉　詹職廉
透	㐁他念　夾失冉　閃失冉
定	炎以冉　燅徐鹽　甛徒兼　乔○直廉
泥	冉而琰　染○而琰
來	
精	㦰子廉　斬側減
清	僉七廉
從	毚士咸
心	芟所銜　毌息廉
邦	
滂	氾孚梵
並	犯防險
明	乏亡范

廣韵切語上下字常用字表

目　録

廣韵切語上字常用字分類

影	於丙	一等	烏哀都	哀烏開	安烏寒	愛烏代		
		四等	煙烏前	鷖烏奚				
		三等	於央居	央於良	伊於脂	衣於希	依於希	憂於求
			乙於筆	謁於歇	憶於力	紆憶居		
		二等	握於角					
		四等	一於悉	挹伊入				
喻	羊戍	四等	余以諸	餘以諸	予以諸	夷以脂	以羊己	羊与章
			弋与職	翼与職	與余吕	營余傾	移弋支	悦弋雪
（為）	遠支	三等	羽王矩	雨王矩	云王分	雲王分	王雨方	韋雨非
			于羽俱	永于憬	榮永兵			
			洧榮美	有云久	遠雲阮	為遠支	筠為贇	
曉	馨皛	一等	虎呼古	火呼果	海呼改	荒呼光	呼荒烏	呵虎何
		四等	馨呼刑					
		三等	許虚吕	虚朽居	朽許久	香許良	羲許羈	休許尤
			況許訪	興虚陵	喜虚里			
匣	胡甲	一等	胡户吴	乎户吴	侯户鉤	户侯古	黄胡光	何胡歌
		二等	下胡雅					
見	古電	一等	古公户	公古紅	姑古胡	過古卧	各古落	
		四等	兼古甜					
		二等	格古伯	佳古膎				
		三等	詭過委					
		三等	舉居許	几居履	紀居理	居九魚	九舉有	俱舉朱
		四等	規居隨	吉居質				
溪	苦奚	一等	苦康杜	康苦岡	枯苦胡	空苦紅	口苦后	恪苦各
		四等	牽苦堅	謙苦兼				
		二等	楷苦駭	客苦格				
		三等	去丘據	丘去鳩	羌去羊	欽去金	傾去營	墟去魚
			袪去魚	起墟里	綺墟彼	豈袪豨	區豈俱	驅豈俱
		四等	詰去吉	窺去随				

羣	渠云	三等	渠強魚	強巨良	求巨鳩	巨其呂	具其遇	臼其九
			衢其俱	奇其羈	其渠之	暨具冀		
疑	語其	一等	五疑古	吾五乎	俄五何			
		四等	研五堅					
		三等	語魚巨	宜魚羈	擬魚紀	危魚為	玉魚欲	魚語居
			疑語其	牛語求	遇牛具	愚遇俱	虞遇俱	
端	多官	一等	都當孤	當都郎	冬都宗	多得何	得多則	德多則
		四等	丁當經					
透	他候	一等	土他魯	吐他魯	通他紅	託他各	他託何	台土來
			湯土郎					
		四等	天他前					
定	徒徑	一等	徒同都	同徒紅	特徒得	杜徒古	度徒故	唐徒郎
			堂徒郎	陀徒何				
		四等	田徒年	地徒四				
泥	奴低	一等	奴乃都	乃奴亥	内奴對	諾奴各	那諾何	
		四等	嬭奴禮					
來	落哀	一等	魯郎古	郎魯當	來落哀	賴落蓋	盧落胡	落盧各
			洛盧各	勒盧則				
		四等	練郎電					
		三等	呂力舉	良呂張	離呂支	里良士	力林直	林力尋
			連力延	縷力主				
知	陟離	三等	知陟離	张陟良	豬陟魚	徵陟陵	中陟弓	追陟隹
			陟竹力	竹张六				
		二等	卓竹角					
徹	丑列	三等	癡丑之	抽丑鳩	楮丑呂	褚丑呂	丑敕久	敕恥力
			恥敕里					
澄	直陵	三等	持直之	治直之	池直離	遲直尼	佇直呂	柱直主
			丈直两	場直良	除直如	直除力	宅場伯	
娘	女良	三等	尼女夷	拏女加	女尼呂			
日	人質	三等	兒汝移	汝人渚	儒人朱	如人諸	人如鄰	仍如乘
			而如之	耳而止				

照	之少	三等	章諸良	征諸盈	止諸市	諸章魚	煮章与	支章移
			之止而	正之盛	職之翼	占職廉	旨職矢	脂旨夷
穿	昌緣	三等	昌尺良	尺昌石	赤昌石	充昌終	處昌吕	叱昌栗
			春昌脣					
（神）	食鄰	三等	神鄰食	乘食陵	食乘力	實神質		
審	式任	三等	傷式陽	商式陽	失式質	試式吏	矢式視	式賞職
			識賞職	賞書兩	詩書之	書傷魚	舒傷魚	施式支
			釋施隻	始詩止				
禪	市連	三等	常市羊	嘗市羊	殊市朱	蜀市玉	時市之	市時止
			署常恕	寔常職	殖常職	植常職	臣植鄰	承署陵
			視承矢	氏承紙	是承紙	成是征		
精	子盈	一等	臧則郎	祖則古	作則落	則子得		
		四等	將即良	資即夷	子即里	即子力	借子夜	醉將遂
			姊將几	遵將倫				
		三等	茲子之					
清	七情	一等	麄倉胡	麤倉胡	采倉改	醋倉故	倉七岡	蒼七岡
		四等	青倉經	千倉先				
		四等	取七庾	親七人	遷七然	七親吉	此雌氏	雌此移
從	疾容	一等	藏昨郎	才昨哉	徂昨胡	在昨宰	昨在各	酢在各
		四等	前昨先					
		四等	匠疾亮	慈疾之	自疾二	情疾盈	疾秦悉	秦匠鄰
			漸慈染					
心	息林	一等	蘇素姑	素桑故	速桑谷	桑息郎		
		四等	先蘇前					
		四等	須相俞	胥相居	息相即	相息良	寫息姐	悉息七
			思息兹	司息兹	斯息移	私息夷	雖息遺	辛息鄰
邪	似嗟	四等	徐似魚	辭似兹	辝似兹	祥似羊	詳似羊	似詳里
			寺詳吏	夕詳易	旬詳遵	隨旬為		
（莊）	側羊	二等	阻側吕	爭側莖	莊側羊	鄒側鳩	簪側吟	側阻力
			仄阻力					
（初）	楚居	二等	初楚居	楚創舉	創初良	瘡初良	叉初牙	廁初吏
			測初力	芻測隅				

牀	士莊	二等	鋤士魚	鉏士魚	牀士莊	豺士皆	崱士力	士鋤里
			仕鋤里	崇鋤弓	查鋤加	雛仕于	俟牀史	助牀據
（疏）	所葅	二等	疏所葅	踈所葅	山所閒	沙所加	砂所加	生所庚
			色所力	數所矩	所疏舉	史疏士		
幫	博旁	一等	補博古	布博故	晡博孤	北博墨	博補各	
		四等	邊布玄					
		二等	伯博陌	百博陌	巴伯加			
		三等	鄙方美	陂彼為	筆鄙密	彼甫委	兵甫明	
		四等	并府盈	卑府移	必卑吉	畀必至		
滂	普郎	一等	普滂古	滂普郎				
		四等	匹譬吉	譬匹賜				
		三等	披敷羈	丕敷悲				
並	蒲迴	一等	蒲薄胡	步薄故	裴薄回	薄傍各	傍步光	部蒲口
		二等	白傍陌					
		三等	平符兵	皮符羈	弼房密			
		四等	毗房脂	便房連	婢便俾			
明	武兵	一等	模莫胡	謨莫胡	摸莫胡	母莫后	慕莫故	莫慕各
		三等	明武兵	眉武悲	綿武延	靡文彼	美無鄙	
		四等	彌武移					
非	甫微	三等	府方矩	甫方矩	方府良	分府文	封甫容	
敷	芳無	三等	孚芳無	敷芳無	妃芳非	撫芳武	芳敷方	峯敷容
			拂敷勿					
奉	扶隴	三等	扶防無	符防無	苻防無	防符方	房符方	附符遇
			縛符钁	父扶雨	馮房戎	浮縛謀		
微	無非	三等	無武夫	巫武夫	亡武方	武文甫	文無分	望巫放

廣韻切語下字常用字分類

一、東董送屋

合	東一	東德紅	紅戶公
		公古紅	
	董一	董多動	動徒總
		總作孔	蠓莫孔
		孔康董	
	送一	送蘇弄	弄盧貢
		涷多貢	鳳○馮貢
		貢古送	
	屋一	谷古祿	祿盧谷
		卜博木	木莫卜
撮	東二	中陟弓	弓居戎
		宮居戎	终職戎
		融以戎	戎如融
	送二	仲直眾	眾之仲
		鳳○馮貢	
	屋二	六力竹	竹張六
		菊居六	匊居六
		福方六	逐直六
		宿息逐	

分合、撮二類，合一等，撮二、三、四等。其中正齒二等，齒頭喻母四等，送韻借貢切，鳳；又借鳳切，㝱。

二、冬腫宋沃

合	冬一	冬都宗	宗作冬
	腫一	湩都侗	
	宋一	宋蘇統	統他綜
		綜子宋	
	沃一	沃烏酷	酷苦沃
		毒徒沃	篤冬毒

合口，一等一類，湩《廣韻》都鳩切，鳩在三講，今依《切韻考》借董韻侗字改為都侗切。

三、鍾腫用燭

撮　鍾一　鍾職容　凶許容
　　　　　封府容　容餘封
　　　　　庸餘封
　　腫一　踵之隴　冢知隴
　　　　　奉扶隴　宂而隴
　　　　　勇余隴　隴力踵
　　　　　拱居悚　悚息拱
　　用一　用余頌　頌似用
　　燭一　蜀市玉　錄力玉
　　　　　曲丘玉　足卽玉
　　　　　玉魚欲　欲余蜀

撮脣，三、四等合為一類，齒頭喻母四等。

四、江講絳覺

合　江一　江古雙　雙所江
　　講一　講古項　㶾烏項
　　　　　項胡講
　　絳一　絳古巷　降古巷
　　　　　巷胡絳
　　覺一　角古岳　岳五角

《切韻指掌圖》合口，二等一類四聲，《等子》《切韻指南》以喉牙重脣為開口，舌頭舌上正齒為合口。

五、支紙寘

齊　支一　羈居宜　宜魚羈
　　　　　奇渠羈
　　紙一　綺墟◦彼　倚於綺
　　　　　彼◦甫◦委
　　寘一　義◦宜◦寄

	支二	支◦章◦移	移弋支
		離呂支	知陟離
	紙二	紙諸氏	是承紙
		氏承紙	侈尺氏
		此雌氏	爾兒氏
		豸池爾	
	寘二	智知義	豉是義
		賜斯義	寄居義
		義宜寄	
撮	支三	為遠支	危魚為
		垂是為	吹昌垂
		支章移	
	支四	為◦遠◦支	隨旬◦為
		規居隨	
	紙三	委於詭	詭過委
		髓息委	毀許委
		累力委	彼甫委
		捶之累	靡文彼
	紙四	弭綿婢	婢便俾
		俾并弭	
	寘三	偽危睡	睡是偽
		瑞是偽	累良偽
	寘四	恚於避	避毗◦義
		義◦宜◦寄	

齊、撮各分二類，共四類，並是二、三、四等。其中正齒二等，齒頭喻母四等，喉牙重脣有四等字，支韻借支切，為，又借為切，隨；紙韻借彼切，綺；寘韻借義切，臂，又借義切，避。

六、脂旨至

齊	脂一	夷以脂	脂旨夷
		飢居夷	肌居夷
		尼女夷	資卽夷

		私息夷	
	旨一	几居履	履力几
		雉直几	姊將几
		矢式視	視承矢
	至一	至脂利	四息利
		冀几利	器去冀
		利力至	二而至
		自疾二	
	至二	季居悸	悸其季
		利◦力◦至	
撮	脂三	追陟隹	隹職追
		維以追	遺以追
		綏息遺	悲府眉
		眉武悲	
	脂四	追◦陟◦隹	
	旨三	軌居洧	水式軌
		壘力軌	誄力軌
		累◦力◦委	美無鄙
		鄙方美	洧榮美
	旨四	癸居◦誄	誄◦力◦軌
	至三	位于愧	愧俱位
		類力遂	醉將遂
		遂徐醉	萃秦醉
		祕兵媚	媚明祕
		備平祕	
	至四	寐彌◦二	至◦脂◦利

齊、撮各分二類，共四類。並是二、三、四等。其中正齒二等，齒頭喻母四等，喉牙舌頭重脣有四等字。脂韻借追切，葵；旨韻借誄切，癸；借累切，嶵；至韻借二切，寐；借至切，痹、鼻；又季、棄、悸三字是齊齒四等字，屁、痹、鼻、寐四字是撮脣四等字交錯。

七、之止志

齊	之一	之止而	而如之
		其渠之	兹子之
		持直之	
	止一	里良士	理良士
		史疎士	士鉏里
		紀居理	己居理
		擬魚紀	止諸市
		市時止	
	志一	吏力置	置陟吏
		志職吏	記居吏

齊齒二、三、四等一類，正齒二等，齒頭喻母四等。

八、微尾未

齊	微一	衣於希	依於希
		希香衣	
	尾一	豈袪豨	豨虛豈
	未一	豙魚既	既居豙
撮	微二	微無非	非甫微
		韋雨非	歸舉韋
	尾二	尾無匪	匪府尾
	未二	未無沸	味無沸
		沸方味	胃于貴
		貴居胃	畏於胃

分齊、撮二類，並是三等。

九、魚語御

撮	魚 居九魚　魚語（語）居	舉居許　許虛（御）呂	據居御　倨居御
	葅側魚　諸章魚	巨其呂　與余呂	御牛倨　慮良倨
	余以諸	呂力舉　渚章與	去丘倨　助牀據
			恕商署　署常恕
			洳人恕　預羊洳

撮脣二、三、四等一類，正齒二等，齒頭喻母四等。

十、虞麌遇

撮	虞 于羽俱　隅遇（麌）俱	雨王矩　羽王（遇）矩	遇牛具　具其遇
	芻測隅　朱章俱	禹王矩　甫方矩	句九遇　戍傷遇
	俱舉朱　俞羊朱	矩俱雨　武文甫	注之戍
	逾羊朱　輸式朱	主之庾　庾以主	
	誅陟輸　無武夫		
	夫甫無		

撮脣二、三、四等一類，正齒二等，喻母四等，齒頭有四等。

十一、模姥暮

合	模 姑古胡　孤古（姥）胡	古公户　户侯（暮）古	故古暮　暮莫故
	胡户吴　乎户吴	杜徒古　魯郎古	路洛故　誤五故
	吴五乎　吾五乎	補博古	祚昨誤
	烏哀都　都當孤		

合口一等一類。

十二、齊薺霽

齊	齊一	低都奚　雞古奚
		稽古奚　奚胡雞
		兮胡雞　臡人兮
	齊二	圭古攜　攜户圭
		迷莫◦兮　兮◦胡雞

	薺一	禮盧啟　啟康禮 弟徒禮	
	薺二	米莫禮　禮◦盧啟	
	霽一	戾郎計　計古詣 　　　　詣五計	
	霽二	惠胡桂　桂古惠 計◦古◦詣　詣五◦計	
分齊、撮二類，並是四等。脣音為撮脣，齊韻借兮切迷，薺韻借禮切，陛、米；霽韻借計切，閉、薜、謎；借詣切，媲。			
十三、祭			
齊	祭一	祭子例　例力制 制征例　憩去例 罽居例	
	祭二	税舒鋭　歲相鋭 芮而鋭　鋭以芮 衛于劌　劌居衛 祭◦子◦例　獘毗◦祭 袂彌獘　蔽必袂	
分齊、撮二類脣音，讀撮脣，包括二、三、四等，正齒二等，齒頭重脣四等，喻母有四等字，借祭切，獘。			
十四、泰			
開	泰一	太他蓋　蓋古太 大徒蓋　帶當蓋 艾五蓋	
合	泰二	外五會　會黄外 最祖外　貝博◦蓋 蓋◦古太	
分開、合二類，並是一等重脣。讀合口，借蓋切，貝、霈、旆。			

十五、佳蟹卦

開	佳一	佳古膎　膎户佳
	蟹一	蟹胡○買　買○莫蟹
	卦一	懈古隘　隘烏懈
		賣○莫○懈
	卦二	卦古賣　賣莫○懈
		懈○古隘
合	佳二	蛙烏娲　緺古蛙
		娲古蛙　佳○古膎
	蟹二	買莫○蟹　蟹○胡買

分開、合二類，並是二等，脣音，讀合口。借，佳牌瞶借蟹切，買；借買切，蟹；借賣切，嫛、膪、債；借懈切，賣。

十六、皆駭怪

開	皆一	皆古諧　諧户（駭）皆　駭侯楷　楷苦駭
	怪一	戒古○拜　介古○拜
		界古○拜　拜○布戒
合	皆二	懷户乖　淮户乖
		乖古懷　皆○古諧
	怪二	拜戒○布　怪壞古
		壞怪胡　戒○拜古

分開、合二類，並是二等，脣音，讀合口。借皆切，排、埋；借拜切，戒、介、界、鎩；借戒切，擽。

十七、夬

開	夬一	介○古○拜
合	夬二	夬古邁　邁莫話
		話下快　快苦夬

分、開合二類，並是二等，借介切，蠆。

十八、灰賄隊

合 灰 恢灰呼 恢苦回 回户（賄）恢 杯布回 賄呼罪 猥烏賄 罪徂（隊）賄 繢胡對 隊徒對 佩蒲昧 妹莫佩 内奴對 對都隊 昧莫佩

合口一等一類。

十九、咍海代

開
咍一 哀烏開 開苦哀
來落哀 才昨哉
哉祖才
海一 亥胡改 改古亥
愷苦亥 紿徒亥
宰作亥
代一 愛烏代 溉古代
槩古代 耐奴代
代徒耐

合
咍二 來◦落哀
海二 愷◦苦亥 亥◦胡改
代二 代◦徒耐

分開、合二類，並是一等，唇音，讀合口。借來切，娝、䧵；借愷切，啡；借亥切，倍、穤；借代切，穤。

二十、廢

撮 廢 廢方肺 肺芳吠
吠符廢 穢於廢

二十一、真軫震質

齊
真一 真側鄰 珍陟鄰
人如鄰 鄰力珍
真二 巾居銀 銀語巾

	軫一	軫章忍　引余忍 盡慈忍　忍而軫
	震一	振章刃　晉即刃 遴良刃　刃而振 覲渠遴
	質一	質之日　日人質 栗力質　吉居質 叱昌栗　七親吉 悉息七　一於悉
	質二	乙於○筆　筆○鄙密
撮	真三	賓必○鄰　真○側○鄰 鄰○　力○珍
	真四	筠王○春　春○昌○脣 贇於○倫　倫○力○迍
	軫二	忍○而○軫　盡○慈○忍
	軫三	殞于敏　敏眉殞
	震二	刃○而○振
	質三	必卑○吉　畢卑○吉 吉○居○質
	質四	筆鄙密　密美筆 律○呂○邺

齊、撮各分二類，共四類，包括二、三、四等。正齒二等，齒頭喻母四等，喉牙舌頭有四等字，脣音皆為合撮。其中借真切，頻；借鄰切，賓、民；借春切，筠；借倫切，贇、囷；借忍切，牝；借盡切，泯；借刃切，儐、汖；借吉切，匹、必、畢；借律切，率；借筆切，茁、乙、颰。

二十二、諄準稕術

撮	諄倫力迍	綸力迍（準）	準之尹	尹余準（稕）	閏如順	順食閏（術）
	律呂邺	邺辛聿				
	迍陟綸	脣食倫	允余準	峻私閏	聿餘律	
	勻羊倫	遵將倫				
	均居勻	旬詳遵				

撮脣二、三、四等一類，正齒二等，齒頭喻母、喉音牙音並是四等。
二十三、臻櫛
開 臻 臻側詵　詵所臻 櫛 櫛阻瑟　瑟所櫛
開口一類，二等。
二十四、文吻問物
撮 文 文無分　云王分 分府文 吻 吻武粉　粉方吻 問 問亡運　運王問 物 物文弗　勿文弗 弗分勿
撮脣一類，三等。
二十五、殷隱焮迄
齊 殷 欣許斤　斤舉欣 隱 隱於謹　謹居隱 焮 焮香靳　靳居焮 迄 迄許訖　訖居乞 乞去訖
齊齒一類，正齒二等，其餘三等。
二十六、元阮願月
齊 元一　言语軒　軒虛言 阮一　偃於幰　幰虛偃 願一　建居◦万　堰於建 万◦無◦販 月一　竭其謁　謁於歇 歇許竭　訐居竭

撮	二元	袁雨元　煩附袁 元愚袁	
	阮二	遠雲阮　晚無遠 阮虞遠	
	願二	願魚怨　怨於願 販方願　万無販	
	月二	月魚厥　厥居月 伐房越　越王伐 發方伐	

分齊、撮二類，並是三等。

二十七、魂混慁沒

合	魂	昆古渾　渾户昆 魂户昆　尊祖昆 奔博昆
	混	袞古本　本布忖 忖倉本　損蘇本
	慁	困苦悶　寸倉困 悶莫困
	沒	骨古忽　忽呼骨 沒莫勃　勃蒲沒

合口一類一等。

二十八、痕很恨

開	痕	痕户恩　恩烏痕 根古痕
	很	很胡懇　懇康很
	恨	恨胡艮　艮古恨

開口一類，一等。

二十九、寒旱翰曷

開 寒 寒胡安 安烏寒
干古寒
旱 旱胡笴 笴古旱
但徒旱
翰 案烏旰 按烏旰
贊則旰 旰古案
旦得按
曷 曷胡葛 葛古達
達唐割 割古達

開口一類一等。

三十、桓緩换末

合 桓 丸胡官 官古丸
端多官 潘普官
緩 緩胡管 纂作管
管古滿 伴薄滿
滿莫◦旱 旱◦胡◦笴
换 换胡玩 玩五换
貫古玩 段徒玩
亂良段 喚火貫
筭蘇貫 半博慢
幔莫半
末 活户括 括古活
末莫撥 撥北末

合口一類一等，借旱切，滿。

三十一、删潸諫黠

開	删一	颜五姦	姦古颜
	潸一	赧◦女◦版	版◦布綰
	諫一	晏烏澗	澗古晏
		諫古晏	鴈五晏
	黠一	黠胡◦八	八◦博◦拔
合	删二	還户關	關古還
		顽五還	班布還
	潸二	綰烏板	板布綰
		版布綰	
	諫二	患胡慣	慣古患
	黠二	八博拔	拔蒲八
		滑户八	

分開合二類，並是二等，脣音，讀合口。借版切，赧；又借八切，詘、札、齜、殺、僧、黠。

三十二、山産襇鎋

開	山一	山所間	閑户間
		間古閑	
	産一	簡古限	限胡簡
	襇一	襇古莧	莧侯襇
	鎋一	鎋胡瞎	轄胡瞎
		瞎許鎋	
合	山二	頑◦五◦還	閑◦户◦間
	産二	綰◦烏◦板	簡◦古◦限
	襇二	辨蒲◦莧	莧◦侯◦襇
	鎋二	鎋◦胡瞎	頒丑刮
		刮古頒	

分開合二類，並是二等，脣音，讀合口，借删韵頑切，鰥；借綰切，㥧；又借本韵閑切，煸；借簡切，麲；借莧切，盼、瓣、莔；借鎋切，捌、礣。

三十三、先銑霰屑

齊	先一	前昨先	先蘇前
		煙烏前	堅古賢
		賢胡田	田徒年
		颠都年	年奴顛
	銑一	典多殄	殄徒典
		繭古典	峴胡典
	霰一	甸堂練	佃堂練
		電堂練	練郎甸
	屑一	屑先結	結古屑
撮	先二	玄胡涓	涓古玄
		賢○胡○田	田○徒○年
	銑二	泫胡畎	畎姑泫
		殄○徒○典	典○多殄
	霰二	縣黃絢	絢許縣
		麪莫○甸	甸○堂練
	屑二	穴胡決	決古穴
		蔑莫○結	結○古○屑

分齊撮二類，並是四等，脣音，讀撮口。借賢切，邊、眠；借田切，蹁；借殄切，揙；借典切，編；借甸切，麪；借結切，蔑、彇。

三十四、仙獮線薛

齊	仙一	仙相然	延以然
		然如延	連力延
		乾渠焉	焉於乾
	獮一	蹇九輦	輦力展
		展知演	善常演
		淺七演	演以淺
		翦卽淺	
	線一	戰之膳	膳時戰
		扇式戰	線私箭

		碾女箭	箭子賤
		賤才線	
	薛一	列良薛	薛私列
		竭渠列	熱如列
撮	仙二	連○力○延	延○以○然
	仙三	員王權	圓王權
		權巨員	攣吕員
	仙四	緣与專	專職緣
		川昌緣	泉疾緣
		全疾緣	宣須緣
	獮二	免亡辨	辨符○蹇
		蹇○九○輦	
	獮三	兖以轉	轉陟兖
		篆持兖	緬彌兖
	線二	戰○之○膳	箭○子○賤
		見○古○電	面彌○箭
	線三	變彼眷	眷居倦
		倦渠卷	卷居倦
		戀力卷	囀知戀
	線四	絹吉掾	掾以絹
		釧尺絹	
	薛二	列○良○薛	滅亡○列
	薛三	劣力輟	輟陟劣
		爇如劣	
	薛四	悦弋雪	雪相絕
		絕子悦	

分齊一類、撮三類，共四類，包括二、三、四等，正齒二等，齒頭喻母四等，重脣有四等字。脣音皆撮口，借連切，鞭、篇、便、㴜；借延切，緜；借蹇切，辯、辨；借戰切，鄜；借箭切，面，借；列切，鷩、別、滅；又借見切，徧。

三十五、蕭筱嘯

齊	蕭	蕭蘇彫	彫都聊
		聊落蕭	堯五聊
		幺於堯	
	筱	了盧鳥	鳥都了
		皎古了	皛胡了
	嘯	嘯蘇弔	弔多嘯

齊齒，四等一類。

三十六、宵小笑

齊	宵一	宵相邀	霄相邀
		邀於霄	消相邀
		焦卽消	遥餘昭
		昭止遥	招止遥
	宵二	嬌舉○喬	驕舉○喬
		喬巨○嬌	囂許嬌
	小一	小私兆	兆治小
		夭於兆	矯居夭
	小二	少書沼	沼之少
	笑一	笑私○妙	肖私○妙
		妙○彌笑	
		要於笑	
	笑二	照之少	少失照
		召直照	廟○眉召
撮	宵三	遥○餘○昭	招○止○遥
		霄○相○邀	
	霄四	瀌甫○驕	驕○舉○喬
	小三	表彼○矯	矯○居○夭
	小四	少○書○沼	沼○之○少
	笑三	妙彌○笑	笑○私秒
	笑四	廟眉○召	召○直○照

齊、撮各分二類，共四類，並是三、四等。第一類齒頭喻母四等，喉牙有四等字；第二類只喻母四等；脣音皆撮口；第三類四等，借遥切，飆、蜱；借招切，奧；借霄切，瓢；借矯切，表；借笑切，妙。一類又借妙切，笑。第四類三等，借驕切，瀌、鑣；借少切，摽；借沼切，縹、眇；借召切，廟、驃。二類又借廟切，嶠。

三十七、肴巧效

開	肴一	肴胡◦茅	茅◦莫交
		嘲陟交	交古◦肴
	巧一	巧苦絞	爪側絞
		絞古巧	
	效一	孝呼教	教古孝
		稍所教	
合	肴二	茅莫◦交	交◦古◦肴
	巧二	飽博◦巧	巧◦苦◦絞
	效二	皃莫◦教	教◦古◦孝

分開、合二類，並是二等。合口只有脣音，其中借茅切，肴；借交切，包、胞、庖、茅；借巧切，飽、鮑；借教切，豹、皃、麭。

三十八、豪晧号

開	豪一	勞魯刀	牢魯刀
		刀都牢	曹昨勞
		遭作曹	毛◦莫◦袍
	晧一	晧胡老	浩胡老
		老盧晧	道徒晧
		早子晧	
	号一	耗呼到	到都導
		導徒到	
合	豪二	毛莫袍	袍薄襃
		襃博毛	
	晧二	抱博◦浩	浩◦胡◦老
		道◦徒◦晧	

号二　報博◦耗　耗◦呼◦到

到◦都◦導

分開、合二類，並是一等，合口，只有脣音。其中借毛切，蒿；借浩切、抱；道切，務；借耗切、報到切，冃。

三十九、歌哿箇

開　歌　歌古俄　俄五何

何胡歌

哿　可枯我　我五可

左臧可

箇　箇古賀　个古賀

賀胡箇　佐則箇

邏郎佐

開口一等一類。

四十、戈果過

合　戈一　禾户戈　和户戈

戈古禾　波博禾

婆蒲波

果　火呼果　果古火

過　貨呼卧　卧五貨

過古卧　唾湯卧

撮　戈二　鞾許◦戈　戈◦古◦禾

齊　戈三　伽求迦　迦居伽

撮　戈四　伽◦求◦迦

分合、撮、齊、撮四類，戈一一等，戈二三等，戈三三等，戈四四等。借戈切，鞾；借伽切，脞。

四十一、麻馬禡

開	麻一	加古牙　牙五加
		霞胡加
	馬一	雅五下　疋五下
		下胡雅　賈古疋
	禡一	亚衣嫁　嫁古訝
		駕古訝　訝吾駕
合	麻二	瓜古華　花呼瓜
		華户瓜　巴伯◦加
		加◦古◦牙　霞◦胡◦加
	馬二	瓦五寡　寡古瓦
		下◦胡◦雅
	禡二	霸必◦駕　駕◦古訝
齊	麻三	車尺遮　遮正奢
		奢式車　賒式車
		邪以遮　嗟子邪
	馬三	姐兹野　野羊者
		冶羊者　也羊者
		者章也
	禡三	夜羊謝　謝辝夜

分開、合、齊三類，麻一、麻二並是二等，麻三三、四等，舌頭齒頭喻母四等，重脣有四等字，脣音讀合口，借加切，巴；借霞切，麻；借下切，把、跁、馬；借駕切，帊、䯲、禡、霸，又麻、三、乜；彌也切，當為撮口四等，應另列撮口一類。按，彌也切，乜字，亦借齊切，撮。

四十二、陽養漾藥

齊	陽一	陽与章　羊与章
		章諸良　張陟良
		良呂張　莊側羊
	養一	養餘兩　丈直兩
		掌諸兩　獎卽兩
		兩良獎

	漾一	樣餘亮	向許亮
		亮力讓	讓人樣
	藥一	藥以灼	若而灼
		灼之若	勺之若
		略離灼	雀卽略
		爵卽畧	約於畧
		虐魚約	
撮	陽二	王雨方	方府○良
		良○呂○張	
	養二	往于○兩	网文○兩
		昉分网	養○餘○兩
		兩○良○獎	
	漾二	況許訪	訪敷○亮
		放甫妄	妄巫放
		亮○力○讓	
	藥二	縛符钁	钁居縛

分齊、撮二類，包括二、三、四等，正齒二等，齒頭喻母四等，脣音讀撮口，借良切，方；借養切，驪；借兩切，髣、网、往；借亮切，訪。

四十三、唐蕩宕鐸

開	唐一	郎魯當	當都郎
		剛古郎	岡古郎
	蕩一	朗盧黨	黨多郎
	宕一	浪來宕	宕徒浪
	鐸一	落盧各	各古落
合	唐二	光古黃	黃胡光
		旁步光	郎○魯○當
	蕩二	晃胡廣	廣古晃
		朗○盧○黨	
	宕二	曠苦謗	謗補曠
		浪○來○宕	

鐸二　博補○各　郭古博

穫胡郭　各○古○落

分開、合二類，皆一等，脣音合口。借郎切，滂、茫；借朗切，榜、髈、莽；借浪切，傍、漭；借各切，博、䪙、泊、莫。

四十四、庚梗映陌

開　庚一　庚古行　行户庚

盲○武庚

梗一　梗古杏　杏何梗

瞢烏○猛　猛○莫杏

映一　更古○孟　孟○莫更

陌一　格古○伯　伯○博○陌

陌○莫○白　白○傍○陌

合　庚二　横户盲　盲武○庚

庚○古○行

梗二　猛莫○杏　杏○何梗

映二　孟莫○更　更○古孟

陌二　伯博陌　陌莫白

白傍陌

齊　庚三　卿去京　京舉卿

驚舉卿

梗三　景居影　影於○丙

丙○兵○永

映三　敬居慶　慶丘敬

陌三　戟几劇　劇奇逆

逆宜戟　卻綺戟

撮　庚四　兵甫明　明武兵

榮永兵

梗四　永于憬　憬俱永

丙兵永

映四　命眉病　病皮命

陌四　戟○几劇

分開、合、齊、撮四類，開、合皆二等，齊、撮皆三等，脣音合、撮，借盲切，趟；借猛切，瞢；借孟切，更、掌、倀、瀴；借伯切，虢、格、宅、嘖；借陌切，額、齚；借白切，踖；借庚切，彭、磅、盲；借杏切，猛；借更切，孟；借丙切，影；借戟切，㯻。

四十五、耕耿諍麥

開	耕一	耕古莖	莖户耕
	耿一	幸胡耿	耿古幸
	諍一	諍側◦迸	迸◦北諍
	麥一	革古核	核下革
		摘陟革	責側革
		戹於革	
合	耕二	宏户萌	萌莫◦耕
		耕◦古◦莖	
	耿二	幸◦胡耿	
	諍二	迸北◦諍	諍◦側迸
	麥二	獲胡麥	麥莫獲
		摑古獲	戹◦於◦革
		革◦古◦核	

分開、合二類，皆二等，脣音合口，借迸切，諍、褸、轟；借耕切，萌、浜、怦、甏；借幸切，睜、併、甿；借諍切，迸；借戹切，檗；借革切，綼。

四十六、清靜勁昔

齊	清一	盈以成	成是征
		征諸盈	貞陟盈
		情疾盈	
	靜一	郢以整	靜疾郢
		井子郢	整之郢
	勁一	盛承政	政之盛
		正之盛	鄭直正
		姓息正	
	昔一	亦羊益	易羊益
		益伊昔	昔思積

		積資昔　迹資昔
		石常隻　隻之石
		炙之石
撮	清二	營余傾　傾去營
		并府◦盈　盈◦以◦成
	靜二	潁餘頃　頃去潁
		郢◦以◦整　井◦子◦郢
	勁二	正◦之◦盛
	昔二	役營◦隻　辟必◦益
		隻◦之◦石　益◦伊◦昔

分齊、撮二類，三、四等，喉牙重脣齒頭半舌四等，舌上知、徹、澄（上去入）、照（去）、神、禪（去入）有四等字，脣音撮口，借盈切，并；借郢切，餅；借井切，眳；借正切，聘、摒、偋、詺；借益切，辟、擗；借隻切，役。

四十七、青迴徑錫

齊	青一	丁當經　刑户經
		經古靈　靈郎丁
	迴一	頂都挺　剄古挺
		醒蘇挺　鼎都挺
		挺徒鼎　涬胡頂
	徑一	定徒徑　徑古定
		佞乃定
	錫一	狄徒歷　歷郎擊
		擊古歷　激古歷
撮	青二	螢户扃　扃去螢
		丁◦當◦經　經◦古◦靈
	迴二	迥户熲　熲古迥
		鼎◦都◦挺
	徑二	定◦徒◦徑
	錫二	闃苦鶪　鶪古闃
		狊古闃　狄◦徒◦歷

歷○郎○擊　擊○古○歷
激○古○歷

分齊、撮二類，皆四等脣音撮口，借丁切，竮；借徑切，瓶、冥；借鼎切，鞞；借定切，䩂；借狄切，覓；借歷切，甓；借擊切，霹；借激切，壁。

四十八、蒸拯證職

齊　蒸一　升識蒸　蒸煮仍
　　　　　仍如乘　乘食陵
　　　　　矜居陵　兢居陵
　　　　　膺於陵　陵力膺
　　　拯　拯聲上蒸
　　證一　證諸應　應於證
　　　　　孕以證　甑子孕
　　　　　餕里甑
　　職一　職之翼　翼与職
　　　　　力林直　直除力
　　　　　側阻力　即子力

撮　蒸二　冰筆○陵　陵○力○膺
　　證二　證○諸應
　　職二　逼彼○側　側○阻○力

分齊、撮二類，二、三、四等，正齒二等，齒頭喻母四等脣音撮口，借陵切，冫；借證切，凭；借側切，逼。

四十九、登等嶝德

開　登一　登都滕　增作滕
　　　　　滕徒登　恒胡登
　　　　　稜魯登
　　等一　等多肯　肯苦等
　　嶝一　隥都鄧　亙古鄧
　　　　　鄧徒亙　贈昨亙
　　德一　德多則　得多則
　　　　　勒盧則　則子德

合	登二	弘胡肱　肱古弘 朋步崩　崩北○滕 滕○徒○登　登○都○滕
	等二	等○多○肯
	嶝二	隥○都○鄧　亙○古○鄧 鄧○徒○亙
	德二	北博墨　墨莫北 或胡國　國古或

分開、合二類，皆一等，脣音合口，借滕切，崩；借登切，瞢；借等切，倗；借隥切，甭；借亙切，懵；借鄧切，倗。

五十、尤有宥

齊	尤一	尤羽求　求巨鳩 鳩居求　流力求 州職流　周職流 由以周　秋七由
	有一	有云久　九舉有 久舉有　柳力久 酉与久
	宥一	祐于救　又于救 救居祐　咒職救 溜力救　就疾僦 僦卽就
撮	尤二	浮縛謀　謀莫浮 尤○羽○求　鳩○居○求
	有二	否方○久　久○舉○有 九○舉○有
	宥二	富方副　副敷○救 救○居○祐

分齊、撮二類，二、三、四等，正齒二等，齒頭喻母四等，脣音撮口，借尤切，颫；借鳩切，不；借久切，缶、否；借九切，婦；借救切，副、莓。

五十一、侯厚候

開	侯一	侯户鉤	鉤古侯
		婁落侯	
	厚一	厚胡口	后胡口
		斗當口	口苦后
		垢古厚	苟古厚
	候一	候胡遘	遘古候
		豆田候	奏側候
		漏盧候	
合	侯二	侯◦户◦鉤	
	厚二	厚◦胡◦口	后◦胡◦口
		口◦苦◦后	垢古◦厚
	候二	候◦胡◦遘	

分開、合二類，皆一等，脣音合口，借侯切；裒、哹；借厚切，母；借后切，剖；借口切，部；借垢切，掊；借候切，仆、踣、茂。

五十二、幽黝幼

齊	幽一	幽於虯	虯渠幽
		烋香幽	
	黝	黝於糾	糾居黝
	幼一	幼伊◦謬	謬◦靡幼
撮	幽二	彪甫◦烋	烋◦香幽
	幼二	謬靡◦幼	幼◦伊謬

分齊、撮二類，皆四等，脣音撮口，借烋切，彪；借幼、借謬、借謬切，幼。

五十三、侵寝沁緝

齊	侵一	林力尋	尋徐林
		心息林	任如林
		针職深	深式针
		淫餘针	

	侵二	吟魚金	金居吟
		今居吟	簪側吟
	寢一	朕直稔	凜力稔
		稔如甚	荏如甚
		甚常枕	枕章荏
		葚食荏	
	沁	蔭於禁	譖莊蔭
		禁居蔭	鴆直禁
		任汝鴆	
	寢二	錦居飲	飲於錦
			瘁踈錦
	緝一	入人執	執之入
		立力入	戢阻立
		及其立	
	緝二	汲居◦立	急居◦立
		立◦力◦入	
撮	寢三	錦◦居◦飲	飲◦於◦錦
	緝三	及◦其◦立	

分齊二類、撮一類，共三類，二、三、四等，正齒二等，齒頭喻母四等，影母有四等字，脣音撮口，借錦切，稟；借飲切，品；借及切，鴭、駇；又借立切，急。

五十四、覃感勘合

開	覃	含胡男	男那含
		南那含	
	感	感古禫	禫徒感
		唵烏感	
	勘	紺古暗	暗烏紺
	合	合侯閤	答都合
		沓徒合	閤古沓

開口，一等一類。

五十五、談敢闞盍

開	談一	甘古三　談徒甘
		三蘇甘　酣胡甘
	敢一	敢古覽　覽盧敢
	闞	濫盧瞰　瞰苦濫
		鏨藏濫　暫藏濫
	盍	盍胡臘　臘盧盍
合	談二	甘○古○三
	敢二	敢○古○覽

分開、合二類，皆一等，脣音合口，借甘切，坩；借敢切，埳。

五十六、鹽琰豔葉

齊	鹽一	鹽余廉　廉力鹽
		占職廉
	鹽二	廉○力○鹽　炎于○廉
		淹央炎
	琰一	琰以冉　冉而琰
		染而琰　斂良冉
		漸慈染
	琰二	檢居掩　掩衣檢
		險虛檢
	豔一	豔以贍　贍時豔
	豔二	驗魚○窆　窆○方驗
	葉一	葉与涉　涉時攝
		攝書涉　接卽葉
	葉二	葉○与○涉　輒陟○葉
撮	鹽三	廉○力○鹽
	琰三	斂○良○冉
	豔三	窆方○驗　驗○魚窆

分齊二類、撮一類，共三類，二、三、四等，正齒二等，齒頭喻母四等，喉牙有四等字，脣音撮口，借廉切，炎；借窆切，驗；借葉切，輒、牒；又借廉切，砭；借驗切，窆；借斂切，貶；借切較，多。

五十七、添忝㮇帖

齊　添　甜徒兼　兼古甜
　忝一　忝他點　點多忝
　　　玷多忝　簟徒玷
　㮇　店都念　念奴店
　帖　牒徒協　頰古協
　　　愜苦協　協胡頰

撮　忝二　忝○他○點

分齊、撮二類，皆四等，撮口只有脣音，借忝切，㲻。

五十八、豏陷洽

開　咸　咸胡讒　讒士咸
　豏　減古斬　斬側減
　陷　陷户韽　韽於陷
　　賺佇陷
　洽　洽侯夾　夾古洽
　囡女洽

開口，二等一類。

五十九、銜檻鑑狎

開　銜一　銜户監　監古銜
　檻　檻胡黤　黤於檻
　銜二　銜○户○監
　鑑一　鑑格懺　懺楚鑑
　狎　狎胡甲　甲古狎
　鑑二　鑑○格○懺

分開、合二類，皆二等，合口只有脣音，借銜切，𨅊；借鑑切，埿。

六十、嚴儼釅業

齊	嚴	嚴語𩏩	𩏩虛嚴
	儼	广魚掩	掩於广
	釅一	釅魚○欠	欠○丘釅
		劒○居○欠	
	釅二	劒○居○欠	
	業	業魚怯	怯去劫
		劫居怯	

分齊撮二類，皆三等，脣音撮口，欠、劒並在梵韵，欠、本去劒切，借欠切，釅、脅；又借劒切，𦶇。

六十一、凡范梵乏

齊	凡一	咸○胡○讒	凡○符咸
	范一	犯○防○泛	泛○孚○梵
	梵一	欠去劒	劒居欠
	乏一	法○方○乏	乏○房○法
撮	凡二	凡符○咸	咸○胡○讒
	范二	范防○泛	犯防○泛
		泛○孚○梵	
	梵二	泛孚梵	梵扶○泛
	乏二	乏房法	法方乏

分齊、撮二類，皆三等，脣音撮口，咸在咸韵，借以切，凡；又借凡切，欦；泛本去聲，梵韵借以切，范、犯；又借犯切，凵、㘙、法；乃脣音撮口，借以切，猶、㺺、猲。

廣韻重音鈔

目録

部首	依康熙字典
上子	一丨丿乙亅二亠
中子	人
下子	儿入八冂冖冫 几凵刀力勹匚十卜 卩厂厶又
上丑	口囗
中丑	土士夂
下丑	夊夕大女
上寅	子宀寸小尢尸屮
中寅	山巛工己巾
下寅	干幺广廴廾弓彐彡彳
上卯	心
中卯	戈户手
下卯	支攴文斗斤方无
上辰	日曰月
中辰	木
下辰	欠止歹殳毋比 毛氏气
上巳	水
中巳	火爪父爻片
下巳	牛犬
上午	玄玉瓜瓦甘生田疋

中午	疒癶白皮皿目矛矢
下午	石示禸禾穴立
上未	竹米
中未	糸缶网羊羽老而耒 耳
下未	肉臣自至臼色舌舟
上申	艸
中申	虍虫
下申	血行衣襾
上酉	見角言
中酉	谷豆豕豸貝走足身
下酉	車辛辰辵邑酉里
上戌	金長門
中戌	阜隶隹雨青非面革韋音
下戌	頁風食首香
上亥	馬骨高髟鬥鬲鬼
中亥	魚鳥
下亥	鹵鹿麥麻黄黍黑黽鼎鼓鼠鼻齊齒龍龜龠

廣韻重音鈔

子上

一	
丁　當經　中莖	三　蘇甘　蘇暫
上　時掌　時亮　時兩	下　胡雅　胡駕
万　無販　莫北	不　甫鳩　甫九　甫救　方久　分勿　府鳩
丏　古太　彌兗	且　子魚　七也　子余
亥　九勿　九月	丞　署陵　常證
㐁　他紺　他念	
丨	
丩　居求　居虯	丱　呼督　古患
中　陟弓　陟仲　陟沖	
丿	
丿　餘制　普蔑	𠂔　阻史　即里
夃　公户　古乎	㐆　於希　於謹
乘　食陵　實證	雩　羽俱　況于
乙	
乙　烏轄　於筆	亄　於記　於筆
乾　渠焉　古寒	亄　於筆

亅	
予　余吕　弋諸　餘佇	𠄏　胡了　胡慣
事　側吏　鉏吏	
二	
亍　中句　丑玉	亟　去吏　去旣　紀力
些　寫邪　蘇計　蘇箇	
亠	
亢　古郎　苦浪	亨　許庚　匹庚　許兩　撫庚
亶　多旱　遮連	亹　莫奔　無匪
子中	
人	
仆　芳遇　敷救　匹候　蒲北	仂　林直　盧則
仔　子之　卽里	令　力延　郎丁　力政　力盈 歷丁　吕貞　吕鄭　郎定
仉　符咸　孚劒　孚梵	仗　直兩　直亮
仡　許訖　魚訖　迄魚	伎　巨支　渠綺　支義
仳　房脂　匹婢　符鄙　芳比	伣　胡田　胡涓
任　如林　汝鴆	企　丘弭　去智
伆　武粉　武弗　文弗	仰　魚兩　魚向
伏　扶富　房六	伺　息茲　相吏　息吏

但 徒干 徒旱 徒案 徒亶 徒旦	佃 徒年 堂練
佋 市昭 市沼	何 胡歌 胡可
佁 羊己 夷在 丑吏 牀史 五駭	但 七余 徂古
伴 蒲旱 薄半	伿 支義 以智 以豉
佊 甫委 彼義	住 持遇 中句 長句
作 臧祚 則落 則邏 臧路 則箇 臧洛	佖 毗必 房密
侗 徒紅 他紅 他孔	供 九容 居用 居容
侅 苦哀 古哀 胡改 侯楷	佻 吐彫 徒聊
佼 古肴 古卯 古巧 下巧	侘 敕加 丑亞
佯 與章 扗良	侊 古黄 古横
佌 雌氏 斯氏	使 疎士 疎事 疎吏 色里
侃 空旱 苦旰 苦旱	侐 火季 火逼 況逼
佴 仍吏 奴代	佸 古活 户括
佮 古沓 他合 烏合	侗 他紅 余隴
俟 渠希 牀史	俙 香衣 虚豈
俞 羊朱 恥呪 丑救	俒 户昆 胡困
俓 五堅 五莖 古定	便 房連 婢面
侳 子䶮 則卧	俜 普丁 匹正
侎 莫江 武項	俛 亡辨 方矩

俌　芳武　方矩	俔　胡典　胡甸
俇　餘制　丑例	俍　側鄰　章刃
俇　求往　居況	侹　他鼎　他定
倲　桑谷　書玉	倥　苦紅　康董　苦貢
倭　於為　烏禾　烏果　烏戈	俳　步皆　薄回
倃　古勞　其九	倡　尺良　尺亮
倀　褚羊　猪孟　丑良	倗　步崩　匹等　普等　父鄧
倓　徒甘　徒監　徒坎　徒感 倓　徒濫	俸　邊孔　扶用
倄　胡茅　于罪	俴　慈演　即淺
併　必郢　必性　畀政　蒲迥	倚　於義　於蟻　於綺
倌　古丸　古患	倒　都晧　都導　當老
借　子夜　將昔　資昔　資夜	倂　蒲幸　蒲迸
倩　倉甸　七政　七見	俺　於驗　於劍
倅　七內　臧沒	倱　户昆　五昆　牛昆
偳　多官　他端　多丸	偵　丑貞　丑鄭　猪孟
偆　尺尹　癡準	偄　而兗　奴亂
假　古疋　古訝	偬　作孔　作弄
偈　其憩　渠列	偭　彌兗　彌箭
偏　芳連　匹戰	偶　五口　五遘

偪　方六　彼側	偞　與涉　呼牒
偛　側洽　楚立	傛　餘封　余隴
傂　息移　直離　除爾	傒　渠追　其季
傷　莊俱　鋤祐　女洽	傀　公回　口猥
傞　七何　素何　千何	傍　步光　蒲浪　蒲郎
傋　古項　虛項　虛慃	傝　他紺　吐盍
傭　餘封　丑凶	傳　直攣　持戀　丁戀　直戀 直專　知戀
僄　撫招　匹妙	傷　式羊　式亮
僂　落侯　力主　盧候	傱　息拱　先項
傻　沙瓦　所化	傪　倉含　七感
僆　力展　郎甸	併　防正　蒲徑
僇　力救　力竹	僋　他紺　郎紺
僁　息七　先結	債　側賣　側革
僎　將倫　士免　士戀	僚　落蕭　力小
僬　昨焦　即消	僩　下赧　古限
僝　昨閑　士限　士山　士戀	僐　人善　式善
儧　吐猥　胡對	僐　常演　時戰
僜　丑升　徒亙	僕　蒲木　蒲沃
僰　蒲北　符逼	儃　徒干　市連

儅　都郎　丁浪　丁宕	僾　於豈　烏代
儆　居影　渠敬	僸　牛錦　居蔭　居林
𠐊　徒谷　市玉	僻　芳辟　普擊
儓　徒哀　他代	儐　必鄰　必刃
僤　市連　徒案　徒旱	儗　魚紀　海愛　五溉　魚記
𠐿　烏本　於靳	儔　直由　徒到
儑　五紺　五合　五盍	儡　魯回　落猥
僇　匹交　力嘲	償　市羊　時亮
儥　徒谷　余六	儱　董力　良用
儭　初覲　七遴	𠑆　渠追　居胃
儳　士咸　仕陷　楚鑒　食陷	𠐗　其偃　九輦
儻　他朗　他浪	儽　力追　力罪　落猥　盧對
子下	
儿	
光　古黃　古曠	先　蘇前　蘇薦　蘇佃
兇　許容　許拱	兒　汝移　五稽
𠑽　芳遇　普伯	
入	
亼　秦入　子入	
八	

共　九容　渠用	其　渠之　居之
兼　古甜　古念　古嫌	
冂	
武道　莫候　亡保	冋　古螢　户頂
冄　汝鹽　而琰	兩　良獎　力讓
冒　莫報　莫北	冓　古侯　古候
冖	
冘　以周　餘針	冠　古丸　古玩
冟　當故　陟駕　丁故	
冫	
冰　筆陵　魚陵	冷　郎丁　力鼎　盧打　魯打　魯頂
冹　分勿　方伐	浹　胡頰　子協　胡甲
凍　德紅　多貢　都貢	凇　息恭　蘇弄
渫　徒協　丈甲	凜　巨金　力甚　力稔
凚　渠飲　巨禁	凝　魚陵　牛餧　牛陵
几	
凭　扶冰　皮證　皮陵	
凵	
出　尺類　昌律　赤律　赤季	凸　陀骨　徒結
函　胡男　胡讒	

刀	
分　府文　方文　扶問	切　七計　千結
刉　渠希　居依　古對	列　陟輸　五割　良辥
划　户花　古卧　古火	刖　魚厥　五忽　五刮
刪　所姦　所晏	刜　符弗　敷勿
別　彼列　皮列　方別	釖　芳武　方九　方久
刺　七賜　七亦　七迹　七四	刷　數刮　所劣
剡　姊末　良辥	剆　魯何　來可
剅　落侯　當侯	剖　芳武　普厚　普后
剡　以冉　時染　時冉	剭　烏谷　於角
剟　丁括　陟劣	剬　多官　旨兖
剶　子全　丑全　丑緣	副　敷救　芳福　芳逼
剴　古哀　五來　五哀	創　初良　初亮
剸　鋤弓　仕仲	剸　度官　旨兖　之囀
剽　符霄　匹妙	剾　落侯　廬候
剾　烏侯　恪侯　乙侯	剿　初紀　初栗
剶　渠遴　去槿	剩　初栗　所律
劁　昨焦　才笑	劀　古滑　古頒
劃　胡麥　呼麥　胡卦	劊　古外　古活
劖　七接　魚怯	劑　遵為　在細　在詣　子隨

劅 當侯 才奏	[illegible] 古銜 胡黤 盧瞰 恪儳
劓 魚器 牛例	[illegible] 初刮 之芮 厠列
[illegible] 魚乙 私列	[illegible] 苦郭 丘擭
劗 在丸 子攢 借官	劙 吕支 所綺 盧啟 力多
力	
劾 苦戒 胡槩 胡得	勞 魯刀 郎到 郎刀
勝 識蒸 書證 詩證 詩陵	剿 鉏交 子小
勥 巨良 其兩	勠 力求 力逐 力竹 力救
勬 居員 居倦	勨 餘兩 徐兩
勩 羊至 餘制	[illegible] 魯回 盧對
勹	
勺 之若 市若	勽 武粉 薄報
匃 古太 古達	匌 古沓 口荅
訇 胡涓 呼宏	匐 房六 蒲北
匑 居戎 去宮	[illegible] 驅匊 渠六 渠竹
匚	
匜 弋支 羊氏 移爾	區 豈俱 烏侯
匯 苦淮 胡罪	[illegible] 古禫 古送
十	
卂 陟衞 息晋	卉 許偉 許貴

𠦃　蘇合　私盍	𦫵　北潘　卑吉　方千
卒　子聿　倉没　則骨　子没 將律　臧没　將聿	㨟　苦戒　客皆
卜	
占　職廉　章豔　職鹽	叶　古奚　康禮
卲　市昭　寔照　之少	卣　以周　與久
卩	
卬　五剛　魚兩	卯　子禮　去京
卵　盧管　郎果	卷　巨員　九免　九院　居轉 居倦　求晚
𨚍　智施　充豉	卻　居勺　去約
厂	
厂　呼旱　呼旰	产　職廉　魚毀
厄　五禾　五果　於革	厎　職雉　諸市
居　當古　侯古　丁古	厏　側下　士下
㕩　於改　烏續	厚　胡口　胡遘
厙　始夜　昌舍	厝　倉故　倉各
厰　魚金　口敢　吐敢　五今	厭　於琰　於豔　於葉
厱　苦咸　丘嚴	
厶	
去　羌舉　丘據　丘倨　卻吕	參　所今　倉含　蒼含　楚簪 蘇甘　七南　七紺

[illegible] 七倫 子峻	
又	
反 孚袁 方晚 府遠	㞋 子結 房六
取 七庾 倉苟	[illegible] 雖遂 之芮
[illegible] 側律 職悅	
丑上	
口	
只 章移 諸氏 之爾	台 與之 土來
句 其俱 九遇 古侯 古候	右 云久 于救
召 直照 寔照	吁 況于 王遇
吅 況袁 私全 須緣 似用	㠵 莫郎 莫浪
吐 他魯 湯故 湯古	后 胡口 胡遘
㕧 虛器 火尸	向 式亮 許亮
吹 昌垂 尺僞 尺為	吾 五乎 五加
吞 吐根 他前 湯門	吧 普巴 伯加
呀 五加 許加	吭 胡郎 下浪 胡朗
呈 直貞 直正	吟 魚金 宜禁
含 胡男 胡紺	否 符鄙 方久 房彼
吺 方矩 扶雨	听 宜引 牛謹
吮 食尹 徂兖 徐兖	吵 亡沼 初爪

吼　呼后　呼漏	告　古到　古沃
呹　於交　烏交	㕯　内骨　女滑　女骨　如劣
呐　女劣	呹　許劣　昌悅
呼　荒烏　火故　荒故　火姑	咎　古勞　其九
呵　虎何　呼箇　呼哥	和　户戈　胡卧
呿　丘伽　去劫　丘倨	咉　烏郎　烏朗
呴　呼后　香句	呬　虚器　丑致　丑利
咋　側駕　側革　鋤陌	咇　毗必　鄙密　蒲結
呾　當割　乙鎋　當辥	咄　當没　丁括　都骨
咡　如之　仍吏	咮　章俱　張流　張救　陟救 都豆　中句　竹角
哇　於佳　烏瓜	咽　烏前　於甸　烏結
咬　古肴　於交	哆　敕加　尺氏　丑加　昌者 當可　丁可　昌志　陟駕 丁佐
咤　陟加　陟駕	咻　許尤　況羽
听　胡口　呼后　呼漏	咶　火怪　下刮　火夬
咷　徒刀　他弔	咭　許吉　巨吉　恪八
咥　丑栗　徒結　火至　丁結	㗂　所犗　桑割
咠　七入　子入	唉　烏開　於其　於駭　於來
員　王分　王問　王權	哨　相邀　七笑　七肖

哮 許交 呼教	呼 甫鳩 缚謀 拂謀
唅 火含 胡紺	唏 虛豈 許旣
晛 胡禮 苦甸 胡甸	唈 於汲 烏答
唲 汝移 於佳	唯 以追 以癸 以水
啚 同都 方美	呰 祖稽 茲比 將此 子西 茲此 徂禮
唻 賴諧 來改 力諧	啁 陟交 張流
唫 魚金 巨錦 渠飲	唪 蒲蠓 扶隴
啞 烏下 乙革 衣嫁 於革 烏格	啖 徒敢 徒濫
啗 徒敢 徒濫	啑 都計 所甲
唳 郎計 練結 力計	啜 陟衛 嘗芮 臣劣 陟劣 昌悅 姝雪
啐 倉夬 先對 蘇內 七內 子聿	唸 都甸 都念
唬 呼訝 古伯	唶 子夜 側伯
啄 丁木 竹角	啾 子六 前歷
喛 況袁 火貫	單 都寒 常演 市連 時戰
喪 息郎 息浪 蘇浪	喤 户盲 虎横
粥 職流 之六	喑 於金 烏含 於禁
喠 之隴 充隴	歆 許委 於詭 許以
喜 虛里 香忌	喊 呼覽 呼豏 下斬
喟 丘愧 苦拜 苦怪	喻 羊戍 常句

喝 於犗 許葛	喙 許穢 昌芮
喭 五旰 魚變	唧 資悉 子力
嘟 其虐 綺戟	唼 叱涉 山輒 齒涉 楚洽 山洽
喋 徒協 丁愜 田叶 丈甲	嗔 昌眞 徒年
嗃 許交 呼教 呼各 呵各	嗄 於犗 所嫁 於介
𠰺 烏候 市由	嗀 呼木 許角
嗢 烏没 烏八	嗒 都合 吐盍
嗑 胡臘 古盍	嗵 户冬 徒弄 户宋 乎宋
嗺 子于 素回 臧回 遵誄	嗼 慕各 莫白
嘆 他干 他旦	嘐 古肴 許交
嘔 烏侯 烏后	嘍 落侯 郎斗 力侯
嗔 余忍 以淺 于線	嗾 蘇后 蘇奏 倉奏
嗦 山芮 所劣 吕郵	嗽 蘇奏 所角 桑谷
嗌 陟栗 丁結	嘖 側伯 士革 側革
嘘 朽居 許御	噋 他昆 苦郭
嘽 他干 昌善	嘹 落蕭 力弔
噍 即消 才笑 子幺 子由	噆 七感 子盍 子荅
嘳 丘愧 苦怪	噊 食聿 餘律
噍 姊入 子入	噥 奴冬 女江

噫　於其　烏界	噣　陟救　都豆　丁救　之欲　竹角
噴　普魂　普悶	嘮　側交　側鳩
嚍　古禾　户戈	噢　於武　於六
嗬　虚我　許下　呼訝	噤　渠飲　巨禁
噞　魚檢　魚窆	噦　呼會　所嫁　乙劣
嗓　則落　祖郭	嚂　呼覽　苦濫　工覽　盧瞰
嶷　魚記　魚力	嚇　呼訝　呼格
嚽　下珍　胡田	嚛　呼木　火酷
嚗　北角　孚邈	嚮　許兩　許亮
嚵　子廉　將豔　子豔	嚻　許嬌　五刀
囁　而涉　之涉	囋　鋤銜　慈染　初咸　楚鑒
囋　徂贊　才葛　才割	囐　五銜　宜戟
讙　呼旰　火貫	
囗	
囡　尼立　女洽	囪　倉紅　楚江
囮　五禾　以周	囷　去倫　咎倫　渠殞
囿　于救　于目　于六	圓　火玄　辭沿　似宣
圃　博古　博故	圈　求晚　渠篆　臼万
圖　是為　市緣	圍　雨非　于貴

壼　去倫　苦本	圜　户關　王權

丑中

土

土　他魯　徒古	圢　他典　他鼎
在　昨宰　昨代	圪　魚乙　魚迄
圻　渠希　魚斤　語斤　五根	坉　徒渾　徒損
投　度侯　營隻	坋　房吻　步寸　扶問　房粉
坐　徂果　徂卧　藏果	坒　毗至　毗必
坻　直尼　諸氏　當禮　都禮　支氐	坥　七余　七預　七慮
坿　防無　符遇	坌　府文　方問
坫　知林　都念	坷　枯我　口箇
坪　符兵　皮命	坺　房越　蒲撥
坹　決呼　決胡	垠　五根　語巾
垝　過委　詭僞	垒　力委　力遂
垐　秦力　疾資	埏　以然　式連
埂　古行　古杏	埐　子心　昨淫
垷　古典　胡典	埍　胡畎　姑泫
垽　魚覲　吾靳	垸　胡官　胡玩
埤　符支　便俾	埿　奴低　奴計　蒲鑑

培　薄回　蒲口	埩　士耕　側莖
堋　步崩　方隥　普朋	垷　研啓　五計
墐　巨巾　渠遴	堇　巨斤　於隱
埽　蘇老　蘇到　桑道	堁　苦果　苦臥　苦對　於臥
埴　昌志　常職	埶　魚祭　舒制
埝　都念　奴協	堀　衢物　苦骨
埻　之尹　古博　古獲	堫　子紅　楚江
堤　是支　都奚　都禮　杜奚	堚　户昆　户關
堧　而緣　乃臥　如兗	堥　莫袍　莫浮
場　式羊　直良	堵　當古　章也
堰　於幰　於建　於扇	堲　資悉　子力　子栗　秦力　將七　牆資
塗　同都　宅加	塡　陟鄰　徒年　陟陳　陟刃　堂練
⿰土座　士山　昨閑　士連	塞　先代　蘇則　蘇載
⿱殹土　烏奚　於計	塺　莫杯　摸臥
墁　母官　莫半	墇　諸良　之亮　之尚
塈　具冀　許既	墆　特計　徒結
墊　都念　徒協	墮　許規　徒果　他果
墲　武夫　莫胡　普胡	墳　符分　房吻
橑　落蕭　力照	增　作滕　子鄧

厓 乖買 苦圭	壹 乙冀 於計
墤 杜回 苦怪	墣 普木 匹角
壅 於容 於隴 於用	墺 烏到 於六
壏 呼覽 胡黤	頚 苦骨 胡八 胡瞎
𡒄 直立 直葉	壝 以追 以癸 以水
壞 古壞 胡怪	壦 許覊 驅為
夂	
午 苦瓦 口化 口瓦 苦化	夆 符容 敷恭
士	
𡔲 古屑 苦結	壽 殖酉 承呪
丑下	
夊	
夊 息遺 楚危	𡕒 明忝 亡犯 亡范
㚇 子紅 作弄 子貢 子工	夏 胡雅 胡駕 古下
夎 子對 子卧 則卧	畟 初力 子力
堎 力膺 紀力	竷 苦感 苦紺
夕	
𡖅 章移 支義	𡖔 丁含 都感
够 恪侯 古侯	夢 莫中 亡中 莫鳳 武仲
𡖉 烏禾 烏果	夥 懷个 胡果

大	
大　徒蓋　唐佐	夨　練結　阻力
夫　防無　府符　甫無	夭　於喬　於兆　烏晧　於矯
夰　胡老　古老	夾　失冉　施隻
奇　渠羈　居宜	奈　奴帶　奴箇
臭　古老　昌石	奔　博昆　甫悶
奓　陟加　陟駕	奊　雌氏　許介
契　苦計　苦結　私列　去訖	奆　呼計　虎結
奘　徂朗　徂浪	奞　息遺　息晋　私閏　戌閏　相邀　先準
奜　敷尾　甫微	奠　堂練　丁定
奟　許幺　去遥　火條	奱　居縛　具籰
女	
女　尼吕　尼慮　尼據	妃　芳非　滂佩　匹非
如　人諸　爾諸　人恕	好　呼晧　呼到　呼号　呼老
奼　丑下　陟嫁　丁故　當故	奻　奴還　女患
妓　居宜　渠綺	妋　甫無　於求
妗　處占　許兼　許咸　香兼	妣　卑履　甫至
姌　而琰　奴簟　乃玷	妎　胡計　胡蓋
妨　敷方　敷亮	妊　汝鴆　如林

妠 奴紺 奴荅 女刮	妜 於決 於悅
委 於為 於詭	姕 即移 疾移 此移 疾支
姁 況于 況羽 香句 其俱	妻 七稽 七計 七兮
娿 古俄 烏何	姎 烏郎 烏朗
妯 丑鳩 直六	⿰女占 處占 尺涉 叱涉
姅 博慢 普半	姆 莫補 莫候
姂 孚梵 房法 起法	姼 是支 承紙 尺氏
姬 與之 居之	娝 普才 方久
姰 相倫 黃練	姣 胡茅 古巧
姽 過委 魚毀	姺 蘇典 所臻
⿰女厄 五果 奴果	姪 直一 徒結
姡 户括 古頒 下刮	娠 失人 章刃
娑 素何 蘇可 蘇哥	⿰女坐 蘇禾 醋伽
娙 五莖 户經	娗 特丁 徒鼎
娓 無匪 無鄙 明祕 武悲	娣 徒禮 特計
娩 無遠 忙件 亡辨 無販 亡運	⿰女夾 虛檢 棄葉 苦協 呼協 呼牒
娛 遇俱 五故	娋 所交 所教
娧 他外 弋雪 他會	娺 陟隹 丁滑
婎 許維 香季 許葵	娶 相俞 七句

婁　力朱　落侯	婺　莫兮　武移
娾　擬皆　五駭	婄　薄回　蒲口　普后
婠　一丸　古旦　古玩　烏八	婐　古華　於果　烏果
婧　子盈　疾政　疾郢	姘　普耕　普丁
婆　失廉　丑兼　丑廉	婟　侯古　胡誤
娿　烏何　烏可	娅　烏下　乙革　於革
婏　芳遇　孚万　芳万	娽　盧谷　力玉
婼　汝移　丑畧　昌約　人賖	媊　即移　昨先　即淺　子離
嬰　與之　許其	媞　杜奚　時爾　承紙　徒禮
媧　古蛙　古華	媛　雨元　為眷　王眷
媮　羊朱　託侯	媕　烏含　衣儉　烏合
媣　古三　而琰	媁　于鬼　於非
媌　莫交　莫飽	娼　武道　莫報　彌二　莫沃
婧　他果　徒卧	媵　以證　實證
媰　仕于　側鳩	媻　薄官　薄波
嫇　莫耕　莫經　莫迥	嫈　烏莖　於營　乙諍　鷖迸
嬘　時髓　於避	嫉　疾二　秦悉
嬰　姊宜　求癸　聚維　胡典	嫣　許延　於建　於遠　於乾 於蹇
嫖　撫招　匹妙	嫪　魯刀　郎到

嫯　五勞　五到	嬠　倉含　七感　七合
嬂　脂利　之入	嫙　似宣　辭戀
嫧　側革　七迹　楚革	嬉　許其　許记
嬈　如延　式善　奴見　奴甸	嫽　落蕭　力小　力弔
嬌　舉喬　巨嬌　居夭　居喬	嬈　奴鳥　而沼　火弔
嫷　徒果　吐卧　湯卧	嫸　式荏　乃玷
嬇　苦怪　胡對	嬗　他干　多旱　時戰
嬛　許緣　於緣　渠營	嬜　許金　火甘　呼談　一含 烏含
嫛　苦蠏　苦計　苦賣	嬒　烏外　烏括
嬙　在良　所力	嬥　徒聊　徒了　徒弔　直角
嬮　一鹽　於葉　於黶	嬭　奴禮　奴蠏
嬳　憂縛　烏郭	嬽　委鱞　於緣　於權
嬼　力久　力救	嬫　以灼　書藥
嬿　於殄　烏見　於甸　於典	孃　汝陽　女良
嬺　居夭　兼玷　古得	孅　則旰　徂贊
孈　移爾　以水　尤卦　胡卦 呼恚	孌　力兗　力卷
孎　陟玉　陟角　竹角	
寅上	
子	
孓　居竦　九勿　九月　居月	孖　子之　疾置　卽夷

孛　蒲昧　蒲没	𡥉　古孝　古肴
孨　旨兖　莊眷　尼立	㝃　無遠　亡辨
孱　士山　士連　士限	孶　子之　疾置
㝅　乃后　古候　奴豆	孴　魚紀　羊入
鷇　呼教　古孝	孿　生患　所眷
宀	
宁　直魚　直吕	守　書久　舒救
宄　與久　居祐	宛　於袁　於阮
弘　户萌　烏宏	定　徒徑　丁定
宓　彌畢　美筆	宭　渠云　舉云
㝗　魯當　盧黨	宴　於殄　烏見　於甸
寅　翼真　引人　以脂　以之	宿　息救　息逐
寁　子感　疾葉	𡨚　於阮　於袁
㝣　於計　烏結	索　山戟　蘇各　山責
寥　落蕭　郎擊	㝩　苦岡　苦朗
寖　子朕　子鴆	塞　犲夬　蘇則
𡩘　都念　丁愜	寏　户關　玄甸　黄練
寴　七人　七遴	𡪫　人諸　如與　人渚　依倨
𡮐　文彼　莫禮	
寸	

封　府容　方用　方容	射　羊謝　神夜　羊益　常隻　食亦　神柘
將　卽良　子諒　子亮	尉　於胃　紆物　於魏
尌　常句　持遇	𡬶　市兖　之累
小	
少　書沼　式照　失照　失沼	尚　市羊　時仗　時亮
尠　息淺　思句	𡭼　丁力　丁六
九	
尥　薄交　力釣　力弔	尮　臧可　則箇
𡯁　烏含　烏感	尯　居綺　卿義
尳　古忽　户骨	尵　杜懷　杜回
𡰝　跪頑　丁全	𡰣　力為　郎果　魯過　力頑
尸	
𡰯　尼展　而兖	启　丁木　冬毒
居　居之　九魚	𡱂　徒渾　堂練
屈　九勿　區勿	屎　喜夷　式視　許伊
屍　式脂　矢利	屒　植鄰　珍忍
𡰼　徐吕　羊洳	屑　蘇骨　先節　先結
屛　府盈　薄經　必郢	屠　直魚　同都
𡲢　初戢　側洽　初立　所甲	𡳃　七余　七慮

屣　所綺　所寄	層　昨棱　作滕
屭　都挺　堂練	屬　之欲　市玉
屮	
屯　陟綸　徒渾	岎　符分　撫文
嵾　則候　許勿	
寅中	
山	
屵　語偃　五割	岊　子結　昨結
岣　舉朱　古厚	岝　在各　鋤陌
峒　徒紅　徒弄	峣　盧紅　五東　五江　魚江
峗　魚為　五罪　五灰	峘　胡官　户登　胡登
峕　五結　魚列　藝哲	峎　魯當　盧黨
峈　吐猥　他果	島　都晧　都了
峔　模朗　莫浪	崆　苦紅　苦江
崖　魚羈　五佳	崥　部迷　并弭
崔　倉回　昨回	崤　胡刀　胡交　胡茅
崋　户花　户化　胡化	崢　助庚　士耕
崦　央炎　於檢　衣檢	崒　慈卹　昨没
崛　衢物　魚勿	崴　於非　於鬼　烏罪　烏賄
崽　山佳　山皆	崵　與章　徒朗

嵁 苦含 五男 五含 苦男 苦咸 五感 士減	嵌 口銜 才敢
嵯 楚宜 在河 昨何	嵬 五灰 五罪 玉回
嵣 徒朗 徒浪	嵸 子紅 作孔 祖紅
嶁 力朱 力主 郎斗	嶕 昨焦 鉏交
嶃 鋤銜 士減	嶙 力珍 良忍
嶟 將倫 祖昆	嶠 巨嬌 其廟 渠廟
嶚 落猥 力水	嶏 滂佩 敷勿
嶉 徂累 徂賄	嶮 虛檢 魚檢
嶨 苦角 胡覺	嶭 五割 五結
嶷 語其 魚力	嶸 永兵 户萌
巀 才割 才結 昨結 藏活	巃 盧紅 力董
巋 丘追 丘誄 丘軌	巉 鋤銜 仕檻
巎 九輦 其輦	巘 語偃 魚蹇
巏 力追 力罪 落猥	巕 五鎋 五結
巛	
巟 他骨 陀骨 他忽	巠 魚乙 良辥
巢 鉏交 士稍 士交	
工	
巧 苦絞 苦教	左 臧可 則箇 作可
差 楚宜 楚佳 楚懈 初牙 楚皆 楚牙	㠭 知演 視戰

己	
已　羊己　詳里　羊吏	
巾	
帆　符咸　扶泛　扶汎	㠴　而振　人質
㡀　毗祭　匹世	帔　敷羈　披義　芳髲
帑　乃都　他朗	帘　士臻　力鹽
帗　分勿　北末	帥　所類　所律
帨　此芮　舒芮	帢　古沓　古洽
帖　陟葉　他協	帺　渠之　渠記
帴　昨干　則前　即淺　蘇旰 所八	幒　職勇　且勇
㡑　祖外　子對	幃　雨非　許歸
㡏　山芻　色句	㡌　莫胡　亡遇　莫卜
㡒　直倫　陟綸　徒損　張倫 支旬	㡐　七遙　子了
幅　方六　彼側	幪　莫紅　莫弄
㡗　杜奚　呼雞	幏　古牙　古訝
幐　徒登　徒亙	㡜　脂利　舒芮
㡝　所例　私列　相絶	幗　古對　古獲
幢　宅江　直絳	㡘　盧鳥　子小
幟　士吏　昌志　職吏	幧　七遙　七刀　七搖

幨　處占　昌黶	⿰巾敫　古了　古弔　古鳥
幬　直由　徒到	⿰巾奮　房吻　扶問
⿰巾韱　七廉　子廉	⿰巾夒　乃回　奴案
寅下	
干	
平　房連　皮明　符兵	幵　古賢　苦堅
并　府盈　卑政	
幺	
幽　於求　於虯	幾　渠希　居依　居豈　居豨 既稀　其既
㡭　斯氏　千禮	
广	
广　魚檢　魚埯	庉　徒渾　徒損
庋　過委　居綺	度　徒故　徒落
庮　以周　與久　弋久	⿸广乇　宅加　除駕
庱　丑升　丑拯　耻陵	庵　烏含　烏合
庳　便俾　府移	⿸广炗　商署　章恕
庰　防正　蒲徑	⿸广昔　資昔　秦昔　七削
⿸广悤　倉紅　子孔　作孔　且公	⿸广曷　於歇　烏葛
廌　池爾　宅買	廞　許金　許錦　羲今

廠　昌兩　尺亮	廙　羊吏　與職
廬　落胡　力古　郎古	廞　羊朱　以周
廦　芳辟　北激	廯　相然　息淺
廴	
廷　特丁　徒徑	延　丑延　丑善
延　以然　于線	
廾	
廾　九容　居悚　居竦	异　與之　羊吏
异　渠之　渠記	弆　居許　羌舉
弆　余六　居六	弇　古男　衣儉
弓	
弓　胡南　下感　胡感	引　余忍　徐刃　羊晋　羊忍
弔　多嘯	弜　渠羈　其丈　其兩
弙　哀都　苦胡　汪乎	弟　徒禮　特計
弞　式忍　余忍	弨　尺招　尺沼　昌招
弮　丘圓　居倦	弲　烏玄　許緣
弴　都昆　都聊　丁昆　丁僚	張　陟良　知亮
強　巨良　其兩	弸　普耕　薄萌
弶　其亮　魚兩	彃　是義　陟吏
弽　書涉　呼牒	彆　必袂　方結

彈　徒干　徒案　徒丹	彍　虚郭　古博　苦郭
彊　巨良　其兩　其良　居亮	彋　户盲　户萌
彏　許縛　居縛	
彐	
彖　羊至　特計	彗　徐醉　相鋭　于歲　囚芮　祥歲
彠　憂缚　乙虢　一虢　胡麥　烏虢	
彡	
彡　息廉　所銜	彩　陟玉　丑足　丑玉　知足
彯　撫招　匹妙	
彳	
彷　步光　妃兩	後　胡口　胡遘
徎　丈井　他鼎	從　疾容　即容　七恭　秦用　疾用　才容
徠　落哀　洛代	徛　渠綺　居義
徥　承紙　池爾	復　扶富　房六
徯　胡雞　胡禮	徵　陟陵　陟里　竹凌
徸　竹賣　陟駕	徹　直列　丑列
徼　古堯　古弔	徻　初戢　蘇合
卯上	
心	

忓　古寒　侯旰	杓　都了　之若　都歷
忕　時制　他蓋　徒蓋	忘　巫放　武方
忯　巨支　是支	忴　常倫　渠營
忶　户昆　王問	忼　呼郎　苦朗
忿　敷粉　敷問　匹問	忝　他玷　他念
怖　普蓋　方廢　拂伐　北末	思　息茲　息吏　相吏
怋　彌鄰　莫奔	怨　於袁　於願
怜　落賢　郎丁	怮　於堯　於糾　於虯　於求
怊　敕宵　尺招　敕朝	怚　子邪　將豫　慈吕　子攄
怒　奴古　奴故　乃故	怏　於兩　於亮
怲　兵永　陂病	怫　扶沸　符弗
怐　九遇　苦候　古候　呼漏	怕　普駕　普伯
怵　丑律　竹律	恫　他紅　徒弄
恮　此緣　莊緣	恌　吐彫　餘昭
恁　如林　如甚	恭　居悚　户工
恐　丘隴　區用	恀　諸氏　承紙　尺氏
恧　女六　女力	悇　他胡　抽攄　羊洳
㤽　邊兮　匹夷	悝　苦回　良士　口回
惉　丁兼　丁頰　丁愜　丑輒　叱涉	悌　徒禮　特計

悔　呼罪　荒内	恒　芳否　敷救
悖　蒲昧　蒲没	𤞤　居況　于放
悈　古拜　紀力	悾　苦紅　苦江　苦貢
倚　去奇　墟彼	惢　姊宜　桑果　才捶　蘇果　醉隨　才棰
恶　哀都　烏路　烏各	惇　章倫　都昆
惀　力迍　盧本	惛　呼昆　呼悶　虚本
悹　古丸　古玩　古満	惎　巨鳩　其九
惓　一鹽　於劒　於黶　於驗	悠　於豈　於希
惔　徒敢　徒濫　徒甘	悷　他内　他没　他骨
惉　徒協　齒廉	惗　奴協　私箭
惸　渠追　祇癸　求癸　巨隹	惰　相居　私吕
惎　武夫　文甫　莫補	愉　羊朱　以主
愃　須緣　況晚	惺　桑經　息井
惐　丘廉　苦減	愞　而兖　奴亂
惹　人者　而灼	愀　在九　鍬小　親小
愒　去例　苦蓋　丘謁	㥯　奇逆　几劇
㒧　弋支　移爾	愪　王分　于敏
憊　薄蟹　蒲拜	㥼　於謹　於靳
慅　蘇遭　采老	愴　初兩　初亮

愾　許既　苦愛　苦慨	愬　桑故　山責
塞　先代　蘇則	慤　他歷　苦擊
慒　藏宗　似由　在冬	惷　書容　丑江　丑龍　抽用　丑用
慦　里之　力置	慺　力朱　落侯　力主
慬　巨斤　居隱	憀　落蕭　力求
慓　撫招　苻少　匹妙	慯　式羊　式亮
憪　所簡　初限　初綰	懸　許既　烏代
懘　特計　耻厲　丑例　丑犗	慖　古對　古獲
慝　尼質　女力	憋　普蔑　并列　芳滅　卑列
慹　之入　秦入　之涉　奴協	憧　尺容　直絳
憮　武夫　文甫	憪　户閒　下赧
憭　落蕭　盧鳥　力小	憍　起囂　舉喬
憕　直庚　直陵　竹萌　宅耕	憨　呼談　下瞰　呼甘
憙　虚里　許忌　許記	應　於陵　於證
憸　息廉　七廉　虚檢　七漸	懊　烏晧　烏到　於六
憼　居兩　居影	憺　徒敢　徒濫
懀　烏外　烏快	懜　莫中　武亙　莫紅　莫孔
懙　以諸　余吕	懦　人朱　乃亂　奴亂　乃卧
懠　徂奚　在詣	懘　尺氏　昌厲　尺制

潕　模本　亡頓　莫旱　莫困　莫緩　亡損	幬　直由　都晧　直祐
憯　七感　青忝	懥　脂利　陟利
懝　五溉　魚力	憸　魯甘　盧瞰
懬　苦朗　丘廣　口謗　丘晃	懰　力求　力久
懫　陟利　之日	懲　子例　于歲　魚祭
憽　所江　息拱	懽　呼官　古玩
戁　奴板　人善	戄　許縛　具钁
戇　呼貢　陟降	怛　得按　當割
卯中	
戈	
戕　古俄　在良　則郎	戰　古寒
戡　口含　張甚	戭　余忍　弋淺　以淺
戲　許羈　香義　荒烏	
户	
房　符方　步光	戽　呼古　荒故　侯古
戾　郎計　練結　力計	扁　芳連　符善　薄泫　方典
扂　丘倨　口荅　胡臘　古沓	扇　式連　式戰
手	
扔　如乘　而證	打　德冷　都挺　都冷
扒　博怪　博拔　方別	扜　況于　憶俱

扜　哀都　苦胡	扡　移爾　弋支
扚　都了　都歷	扣　苦后　苦候
扢　居乙　古忽　户骨	扤　魚厥　五骨　五忽
扶　防無　甫無	折　杜奚　旨熱　常列
抔　芳杯　薄侯	扮　府文　方吻　房吻　晡幻　花夥
抓　側交　側絞　側教	抄　楚交　初教
把　蒲巴　博下	抍　識蒸　之庱
抒　神與　徐吕　神吕	抌　以主　都感　以周
抆　武粉　亡運	扭　女久　陟柳
抐　奴困　内骨	抴　資悉　姊列
抉　古穴　於決	抾　去其　丘之　去劫　丘居
抪　博孤　博故	𢪃　士佳　奇寄　前智　疾智
拌　普官　蒲旱	抛　匹交　匹皃　普交
拕　託何　徒可	拖　託何　吐邏　徒可
担　側加　徐野　兹野　才也	抭　以周　以沼
抩　那含　他含	披　敷羈　匹靡　偏羁
抴　餘制　羊列	拚　方問　皮變
抭　于筆　王勿	拔　房越　蒲撥　蒲八
拓　他各　之石	押　烏甲　古狎

挏　徒紅　徒揔	拏　女余　女加　女書
挑　吐彫　土刀　條了　徒了	拸　弋支　移爾
拲　居竦　居玉	批　將此　子禮　側買　側氏
挅　丁果　都唾	㧤　而隴　穠用
拮　居質　古屑	挌　盧各　古伯
捒　楚革　山責	
捀　符容　符用　扶用　父容	捄　舉朱　巨鳩
捈　同都　他胡	振　側鄰　章刃　之刃
捘　七倫　子寸　子對	捎　相邀　使交　所交
捊　薄交　薄侯	挺　特丁　徒頂　徒鼎
挨　於駭　於改	捍　下赧　侯旰
捒　所去　色句　所據	捝　徒活　他括
捌　博拔　百鎋	捓　陟葉　丁愜
控　苦江　苦貢	掎　居宜　居綺　卿義
捼　儒隹　奴禾　乃回　奴和　素回	推　义隹　湯回　他回　昌隹　春隹
掫　子于　子侯　側九	掜　孀佳　研啟
掄　力迍　力昆　盧昆	掔　苦閑　苦堅
掔　古賢　胡田	捲　巨員　居轉　居倦
掊　薄交　縛謀　方垢　薄侯	捾　烏括　烏活

掆	古郎　古浪	掕	力膺　力證
⿰扌於	於許　依倨	掉	徒了　徒弔　女角　杖弔
掃	蘇老　蘇到	⿰扌直	直吏　常職
捩	郎計　練結　力計	掣	尺制　尺折　昌列　昌制
掠	力讓　離灼	掞	以贍　舒贍
捽	慈卹　昨没	掘	衢物　其月
掇	丁括　陟劣　丁活	提	是支　弟泥　杜奚　都禮
揄	羊朱　以周　度侯　欲朱　徒口	揥	都奚　都計　丑例
揗	詳遵　食尹　食閏	援	雨元　為眷　王眷
揵	渠焉　居偃	揱	相邀　色交　色角　所教　所角
揯	古恆　古鄧　古登	揉	耳由　奴又
揣	初委　丁果	⿰扌衍	余忍　羊普
揾	於粉　烏困　烏没	揜	烏敢　衣儉
揞	烏感　於陷	⿱折示	都計　特計
揭	去例　居列　渠列　丘竭　居竭　其竭	揀	古限　郎甸
揤	秦悉　子力	揲	食列　思頰　徒協　與涉
⿰扌則	阻力　秦力	搑	而容　而隴
搊	莊俱　楚鳩　側九	⿰扌豈	古哀　户來
⿰扌圂	户昆　户骨	搫	薄官　薄波

搖	餘昭　弋照	搶	七羊　初兩　七良　七養　七兩
搒	補曠　北孟　薄庚	撴	陟侈　陟里　陟利　豬几
搌	知演　丑善　丑輦	摶	方遇　布莫　匹各　補各
搳	户佳　胡計	搉	古岳　苦角
搦	女角　女厄　女白	搹	古核　於革
搚	盧合　盧盍	摐	七恭　楚江
摳	豈俱　恪侯　苦侯	摟	力朱　落侯
摸	莫胡　慕各	摤	巨巾　居焮
摶	度官　持兗	摽	撫招　苻少　匹妙
摎	古肴　力求	摩	莫婆　摸臥　莫禾
摞	落戈　魯過	槧	昨甘　山檻
摻	所咸　所減　所斬	摡	許既　古代
摕	都計　特計　徒結	擀	子芮　相絶
摵	所六　子六　山責　沙劃	摘	陟革　他歷　張革
摺	盧合　之涉	撞	宅江　直絳　直江
撣	徒干　市連　徒案	擂	蘇彫　先鳥　蘇弔　所六　息逐
撨	蘇彫　昨焦	撩	落蕭　盧鳥　力凋
撟	舉喬　居夭	撓	呼毛　奴巧
撏	徐林　昨含　視占	撢	餘針　他含　他紺

撍　側吟　作含　子感　作紺	撖　口含　苦減　胡黤
撛　良忍　初刃　力盡	撰　雛鯇　士免
撯　直利	撲　普木　蒲角
撅　居月　其月	撮　子括　倉括
擷　胡結　虎結　下結	撤　直列　丑列
擓　呼麥　于馘　簪擓	撿　盧合　都盍
擐　古還　胡慣	操　七刀　七到　蘇后
擔　都甘　都濫	擎　苦弔　苦擊
擉　測角　敕角	擖　恪八　古鎋　丈甲
擌　私盍　才盍	擩　儒隹　而樹　而主　而遇　奴豆
擧　以諸　居許	擠　祖稽　子計　將西
摷　落蕭　側交	擥　魯甘　盧敢
擪　於琰　一牒　於葉	擭　胡誤　胡郭　一號
擮　莫計　莫結　莫鎋	擈　蒲角　匹角
擦　桑割　七曷	擷　胡結　虎結
擽　離灼　郎擊	擸　盧盍　良涉
攘　汝陽　如兩　汝羊　人樣	攙　士咸　楚銜
攝　書涉　奴協	攤　他干　奴但　奴案
攢　則旰　在玩	攩　他朗　胡廣　吐朗　乎曠

攋　才割　五割	攊　郎丁　力定　郎定　魯丁
卯下	
支	
攲　去奇　詭僞	攱　章移　支義
攳　去奇　居宜　起宜　居綺	
攴	
攴　普木　匹角	收　式州　舒救
攻　古紅　古洪　古冬	攺　匹夷　符鄙　匹支　芳鄙　匹鄙　敷羈
攼　巨金　口含　丘嚴　丘广　丘釅	放　分网　甫妄
更　古行　古孟　古衡	敄　文甫　亡遇
敋　古伯　古○伯　古獲	教　古孝　古肴
敐　植鄰　章忍	敤　虛我　侯旰
敗　薄邁　北邁　補邁	敓　五稽　研啓
敦　都回　都昆　都困　度官	敝　補米　特計
散　蘇旱　蘇旰　蘇汗	敤　苦果　苦卧
斀　丁木　竹角	斆　盧谷　力玉
敪　丁括　七絶	敥　於輒　於業
敠　初委　昌兗　丁果	敫　古弔　以灼　古歷
敲　口交　苦教　苦交	敶　直珍　直刃

數 所矩 所句 所角 色句 色矩 色角 桑谷	敻 許縣 求娉 休正
毃 苦幺 五交 苦擊	散 蘇旱 蘇旰
斂 良冉 力驗 力琰	斁 徒故 當故 羊益
斀 直角 敕角	斄 里之 落哀 力知 土來
㪚 蘇旱 思旰 蘇旰	𣀓 吕支 力米 盧啓
文	
斒 布還 方閑	
斗	
料 落蕭 郎弔 力弔	斡 呼括 烏括 烏八
斜 以遮 似嗟	斛 吐彫 七遥
𣂆 普郎 薄庚	𣃁 芳万 居願
斤	
斤 舉欣 居焮	斥 充夜 昌石
斮 側角 側畧	斷 都管 徒管 丁貫
𣃔 此芮 楚税	
方	
方 符方 府良	㫃 於幰 於蹇
𣃘 宅江 丑善 陟陵	於 央居 哀都
施 式支 式豉 以寘 施智	旄 莫袍 莫報

旋　似宣　辭戀	旑　烏可　猗蟻
旇　敷羈　平義	㫍　餘昭　以周
𣃽　衣儉　於葉	旖　於離　於綺
旛　附袁　孚袁	
无	
无　武夫　莫胡	㫌　吕張　力讓
辰上	
日	
昄　博管　布綰　扶板	易　以豉　以益　羊益　盈義
昒　文弗　呼骨	昶　丑兩　丑亮
映　烏朗　於敬	
晄　呼光　呼晃	晏　烏旰　於諫　烏澗
晛　胡典　奴甸	晢　征例　旨熱
萌　莫郎　莫更　武方	晵　康禮　去戰
暀　于兩　于放　乎曠	晻　烏感　衣儉
晫　竹角　敕角	暅　況晚　古鄧
暆　以豉　失智　弋支　施智	暍　於歇　許葛
㬎　呼典　五合	暝　莫經　莫定
𣊻　奴代　奴勒	暵　呼旱　呼旰
暴　薄報　蒲木	暬　奴協　私列

曈　徒紅　他紅　盧紅	暨　具冀　居豖　其冀　居乙
曄　為立　筠輒	曏　許兩　書兩　火亮　許亮　式亮
曝　薄報　蒲木	曨　盧紅　力董
曬　所寄　所賣　丑離	㬮　女閑　奴案
曰	
曼　母官　無販	曾　作滕　昨棱
朁　七感　昨鹽	會　黄外　古外
𣌭　赤之　奴丁　乃定　乃經	
月	
朏　敷尾　滂佩　普乃	朓　吐彫　吐了　土了　丑召
望　武方　巫放	朝　陟遥　直遥
朢　武方　巫放	
辰中	
木	
术　食聿　直律	朷　都牢　莫卜
朾　中莖　宅耕	朹　居洧　巨鳩
𣎴　如乘　而證	朸　林直　盧則
杝　弋支　池爾　救氏	机　居夷　居履
杓　甫遥　撫招　市若　都歷	宋　武方　莫郎

朻　居求　居虯　居黝　居幽	杈　初牙　楚懈
朩　匹卦　匹刃	枇　房脂　卑履　毗至
杷　蒲巴　傍卦　白駕	枒　五加　吾駕
枊　五剛　五浪	枕　直深　章荏　之賃　之任　之稔
枏　那含　汝鹽　而琰　人詹	杼　直吕　神與
枓　之庾　當口	枂　魚厥　五活
极　其輒　巨業	柅　女夷　女履
柎　防無　甫無	枹　防無　缚謀　布交
柢　都奚　都禮　都計	查　士佳　鉏加　七瑕
枷　求迦　古牙	柍　於兩　於驚
柃　郎丁　良郢	枸　古侯　俱雨　古厚
枮　知林　息廉	柟　那含　而琰　人詹　汝鹽
枳　諸氏　居帋	柱　直主　知庾
染　而琰　而豔　如檢	柲　兵媚　鄙密　蒲結　毗必
柵　所晏　叉革　楚革　測戟	枰　符兵　皮命
柚　余救　直六　由舊	柷　昌六　之六
柣　直一　千結	柮　當没　五栝　藏活
柞　則落　在各	栘　弋支　成兮　成觽　余氏　以支
栺　旨夷　五計	桋　杜奚　以脂

桅　五灰　過委	栽　祖才　昨代
桗　丁戈　都唾	桄　古黄　古曠
桁　胡郎　户庚	样　與章　則郎
栩　王矩　況羽	亲　側詵　仄謹
栯　云久　於六	栝　他玷　古活　工外　古外　他念
栖　先稽　蘇計　先奚	栔　苦計　苦結
栵　力制　良辥	栫　徂悶　在甸
校　胡教　古孝	格　古落　古伯
㭘　侯閤　古沓　巨業　其輒	梵　房戎　房泛　扶泛
桸　許羇　香衣	梩　里之　都皆
桴　芳無　縛謀	梌　同都　宅加　他胡
梐　邊兮　傍禮	桭　側鄰　植鄰
梱　牛昆　苦本	梡　胡官　胡管　苦管
桯　户經　他丁	梫　心子　楚簪　七稔
梣　淫昨　針鋤　子心	桶　他孔　徒揔
㭩　郎古　郎括　力輟	梀　桑谷　千木　丑錄　丑玉　山責
梏　古沃　古岳	梲　他骨　他括　職悅
㭭　百鎋　方結	梜　古協　古狎
椌　苦紅　丘江　苦江　枯紅	椑　府移　部迷　房益　扶歷

椅　於離　於綺　於宜	觜　姊宜　即委　遵為
椐　九魚　去魚　居御	棑　薄佳　薄拜　薄邁
棓　薄回　步項　龐項　縛謀	棻　符分　撫文
栲　古勞　古老	棚　薄庚　薄萌　步崩
棷　側鳩　叉苟　子侯　倉苟 側溝　蘇后	棸　直由　側鳩　除柳
椆　直由　職救	棽　丑林　力尋　所今
棵　胡管　苦管	棧　士限　士免　士諫
椏　於加　烏可	棕　他念　他玷
植　直吏　市力　常職	椾　桑谷　房六
棏　陟革　徒得	榙　徒合　他合
楑　渠追　求癸	椔　側持　側吏
楎　許歸　户昆	楈　相居　私吕
楰　羊朱　以主	椠　烏奚　五稽
楷　古諧　苦駭	楯　丑倫　詳遵　食尹
楩　房連　符善　父綿	楢　以周　與久　尺沼
楚　創舉　瘡據　瘡所	楀　王矩　俱雨
楮　丑吕　當古	楣　莫報　莫沃
楱　倉奏　才奏	楅　方六　彼側
椱　扶富　房六	楖　資悉　子力　阻瑟

楬　其謁　桔鎋　渠列	楔　古黠　先結
槑　胡狄　胡老	楫　秦入　即葉
槐　房脂　方奚	槌　直追　馳偽　直畏
榽　胡雞　户佳	槐　户乖　户恢
棆　相倫　祥匀	槄　土刀　他晧　他刀
榔　魯當　盧黨	榜　薄庚　甫孟　北朗　北孟
槍　七羊　楚庚	榘　俱雨　其吕
槙　章忍　堅丁　都年	棞　户昆　胡本
槀　古老　苦浩	樅　即容　七恭　子用
椑　符羁　符支　邊兮	樣　同都　宅加
槎　鉏加　士下　仕加	樠　武元　莫昆　莫奔　母官
槽　作曹　才刀　昨勞	槮　所今　疎錦　楚簪　桑感
槧　七廉　才敢　七豔　慈染	樜　商署　之夜
樂　五教　五角　盧各	榝　所八　山列
樀　都歷　徒歷	橦　徒紅　職容　宅江
樸　薄胡　匹角　蒲木　博木	槔　古胡　苦胡
榼　呼雞　呼改	橚　蘇彫　息逐
標　甫遥　必小　方小	橑　落蕭　盧晧
橈　如招　女教　奴教　如昭	樺　户花　户化　胡化
横　古黄　户盲　户孟　户萌	橧　疾陵　作滕

橝 徒含 徒玷	樹 臣庾 常句
橨 浮鬼 符分	橉 良忍 力進 良刃
橪 烏前 人善	樻 求位 丘愧 口愧
槥 相鋭 于歳 祥歳	橇 此芮 楚税
橃 方肺 房越	橙 宅耕 都鄧
橛 居月 其月	樴 之翼 徒得
橶 秦入 即葉	樬 蘇公 先孔
檇 醉綏 將遂 遵為 昨回	檕 苦奚 古詣
檈 相倫 似宣	檠 渠京 居影 渠敬
檥 魚倚 魚羈	檜 古外 古活 工外
檡 場伯 施隻	櫜 符霄 公混
檮 徒刀 直由 都晧	檾 去潁 口迥
檿 呼覽 胡黤 胡懺 下斬	檴 胡化 胡郭
櫖 力居 良倨	櫑 魯回 落猥
櫕 昌真 章忍	櫟 以灼 郎擊
櫼 與涉 力葉 良涉	櫰 户乖 公回
櫱 五割 魚列	欀 息良 人搽
櫾 以周 余救	欃 即由 七遥
櫼 所咸 子廉	欃 士咸 士懺
欂 補各 弼戟 蒲革	欇 書涉 時攝 叱涉

欇 叱涉 之涉	欏 魯何 來可
欐 所宜 盧啟 郎計 力計	欙 力追 力委
[illegible] 況于 矩于 舉朱	
辰下	
欠	
欦 許兼 丘广 火斬	欥 夷質 餘律
㰣 即移 子賜 子智	欨 況于 況宇 況羽 火于
㰦 丘伽 丘倨	㰱 於虯 於糾 於六
𣢘 虛我 呼箇 枯駕	𣢟 許吉 丑律
㱇 古攜 紆佳 於佳	欬 於犗 苦慨
欷 香衣 許既 喜既	欸 烏開 於改 許介
欶 蘇奏 所角	𣢧 則候 呼漏
㰟 資四 七利 七四	㰲 於六 之欲 況逼
歈 羊朱 度侯	歂 市緣 市兗
歁 苦感 口荅	歃 山輒 所洽 山洽
歋 弋支 以遮	歊 許嬌 火酷
歉 苦簟 苦減 口陷 口咸	欱 呼合 呼盍
歐 烏侯 烏后	歙 許及 舒涉 書涉
歕 普魂 普悶	𣤊 丑歷 丑力
歟 以諸 余呂 羊洳	𣤷 子六 才六 子荅

止	
正 諸盈 之盛 之盈	⿱尚止 直庚 昌兩 主尚
歹	
⿰歹月 昨干 徂贊 五刮	⿰歹乂 側八 姊列
⿰歹皮 敷羈 匹靡	⿰歹先 山矜 色淩
殍 芳無 符鄙 平表	殑 其矜 其拯 其餕 其陵
⿰歹委 於為 於偽	⿰歹奇 去奇 居宜 丘奇 起宜 巨支
⿰歹夌 力膺 魯鄧	殕 芳武 方久 愛黑
⿰歹卒 子聿 倉没	殜 與涉 直葉 余業
殟 烏渾 烏没	⿰歹豈 古哀 五來
殠 許久 尺救	殧 疾僦 子六 七宿
⿰歹辟 房益 扶歷	⿰歹羸 郎外 力卧 魯過
殳	
炈 巨金 竹甚 張甚	殷 於斤 烏閑
⿰辰殳 側鄰 植鄰 士臻	殸 口莖 苦定
殺 所拜 所八	⿰𦥑殳 去秋 居祐
毀 許委 況偽	殿 堂練 都甸
㱿 空谷 苦角	毊 許嬌 巨嬌
毋	

毌　古丸　古玩	毐　烏開　於改
每　武罪　莫佩	
比	
比　房脂　卑履　必履　毗至　必至　扶必　毗必	毚　士咸　鋤銜
毛	
毛　莫袍　莫報	毣　莫卜　莫角
㲕　郎外　力輟	𣬷　里之　落哀
毳　此芮　楚稅	毻　他外　湯臥
𣯛　卽容	氂　里之　莫袍
氏	
氏　章移　子盈　承紙　職雉	氐　丁尼　都奚　都禮
㢞　陟利　於進　於刃	
气	
气　去既　去訖	氛　符分　撫文
氣　去既　許既	
巳上	
水	
汃　府巾　普八	汀　他丁　他定
氾　符咸　孚梵	汎　房戎　孚劒　孚梵

池 直離 徒何	汙 羽俱 屋孤 烏故 哀都 一故 烏路
汗 胡安 古寒 侯旰	汈 式羊 奴甸
汒 莫郎 巫放	汕 所簡 所晏
汏 徒蓋 他達	汛 所賣 息晉 蘇佃 所隘 息進
汋 士角 市若	忮 章移 巨支 奇寄
泜 旨夷 直尼 諸氏	沘 房脂 卑履
汶 武巾 亡運 無分	汮 居筠 居匀
沄 王分 户昆	沅 雨元 胡官 于元
沌 徒渾 徒損 持兗 徒混	汪 烏光 紆往 烏浪
沆 胡郎 胡朗	沈 直深 尸甚 式荏 丈林 直禁 直壬
泋 之累 即夷	沚 諸市
沑 人九 女六	沛 博蓋 匹蓋 普蓋
沙 所嫁 所加	沕 美筆 文弗
汩 古忽 莫狄	泱 呼決 古穴
泜 直尼 旨夷	治 直之 直吏 丈之 直利
沮 七余 子魚 側魚 疾與 子預 慈吕 將預	沽 古胡 公户 古暮
泥 奴低 奴計 奴禮	泯 彌鄰 武盡
泡 匹交 薄交	沱 徒河 徒可
泱 於良 烏朗	油 以周 余救

泑　於虯　於糾	沾　張廉　他兼　都念
泌　兵媚　毗必　鄙密	沬　無沸　莫貝
泄　餘制　私列	泛　孚梵　房法
泆　夷質　徒結	泏　竹律　苦骨
泧　王伐　許月　呼括	沫　莫撥　武泰
洞　徒紅　徒弄	洚　户公　户冬　古巷　下江
洶　許容　許拱	洈　魚為　過委
洟　以脂　他計	洍　與之　詳里
洳　人諸　人慮　人恕	洩　羊朱　以周
洿　哀都　侯古	洼　古攜　於佳　烏瓜
浪　语巾　五根	洵　相倫　詳遵
汧　苦堅　苦薦　苦甸	洮　餘昭　土刀
洋　與章　似羊	洸　古黃　烏光
泚　雌氏　千禮	洔　諸市　直里
洱　而止　仍吏　而志	洗　先禮　蘇典
洒　先禮　所賣	洅　子罪　作代
洎　几利　具冀	洩　餘制　私列
洌　力制　良辥	活　古活　乎括　户括
洦　莫白　普伯	沖　敕中　直弓
浽　息遺　奴罪	涂　直魚　直胡　同都

漩　似宣　辭戀	涎　夕連　于線
涍　許交　呼教	浪　魯當　來宕　盧宕
浜　布耕　布耿　布梗	涑　速侯　桑谷　相玉　蘇侯
浸　七林　子鴆	涕　他禮　他計
涀　胡禮　胡甸　苦甸	涊　而軫　乃殄
浩　胡老　古沓	涇　古靈　巨郢
涖　力至　郎計　力二	浿　普蓋　普拜
涏　徒鼎　堂練	浥　於汲　於業　烏洽
涉　時攝　丁愜	涷　德紅　多貢　都貢
涳　苦紅　口江　苦江　女江	淙　藏宗　士江　色絳　才宗
淞　祥容　息恭　先恭	涯　魚羈　五佳
渒　府移　匹詣	淤　央居　依倨
淒　七稽　千弟　千禮	涫　古丸　古玩
淺　則前　七演　倉翦	涶　土禾　湯卧
涼　吕張　力讓	深　式針　式禁　式今
涵　胡南　胡感　胡男	淦　古南　古暗
淡　徒甘　徒覽　徒濫　徒敢　以冉	淹　央炎　於劒
淊　乙咸　胡感　以冉　于陷	淰　式荏　乃玷　女減
淔　倉故　側伯　山責	涴　烏卧　烏官　於阮

淥　盧谷　力玉	淈　古忽　下没
淢　雨逼　況逼	淂　多則　丁力
湑　相居　息吕　私吕	湀　苦圭　古比　求癸　居誄　古攜　苦穴
湝　古諧　户皆	湮　於真　烏前
渾　户昆　胡本	湓　蒲奔　普悶　匹問
湲　獲頑　王權	湔　昨先　則前　子仙　子賤
湍　職緣　他端	渦　古禾　烏禾
湯　式羊　吐郎　他浪	湞　宅耕　陟盈
湫　七由　即由　子小　子了　子攸　在九　子由	溲　所鳩　疎有
湛　直深　徒減　丁含	湩　都鵝　多貢　竹用　都貢
港　古項　胡貢	渜　乃管　奴亂
渻　所景　息井	減　下斬　古斬
渙　呼會　火貫	渴　苦曷　渠列
湱　虎伯　呼麥	渫　私列　士洽
溶　餘封　余隴	溾　乙皆　胡罪
湏　王分　于敏	滇　徒年　都年　他甸
溠　七何　側加　側稼　側駕	溟　莫經　莫迥
溓　勒兼　良冉　力忝	準　之尹　職悦　章允
滈　胡老　許角	溘　苦蓋　口荅

滄　七岡　初亮	滑　古忽　户骨　户八
溺　而灼　奴歷	溹　蘇各　山責　山戟　所戟
漹　有乾　於建	漂　撫招　匹妙
漕　昨勞　在到	漲　陟良　知亮
漚　烏侯　烏候	滱　恪侯　苦候
漸　子廉　慈染	漊　力主　郎斗
滷　郎古　昌石　徒歷	漺　初兩　踈兩
漭　模朗　莫浪	漑　居豕　古代
潎　匹蔽　芳滅	激　古弔　古歷
潄　所祐　蘇奏	滹　苦郭　虎伯　許號
潼　徒紅　尺容　他紅	潨　職戎　徂紅　藏宗　在冬
潙　薳支　居為	潾　力珍　力閑　力人
潰　符文　普魂	潸　所姦　數板
潫　烏關　於緣　於權	潺　士山　士連
潚　蘇彫　息逐	澆　古堯　古弔
潦　魯刀　郎到　盧晧　力到	潢　胡光　乎曠
澎　薄庚　撫庚	澄　直庚　直陵
潭　徒含　以荏　徒南	澴　莫蟹　莫狄
潣　武罪　眉殞	潦　盧晧　郎到
潒　徐兩　徒朗	澉　古覽　吐濫

潪　知義　場伯　直炙	潩　羊吏　與職
澍　常句　之戍　殊遇	潏　食聿　餘律　古穴
澙　古活　户括	澬　即夷　疾資
溦　武悲　無非	澶　市連　徒案
渦　古禾　烏禾	澠　食陵　武盡　彌兗　忘忍
澹　徒甘　徒覽　徒濫　徒敢	澩　下巧　胡覺　士角
濊　呼會　烏外　於廢　呼括	澸　昨代　昨則
澳　烏到　於六	濇　所力　色立
濛　莫紅　莫孔	濡　人朱　乃官
濜　將鄰　慈忍　鉏紖　徐刃	濢　遵誄　七醉
濟　子禮　子計	濱　余忍　羊晉
濘　乃挺　乃定　奴計	濫　胡黤　盧暫　盧瞰
濞　匹備　匹詣　芳備	濩　胡誤　胡郭　一號
濯　直教　直角	濕　失入　他合
濺　則前　子賤　作甸	瀌　甫嬌　皮彪
瀏　力求　力久	潛　昨鹽　慈豔
瀉　悉姐　司夜	瀁　餘兩　餘亮
瀑　薄報　蒲木	瀙　楚敬　疾政
濼　盧谷　普木　盧各　匹各 郎擊　以灼　盧毒　力各	瀎　莫撥　莫結

瀎　姊末　子結　資昔	瀧　盧紅　所江　吕江
瀙　側詵　初覲　七遴	瀇　户盲　户孟
瀢　以水　徒猥	濞　此芮　息絹
瀣　胡介　胡代　胡槩	瀰　武移　綿婢　奴禮
瀾　落干　郎旰	瀳　則前　在甸　才薦
澄　他登　台鄧	瀴　莫迥　烟涬　於孟
灂　於錦　於感　烏感	瀲　良冉　力驗
瀵　匹問　方問	灉　於容　於用
濦　於斤　於謹　於靳　於覲	灛　賞敢　他紺
灘　他干　呼旱　呼旰　他丹　奴案	灓　落官　力卷　郎段
灑　所綺　所買　所蟹　砂下　所寄	灅　力追　力軌
灝　胡老　古禫	灊　徐林　才心　昨鹽　昨淫　才林
瀼　奴朗　奴浪	灥　詳遵　昌緣
灎　余廉　以贍	灨　古禫　古暗
巳中	
火	
炗　徒甘　直廉	灸　舉有　居又　居祐　居有
炘　許斤　香靳	炕　呼郎　苦朗　苦浪
炅　古迥　古惠	炙　之夜　之石

炵 徒冬 他冬	炱 杜來 徒哀
炮 薄交 匹皃 步交	炷 之庾 之戍
炯 户頂 古迥	炪 丑律 職悦
炠 胡甲 呼甲	烘 户公 呼紅 呼東 呼貢 胡貢
烓 烏攜 口迥 烏圭	烟 於真 烏前
烊 與章 餘亮	烝 煮仍 諸應
烋 香幽 火交	烜 許委 況晚
烄 古巧 古到	烵 許羈 香支
焁 許其 烏開	焉 謁言 於乾 有乾
焆 古玄 於決 於列	焌 子峻 子寸 倉聿
焐 呼罪 古玩	焞 常倫 他昆
焪 去宫 去仲	焱 以贍 呼狊
焧 倉紅 青公 作孔 子孔	煇 許歸 胡本 於粉 胡昆
煖 況袁 乃管	煎 子仙 子賤 將仙
煆 許加 呼訝 呼嫁	煔 胡甘 舒贍 他念
煦 況羽 香句	煣 人九 人又
煜 余六 為立	煠 與涉 丑輒 士洽
粦 力珍 良刃 力刃	煽 式連 式戰
熇 呼木 火酷 呵各 火沃	摛 吕支 丑知

熮 落蕭 力久 力照	熯 呼旱 呼旰 人善
熛 與久 余救	熨 於胃 紆物
熭 于歲 王伐	熠 為立 羊入
甗 五旰 五晏	燐 力珍 良刃
燉 他昆 徒渾	燕 烏前 於甸
燀 尺延 旨善 昌善 章善	燒 式招 式照 失照 失昭
燎 力昭 力照 力小	燂 徒含 昨鹽
燘 呼罪 武罪 呼猥	燄 處占 吐敢
燋 卽消 卽畧	燣 盧含 盧感
燠 烏晧 烏到 於六	燩 苦角 苦擊
燾 徒刀 徒到	燹 蘇典 息淺 許位
爁 盧敢 盧瞰 力驗	爌 呼晃 苦晃 丘晃 苦謗
爆 北教 北角 補各	爓 徐鹽 以贍
爒 盧鳥 力小	爚 以灼 書藥
爝 子肖 卽畧 在爵	爞 直弓 徒冬
爪	
爯 餘針 求延	爲 薳支 王偽 于偽 允危
父	
父 方炬 扶雨	爹 陟邪 徒可
爻	

爻　胡茅	㸚　力紙　郎計
片	
㸩　渠遥　施智	牌　薄佳　步皆
𤗋　薄回　扶來	牏　羊朱　度侯　持遇
𤗈　芳逼　符逼	
已下	
牛	
牝　扶履　毗忍	犉　食倫　詳遵
牠　徒和　苦禾	牰　似祐　余救
㸸　呼后　烏后　苦后	牽　苦堅　苦甸
牼　口莖　户耕　苦耕	㸹　郎括　力輟
犂　力脂　郎奚	犈　巨員　居倦
㹁　吕張　力讓	𤛓　胡簡　去演　胡結　口殄
犍　居言　渠焉	犛　里之　落哀　莫交　力之
犙　所鳩　息含　山幽　蘇含	𤛘　無鄙　眉殞
㹙　昌來　土刀	𤛲　五沃　五角
犤　符羆　薄佳	犥　撫招　敷沼
犡　力制　落蓋	犦　博沃　蒲角　甫沃
𤜵　于歲　居衛　渠穢	犩　語韋　魚貴
犪　如招　而沼	𤜥　彼為　符羆

犬	
弛　承紙　神帋	犴　俄寒　五旰　五干
狂	
狂　巨王　渠放	狃　女久　女救
豜　五晏　古莧　吾甸	㹼　牛肌　巨員　巨圓
狙　七余　七預　七慮	狚　多旱　得按　當割
㹪　所姦　所晏	狤　居質　巨乙　古屑
狺　語巾　語斤	狿　以然　于線
奘　在良　徂朗	狷　古縣　吉掾
狢　古祿　余蜀	浞　七玉　七雀
猗　於離　於綺　於羈	猚　五佳　力軌
猈　步皆　薄蟹	猇　胡茅　直交　許交
猙　側莖　疾郢　疾政	猒　一鹽　於豔
猣　子紅　作孔	猈　許歸　胡昆　户昆
猵　布玄　毗忍	猭　丑緣　丑戀
猱　奴刀　女救	猩　所庚　桑經
猶　以周　居祐　余救	猲　乙咸　乙陷
猲　許竭　許葛　起法　呼葛	猰　烏黠　古鎋　苦結
獂　愚袁　胡官	獫　胡忝　胡斬　下斬

獌 莫還 莫干 晚販 無販 莫半	⿰犭參 所咸 所斬 山檻
獑 士咸 士銜 鋤銜	⿰犭翏 下巧 好巧 許交 奴巧
獥 古弔 古歷 胡狄	獜 力珍 郎丁
⿰犭番 附袁 皮變	橺 五閑 下赧
獠 落蕭 知卯 盧晧 張絞	⿰犭敢 荒檻 下瞰 楚鑑
⿰犭農 奴冬 奴刀 女交 力刀	獫 力鹽 方劒 虛檢 良冉 力驗
獪 古外 古賣	獦 古達 良涉
獳 人朱 女侯 奴鉤	⿰犭監 下斬 胡黤
獷 居往 居猛 古猛	⿰犭⿱絲灬 丑人 直閑 丑連 力延
獻 素何 許建 魚列	獺 他達 他鎋
⿰犭毚 士咸 鋤銜	獿 奴刀 奴巧 奴交
午上	
玄	
玆 胡涓 子之	率 所類 所律
玉	
王 雨方 雨誑 于放 于方	玉 息逐 魚欲 相玉 香救 新菊
玎 中莖 當經	玒 古紅 古雙 户工
玭 符真 步田 部田	玼 疾移 七禮 千禮 雌氏
玹 胡涓 黄練	珋 力求 力久

珙　九容　居悚　居竦	琨　古痕　語巾　古恨
瑒　力智　力計　郎計	珦　式亮　許亮
琇　與久　息救	琲　蒲罪　蒲妹
琬　於阮　烏貫　於院	琯　古滿　古困
琡　昌六　之六	瑌　而緣　而兗
瑒　與章　徒杏　丑亮	瑝　户盲　胡光
瑊　職深　古咸	瑁　莫佩　莫報　莫沃　莫代
瑇　徒耐　徒督　徒沃	瑗　王眷　于願
瑦　哀都　安古	瑳　七何　七可　千可
瑩　永兵　烏定	瑱　陟刃　吐甸　他甸　徒年
瑴　古祿　古岳	璆　巨鳩　渠幽
璡　將鄰　即刃	璙　落蕭　力小　力弔
璟　於丙　俱永	璣　于歲　直例　王伐
璗　以周　弋九　與久　弋照	璹　殖酉　殊六
瓃　力追　魯回　力遂	瓏　盧紅　力鍾
瓜	
瓠　古胡　人渚	瓟　薄交　蒲角
瓡　户吳　胡誤	瓞　式招　餘昭
瓤　汝陽　女良	
瓦	

瓦　五寡　五化	⿰土瓦　口含　徒古
瓪　博管　布綰	瓬　分网　方矩
瓺　直良　除向　直亮	⿰彳瓦　奇逆　丑亦
甀　直垂　馳偽	瓿　防無　蒲口
⿱而瓦　人朱　而兗	甄　側鄰　舉延　居延　章鄰
⿰⿱艹工瓦　苦江　苦罔	甉　户監　下斬
甈　五計　去例	⿱從瓦　藏宗　士江
⿰爽瓦　初兩　疎兩	⿰童瓦　徒紅　之用
⿱斯瓦　息移　先稽	甔　丁含　都濫　都甘
甗　語軒　語戰　魚變　魚蹇	⿰丵并　子俊　而隴
⿰巂瓦　烏攜　古攜	⿰靁瓦　力救　力回
甘	
甚　常枕　時鴆	歁　許金　徒含
⿰甘覃　徒含　徒紞	⿸厂⿱秝甘　口含　紅談　古三　胡甘
生	
生　所庚　所敬　所京	甤　儒隹　如累　人隹　如壘
田	
町　他丁　徒頂　徒鼎　他鼎 他典	甹　以周　胡感
畇　相倫　詳遵　羊倫　徒年	畋　徒年　堂練

畐 房六 芳逼	**畛** 側鄰 之忍 章忍
留 力求 力救	**畜** 丑救 許宥 許六 丑六 許救 許竹
時 諸市 時止 直里	**番** 附袁 孚袁 普官 薄官 博禾 補過
畬 以諸 式車	**畫** 胡卦 胡麥
當 都郎 丁浪	**畷** 陟衛 張劣 陟劣 竹芮
畽 而緣 而兗 人絹 乃卧	**疄** 力珍 良刃
疋	
疋 所葅 疎舉 山於 五下 山吕	**疏** 所葅 所助 所去
疐 陟利 都計	
午中	
疒	
疒 士莊 女戹 尼戹 仕莊	**疚** 居求 古巧 居虯
疕 匹婢 卑履 匹鄙	**疝** 所閒 所晏
疧 巨支 丁尼	**⿸疒冉** 楚占 汝鹽
疦 呼決 古穴	**⿸疒及** 居立 呼合 呼盍
疷 章移 旨夷 諸氏	**疴** 枯駕 烏何
⿸疒瓜 古禾 苦禾	**疼** 徒冬 徒登
痁 失廉 都念 式詹	**疸** 多旱 得按
⿸疒朮 呼骨 許勿	**痑** 他干 丁佐 託何 叨丹

痒　似羊　餘兩	瘩　都合　呼合　五合
瘖　興腎　香靳	㾖　里之　良士
痡　芳無　普胡	瘁　所臻　蘇本　疎錦
瘵　宅加　陟加	痞　方美　符鄙　方久
痗　莫佩　荒内	痿　於為　人垂　於隹　儒隹
痺　府移　便俾	痔　於離　墟彼　於蟹
痱　符非　扶沸　蒲罪	瘷　落哀　洛代
痯　古満　古玩	㵟　呼麥　況逼
瘉　羊朱　以主	瘕　古牙　古疋　古訝
瘦　敷救　房六　扶富	㾷　息移　斯齊　先稽
瘀　直魚　遲倨　丑御　抽據	瘵　士佳　士懈
瘥　昨何　初介　子邪　在何 楚懈	瘤　力求　力救
瘨　云粉　王問	㿆　普故　薄故
瘛　胡計　尺制　昌列　昌制	瘍　謨晏　莫駕　丑晏
瘟　烏合　安盍	瘶　於其　烏懈
瘻　力朱　盧候	㾯　渠云　五還
癯　巨斤　其謹　渠遴	癠　竹例　當蓋
癉　都寒　徒干　都彈　丁可 丁佐　得案	癀　房吻　扶問
癖　芳辟　普擊	癠　徂奚　在詣　徂禮　子禮

癟 都晧 直祐	癟 蒲結 芳滅
瘵 力照 盧各 力弔	瘻 落胡 洛故
癩 落蓋 盧達	癵 落官 吕員
癰 力智 力計 郎計 力翅	
癶	
癹 蒲撥 普活	
白	
皀 許良 彼及 居立 彼側	皃 莫教 莫角
皛 古了 匹白	皠 胡沃 胡覺
皛 胡了 普伯 莫百	皤 薄波 博禾
皭 子肖 在爵	
皮	
皯 古旱 工旦	皵 敷羈 皮美 匹鄙 符鄙 匹支
皻 倉胡 七與	皺 於驚 於亮
皰 匹皃 旁教 防教	皮 平義 争義
皵 七雀 七迹	皸 舉云 居運 居云
皾 徒古 當古	皺 楚愧 七到
皽 無遠 無願 無販	皽 止遥 知演 旨善 知善
皿	

盅　直弓　敕中	盉　户戈　胡卧
盎　烏朗　烏浪	盄　哀都　憂俱
盇　云久　余救　于救	盛　是征　時正　承正
盟　武兵　莫更	蠡　郎奚　盧啓
監　古銜　格懺　古懺	盡　慈忍　即忍
䃺　莫婆　莫加　莫霞　莫何	盦　烏含　安盍
盥　古滿　古玩	盬　去吏　去既　許既
盪　吐郎　徒郎　徒朗　吐浪 他浪　度朗	盬　古胡　公户
盪　下巧　公巧　古巧　胡巧	盭　郎計　練結　力計
目	
盯　直庚　張梗	旬　胡畎　黄練
盽　所咸　所儳　所鑑	眂　是支　承旨　常利　承矢
看　苦寒　苦旰　苦干	眅　普班　普版
相　息良　息亮	眈　徒含　丁含　都感
盾　食尹　徒損	眄　彌殄　亡見　莫甸
盻　五計　胡計　下戻	眆　博蓋　普蓋
盿　莫拜　莫撥	眊　莫報　莫角
昗　望發　許劣　七役　況逼	眙　興之　丑吏　丈證
眣　書之　式荏　舒閏	眗　其俱　舉朱

眲　舉朱　九遇	眒　失人　試刃
智　於袁　一丸	眩　胡涓　胡練　黄練
眑　於交　於糾	眡　丁兼　丁念　都念　丑黠
眎　承矢　神至　常利	眦　兵媚　莫八
眥　扶沸　普活	眛　莫貝　莫佩
眣　丑票　陟鍩　徒結	眮　徒紅　徒揔　徒弄
眾　職戎　之仲	眵　章移　叱支　尺支　赤支
眭　許規　息為　户圭　許維	眴　相倫　如匀　舒閏　許縣　黄練
眸　疾緣　莊緣	眻　與章　餘亮
睆　呼光　莫郎	眳　亡井　莫迥
眥　疾智　在計　在詣　才賜　士懈	眲　仍吏　尼戹
略　離灼　盧各	睇　土雞　特計
睊　古玄　古縣	睷　以然　七絹　弋絹
睘　巨員　音倦　渠卷	睴　五到　五夾
晢　征例　丑世　丑例　旨熱	眼　力讓　丘亮
督　許役　呼昊	睢　許規　許維　息遺　香季　許葵
眥　芳非　方市　府巾	睛　子盈　七靜
睯　當古　苦計	睕　於阮　烏貫　烏括
睔　胡本　古悶　盧本　古困	睰　武幸　莫更

睒　失冉　吐濫	睚　五懈　五佳
睪　羊益　尼輒	睼　杜奚　他甸
睵　祖才　倉才	睯　武巾　彌鄰
䁔　況袁　胡管　火晚　況晚	睺　户鉤　胡遘
睃　作孔　作弄　古拜	睴　胡本　古困
睲　息井　蘇佞	䁈　女利　一活　烏括
瞐　莫報　許竹	瞀　莫候　莫角
瞁　許役　呼狊	䁋　徒協　呼牒
瞑　莫賢　莫甸　莫經　亡千	瞍　蘇彫　蘇后
䁝　餘傾　户扃　烏猛	䁤　丑林　丑鴆　丑禁
䁙　於殄　烏澗　烏黠　於甸 於扇	𥆌　古礦　九遇
䁤　余六　下各	瞢　莫中　莫鳳　武登
䁪　武移　莫結	瞜　力朱　落侯
瞟　撫招　敷沼	瞗　丑鳩　他歷
瞲　火癸　火季　香季	瞡　規恚　居悸
䁻　七計　丑例　初八	䁰　彌畢　美筆
瞥　普蔑　芳滅　芳結	瞴　武夫　文甫
瞵　力珍　良刃	瞭　落蕭　盧鳥
瞪　宅耕　直陵　直庚　丈證	瞘　烏侯　苦侯　恪侯

䁮 昨鹽 漸念	瞶 以醉 居胃
瞫 式荏 徒紺 徒南	䁫 武悲 無非
矍 其俱 九遇	䁅 武庚 莫耕 莫幸
䁴 旨善 式善	𥌾 烏酷 古岳
矈 莫賢 武延	𥌳 古銜 格懺
矎 火玄 休正	𥌯 胡涓 許緣 胡畎
矐 呵各 虛郭	睔 弋照 以灼
矖 呂支 所綺	矗 初六 敕六 丑六
矛	
矜 巨巾 居陵 巨斤	𥍯 七林 子心
矠 士革 楚革	𥎋 巨巾 巨斤
𥏀 作管 子算 七亂	
矢	
𥏋 竹律 職悅	𥏼 式羊 七羊 且羊
𥐚 蒲木 倉候	
午下	
石	
矼 古雙 枯江	矸 古旱 古案 侯旰
矺 他各 都搕 竹亞 陟革	砏 普巾 布巾 府巾
砊 客庚 苦浪	砭 府廉 方驗 甫兼

砎　古拜　古黠　胡瞎	砉　虎伯　呼臭
砥　旨夷　職雉	砮　奴古　乃胡　乃都
砝　居盍　居怯	硐　徒紅　徒揔
䂬　渠容　居竦　居勇　居悚	研　五堅　吾甸
硎　客庚　户經	硪　五何　五可
䂳　所加　千可　作可	硱　綺兢　苦本
硰　倉果　叉瓦　七火	硟　相然　昌戰
硞　苦沃　苦角	硩　丑列　他歷
碕　渠羈　巨支　去奇　墟彼　起宜　渠希	碆　薄波　博禾　薄官
碌　居履　山戟	碌　盧谷　力玉
碭　徒郎　徒浪	碞　魚金　五咸　牛金
碡　徒谷　直六　徒沃	碣　其謁　渠列
碏　子與　資昔	碚　户冬　乎宋
磑　五灰　五對	磌　側鄰　徒年
磅　普郎　撫庚	磈　於鬼　口猥
碖　盧本　盧困	磋　七何　七過
磕　苦蓋　苦曷　苦盍	磍　古黠　枯鎋
磳　宜引　昌約　魚約	磟　盧谷　力竹
磷　力珍　良刃	磳　士兢　作滕

磃 先鳥 思六 息逐	磽 口交 苦皎 五教 五交
礐 胡谷 胡沃 苦角 胡覺	礊 楷革 呼麥 口革
礥 下珍 下憐 胡田	礩 脂利 之日
礧 落猥 盧對	礱 盧紅 盧貢
礭 舉朱 其俱	礹 五銜 魚埯
礉 苦教 口交	
示	
示 巨支 時至 神至	祁 渠脂 職雉
祉 卑履 毗至 必至	祋 丁外 丁括 都外
祓 方肺 敷物 敷勿	祝 職救 之六
祩 章俱 之戍	祭 子例 側界
祮 户括 古頢	祲 子心 子禁 子鴆
祰 苦浩 古沃	祾 力膺 魯登
禁 居吟 居蔭	禔 章移 是支 杜奚
禓 與章 舒羊 式羊 以章	禜 永兵 為命
禨 依居 豕居	禪 市連 市戰 時戰
禬 黄外 古外	禱 都晧 都導 當老
禸	
禸 女久 人九	禺 遇俱 牛具
离 吕支 丑知 吕知	

禾	
禾　古奚　五溉	秅　宅加　當故
科　苦禾　苦卧	秏　荒内　火号　呼到
秠　敷悲　匹几　匹鄙　孚悲　匹尤　芳鄙　芳婦	秧　於良　於丈　於兩
秛　敷羈　披義	秨　昨誤　在各
秭　房密　蒲没	梁　渠容　巨壠　渠隴　渠恭
秲　直里　時吏	秝　力制　良辥
稜　儒隹　息遺	稨　芳無　扶雨　博孤　扶甫　普胡
稌　他胡　他古　他魯	稞　苦禾　胡瓦
稙　徒果　是偽	稰　相居　私吕
稭　古諧　古八　古黠	稖　多官　丁果　丁官
稱　處陵　昌證　昌孕　昌陵	稽　一鹽　於禁
種　之隴　之用	稬　乃管　奴亂　乃卧
稧　苦曷　居列	穁　而容　而隴
稽　古奚　康禮	稹　側鄰　之忍　章忍
稴　户兼　力兼　胡讒　力忝　力店	稾　古老　苦到
稸　許竹　丑六	穛　古沃　之若
積　子智　子昔　資昔　資賜	穜　徒紅　直容
穃　巨金　鋤針	穲　莫亥　莫代　莫佩

穙　蒲木　普木	穠　女容　而容
䆅　苦會　苦夬	䆃　徒晧　徒到
穧　子計　在詣　子例　才計	稨　布玄　北典　卑連　方典
穰　汝陽　如兩　汝羊	䆏　浮鬼　扶畏　扶沸
穳　在丸　徂贊	
穴	
穵　烏八　烏黠	空　苦紅　苦貢
窀　陟綸　徒渾　墜頑　陟倫	穿　昌緣　尺絹
穽　疾郢　疾政	窅　於交　烏皎
窌　力嘲　匹皃	窊　烏瓜　烏吴
窉　兵永　兄病　孚命　區詠 陂病	窆　方驗　方亙
窐　古攜　户圭	窔　烏皎　烏叫
窒　陟栗　丁結	窡　丁滑　丁刮
窬　羊朱　度侯　田候	窴　徒年　堂練
窞　他酣　吐濫	竀　丑庚　丑貞
竁　此芮　初稅　楚稅　尺絹	𥧞　而兖　子峻
𥨍　房六　芳福	𥨐　魯甘　盧瞰
立	
䇅　過委　詭僞　居委	竘　驅雨　苦后　驅甫
𥫄　力遂　力地　力至　力入	𥩤　盧谷　房六

竮　薄經　普經　普丁	竭　其謁　渠列
竴　多官　旨兖	竲　疾陵　作滕
末上	
竹	
竺　丁木　冬毒　張六	笊　側絞　側教
笆　伯加　傍下	笐　古郎　下浪
笒　鋤針　巨禁	笍　而鋭　陟衛
笈　其立　其劫　巨業　初洽　其輒　楚洽	笯　乃都　女加　乃胡　乃故
笢　武巾　武盡	笲　附袁　扶晚　皮變
笘　古三　古覽	笫　阻史　側几
笨　布忖　蒲本	笪　多旱　都達　當割　得案
笴　古旱　古我　公旱	笭　郎丁　女鼎
笮　側駕　在各　側伯	笚　都盍　胡甲
筒　徒紅　徒弄	筊　胡茅　古巧
笐　胡郎　户庚	等　多改　多肯
築　陟瓜　徒果	筑　直六　張六
筏　房越　北末	筈　古活　苦栝
箣　里之　郎奚	筡　同都　丑居
箹　蒲角　角測	筴　楚革　古洽　古協

箄　府移　邊兮　并弭	箠　竹垂　之累
箘　去倫　渠殞	箔　昨先　昨鹽
箅　博計　必至	𥮉　蘇干　蘇旰
箑　即葉　所甲　山洽	𥲃　山輒　所洽　山洽
篅　是為　市緣	箯　房連　卑連
箾　蘇彫　所角	篍　七遙　七由　七肖　七流
箈　徒哀　胥里　徒亥	箸　陟慮　遲倨
篕　苦回　苦怪　古賣	篎　亡沼　彌笑
箹　於教　於角	䈎　與涉　丑輒
䈵　烏紅　烏孔	𥳼　薄官　北潘
䇦　昨何　側下	篣　步光　薄庚
䈢　胡禮　胡計	篧　士角　側角
簃　弋支　直離	篪　是支　杜奚　弟泥
簁　所宜　所綺	篿　度官　職緣
篻　彌遙　敷沼	簈　府盈　薄經
簍　落侯　力主　郎斗	篸　作含　作感　作紺
䉃　即兩　秦杖	䉗　祥歲　似入
篴　直六　徒歷	簎　士角　秦昔　測戟
䈶　去宮　去龍　渠容　曲恭	𥶘　武夫　莫胡

篚	甫無　方矩　方羽　芳遇 甫于　方武	篚	户吳　古胡
簫	蘇彫	簝	落蕭　魯刀
簪	側吟　作含　側岑	簜	吐郎　徒朗
簣	求位　苦怪	簌	蘇旱　桑割
簮	秦入　子立	薇	武悲　無非
簻	苦禾　陟瓜	籧	強魚　居許
簿	裴古　傍各	簸	布火　布過　補過
簙	匹各　補各	籈	側鄰　居延
籊	徒歷　他歷	籋	尼輒　奴協
籀	力求　力久	籔	所矩　蘇后
簠	杜奚　特計	籔	古肴　下巧　古巧
籠	盧紅　力董　力鍾　力東	籛	則前　即淺　子賤
籭	力智　郎計	籗	苦郭　仕角
籍	相然　息淺	籭	所宜　山佳
米			
粗	徂古　千胡	粖	莫撥　亡結　莫結　亡達
粞	先稽　蘇來	粦	力珍　良刃
粥	余六　之六	粼	力珍　良刃　力刃
精	子盈　子姓	粿	池爾　是義

糈　私吕　疎舉	𥻃　息七　私列
糫　徒含　徒感	䊧　匹寐　芳未
糲　力制　力達　落蓋　盧達	䉶　所簡　初綰
䊖　落旱　郎旰	
未中	
糸	
紃　食倫　詳遵　食綸	約　於笑　於畧
紇　下没　胡結　乎没	紕　符支　匹夷　昌里
紑　匹尤　甫鳩　芳否　孚丘	純　之尹　常倫
紟　巨禁　居吟	索　蘇各　所戟　山戟　山責
絧　疾資　似兹	綻　所葅　羌舉
絇　其俱　九遇	絃　胡田　许縣
紬　直由　丑鳩	累　力委　良偽
紴　博禾　匹靡　補柯	紾　章忍　知演
絧　徒紅　徒弄	絓　苦緺　胡卦
絯　古哀　楷侯	絟　此緣　七絶
絚　古恆　古鄧	絥　平祕　房六
絮　息據　抽據　尼恕　尼據　乃亚	綣　去願　居願　居倦　居玉　區倦
絍　如林　汝鴆	絜　古屑　胡結　古節

繉　況于　況羽	紕　邊兮　芳脂
綄　胡官　胡管	絻　母官　亡運　亡辨
綃　相邀　所交	經　古靈　古定
綅　七林　子心　息廉	綼　方結　普蔑
綗　於輒　居輒　居怯	綾　七稽　千禮
綸　力迍　古頑	綢　土刀　直由
綪　側莖　倉甸	緅　側鳩　子侯　子句
緂　他酣　處占　徒敢　充三	綣　去阮　去願
綰　烏板　烏患	緾　持兗　直戀
緉　良獎　力讓	綏　殖酉　承呪
線　郎計　練結　力計	綴　陟衛　丁劣　竹芮　陟劣
綼　毗必　必覓　北激	緆　九勿　去月
緎　雨逼　況逼	緵　子紅　作弄　子工
緟　直容　柱用	緰　相俞　度侯
締　杜奚　特計	緹　杜奚　他禮
緺　古蛙　古華　古禾	編　布玄　方泫　方典　卑連 布千
緶　房連　方典	緣　與專　以絹　羊絹
緢　武瀌　莫飽　莫教	緪　古恆　古鄧
綮　莫浮　武彪	緥　邊孔　巴講　補孔

緷　胡本　古本　王問	緼　烏渾　於云　於粉　於問
縒　楚宜　苏可　倉各	縝　丑人　昌真　章忍　丑珍
縣　胡涓　黄練	縓　此緣　采選　七絹　七全
縿　息廉　七林	縡　作亥　作代
縞　古老　古到　呼毛	縊　於賜　於計
縐　初教　初爪　側救	縛　符卧　符钁
縫　符容　扶用　房容	縱　即容　子用　子容
繁　附袁　薄官　薄波	繇　餘昭　以周　直祐
繅　蘇遭　子晧	繆　莫浮　武彪　靡幼　莫六
縯　余忍　以淺	頴　胡典　口迥
縵　莫半　謨晏	縬　子六　側六
繟　徒干　昌善	繎　如延　而緣
繚　落蕭　力小　盧鳥	縃　息拱　相庾　息有　相主
纍　如累　如壘	繖　蘇旱　蘇旰
織　職吏　之翼	繐　胡桂　相鋭
繣　胡卦　呼麥	繞　而沼　人要
繘　居聿　餘律	緁　子入　疾葉
繫　古南　苦兼　呼廉　许兼 契兼　呼兼　古咸	繯　胡畎　胡慣
繾　昌善　徐翦	繳　古了　下革　之若

繰　蘇遭　子晧	繫　古詣　苦奚　胡計　釦奚
繴　蒲革　北激	繻　人朱　相俞
纂　作管	繾　去演　去戰
⿰糸翟　徒到　徒歷	纍　力追　力遂
纏　直連　持碾	纔　昨哉　藏代　昨代　所銜
纗　姊宜　户圭　以睡　胡卦	纚　式支　息移　叱支
纛　徒到　徒沃　徒号	
缶	
缺　苦穴　傾雪	缿　胡講　火口
⿰缶交　古肴　苦擊	⿰缶咅　縛谋　薄侯　薄口
⿱⿰𡉉殳缶　甫鳩　苦候　空谷	罋　於容　烏貢
罊　苦計　楷革	⿰缶竄　倉困　倉甸　七鈍
网	
⿱罒丁　他丁　他鼎	罞　莫紅　莫交
⿱罒包　匹交　縛謀	罜　之戍　徒谷
罣　古賣　胡卦　古惠	罥　姑泫　古縣
罦　芳無　縛謀	⿱罒每　莫杯　文甫　莫佩
罧　斯甚　所禁　息甚　所今	罨　衣儉　於劫　烏合　一劫　於業
罬　陟劣　紀劣	罯　烏感　烏合　烏敢

羆　符羈　皮彼　平陂　薄解　薄蟹	罵　莫下　莫霸　莫駕
罺　側交　初教	罿　徒紅　尺容
罿　思兖　息絹　所晏	羉　武夫　文甫
羊	
羲　许羈　魚倚	羠　以脂　徐姊
羡　以脂　羊箭　祥面　似面　于線	羥　苦閑　口莖
羬　德紅　直珍　多貢	羳　於詭　於偽
羥　烏奚　於真　烏閑	羬　巨淹　五咸
羱　愚袁　五丸　語袁	羶　户關　胡慣
羵　子智　疾智	羴　许閒　失然
羷　作含　子答	羼　辭戀　息絹
羼　初限　初鴈	
羽	
羽　王矩　王遇	翁　户公　古送
翅　巨支　施智	翏　落蕭　力救　力幺
翑　其俱　俱雨　求俱	翍　匹各　步各
翛　蘇彫　相邀	翛　蘇彫　式竹
翜　色立　所甲	翢　土刀　徒刀
翪　側板　旨善	翟　場伯　徒歷

翪　子紅　作孔	翨　施智　居豉　居企
翰　胡安　侯旰	𦑣　虎横　呼宏
翯　胡沃　胡覺　许角	翳　烏奚　烏計
翲　撫招　匹妙	𦒍　息逐　所六
𦒉　巨嬌　渠遥	翹　渠遥　巨要　巨堯
𦒎　胡桂　餘制	翿　徒刀　徒到
老	
𦓝　多忝　都念	
而	
耏　如之　奴代	䎠　如之　胡官　奴禾
𦓤　之累　旨兗	
耒	
耒　力軌　盧對	耡　士魚　牀據
䎫　楚江　楚絳	耨　奴豆　内沃
𦔳　母官　莫半	𦔵　查鎋　士革
耤　在各　秦昔	
耳	
聅　徒干　丑列	聉　吐猥　丁滑　五滑　魚乙
𦕛　之戍　方遇	𦕅　蘇協　人耴
聞　無分　亡運	聚　慈庾　才句　秦雨

䎿 卽由 自秋	聥 王矩 俱雨
䏊 靡為 文彼 武悲 武卑	𦗯 落蕭 力刀 魯刀
𦗧 昨焦 昨勞	聱 五交 五勞 語彪 語虯 五苞
聹 奴丁 乃鼎 乃挺	聽 他丁 湯定 他定
末下	
肉	
肜 以戎 敕林 丑林	肛 古雙 許江
肔 移爾 敕紙	肚 徒古 當古
𦙶 當孤 當故	肑 北角 都歷
肧 芳杯 匹尤 普回 普來	肦 符分 布還
肪 符方 府良	𦙄 直忍 羊晋 直引 余忍
肣 胡男 胡感	肸 羲乙 許訖 許乙
肭 内骨 女滑	胦 握江 於良
胔 疾移 疾智	胝 丁尼 竹尼
胥 相居 息吕 私吕 思余	胆 七余 七慮
胠 去魚 丘倨 去劫	胂 丑人 失人
胘 胡田 胡滑	胞 布交 匹交
胗 章忍 居忍 之忍	背 蒲昧 補妹
胮 匹江 薄江	胿 胡雞 古攜

脄　莫杯　莫代	能　奴來　奴登　奴代　奴等
胯　苦瓜　苦故　苦化	胻　胡郎　户庚　下更
脅　許欠　虚業	脪　丑飢　興腎　香靳
脢　莫杯　亡代　莫佩	脧　臧回　子泉
脡　式連　丑延	脠　與專　辭戀
脞　醋伽　倉果	脙　許尤　巨鳩
脮　吐猥　奴罪	脕　無遠　無販　亡運
脟　力兖　力輟	脛　胡頂　胡定
脱　徒活　土活　他括	腄　竹垂　馳僞　羽求
腓　符非　扶沸	腒　九魚　強魚
腏　昨干　徂贊	腤　薄侯　蒲口　蒲候
腌　於嚴　於輒　於業	脊　康禮　口系　苦計
腏　陟衛　陟劣　丁括	脂　胡紺　下瞰　户韽
豚　丁木　竹角	膱　之翼　除力
膆　渠追　渠○追　渠○追	腣　都奚　都計
腡　古蛙　落戈	腊　古諧　苦蟹
腱　居言　渠建	膠　陟加　陟駕
腥　桑經　蘇佞	腝　而兖　奴困　那到
腦　奴晧　那到	膟　力遂　吕邮
腬　耳由　女救	膍　房脂　部迷

膗　楚佳　初牙	𦢊　公回　古哀　苦亥
膏　古勞　古到	𦢈　芻注　側救
膗　呼木　火各　呵各　火酷	膧　丑凶　餘封
膢　力朱　落侯　力于	膜　莫胡　慕各
膗　仕懷　素回	膞　職緣　市兗　旨兗
膠　古肴　古孝　口交	膘　苻少　孚小　敷沼　子小 符小
膾　古外　古對	賸　以證　詩證
膴　武夫　荒烏　亡甫　文甫	膭　公回　胡對
膫　落蕭　力照	𦠆　甫遥　撫招
膨　薄庚　蒲孟	膚　所鳩　蘇弔
朁　作含　子朕	膞　蘇本　士戀
膮　許幺　馨皛	臇　此芮　七劣　七絶
膪　竹賣　竹亞　陟駕	臈　遵為　子兗
臉　七廉　力減	膹　浮鬼　房吻
膴　烏皓　烏到　於六	臀　烏谷　烏酷
朦　莫紅　莫孔	臑　直由　除柳
膵　遵誄　七醉	臏　匹備　平祕　毗至
臐　許云　許運	臒　憂縛　烏郭
臈　北角　蒲角	臛　火酷　呵各

黴 七廉 初減	臞 其俱 其遇
虋 奴低 人兮 諾何	臠 落官 力兗
臣	
臤 苦寒 口閒 口耕 苦閑 口莖 胡田 去刃	臩 俱往 俱永
臨 力尋 良鴆	
自	
臮 呼艾 許葛	
至	
臸 止而 人質	臶 徂悶 在甸
臺 丑利 丑吏	
臼	
臼 居六 居玉	臾 羊朱 求位
臽 苦感 户韽	舀 羊朱 以周 以沼 弋兆
䢅 芳廢 房越	舄 七雀 思積
與 以諸 羊洳 余呂	興 虛陵 許應 許陵
舌	
舍 書治 始夜	舑 他酣 汝鹽 他念
舚 他干 徒年 他丹	
舟	

般　薄官　博干　北潘　北末　布還	舫　甫妄　補曠
舴　陟格　側伯	艁　昨早　七到
艒　莫卜　莫沃　莫北	艐　子紅　古拜　口箇
艘　蘇彫　蘇遭	艖　昨何　初牙
艀　芳無　薄故	艟　尺容　直絳
艨　莫紅　武用　莫弄	艬　锄銜　士懺
色	
艴　敷勿　蒲没	

申上

艸	
𦫳　乖買　工瓦　古瓦	艽　渠追　古肴　巨鳩
艻　都聊　徒聊	艿　匹交　居求　居虯
艼　他丁　他鼎　秃鈴	艾　五蓋　鱼肺
芃　房戎　薄紅	芋　羽俱　王遇
芇　母官　亡殄　武仙　武延　彌殄　亡弦	芊　倉先　倉甸
芍　胡了　市若　張略　七削　之若　七雀　都歷	𦬕　陟弓　直弓
芘　房脂　毗至	苀　古郎　胡郎
𦬒　五剛　鱼兩	𦬐　直深　羊針　都敢　餘針
芛　羊捶　餘律	芺　於兆　烏晧

芾 方味 分勿 博蓋	芞 許訖 去訖
茈 疾移 將此 士佳	苴 七余 子魚 鉏加 子與 子余
𦬣 去鱼 丘倨	若 人賭 人者 人勺 而灼
苬 似由 以周	芝 匹凡 孚梵
苘 去潁 口迥	茆 莫飽 力久
茀 方味 敷勿	苦 康杜 苦故
苫 失廉 舒贍	苖 丑六 他六 徒歷
苾 毗必 蒲結 頻必	茁 徵筆 鄒律 莊月 鄒滑 側劣 側滑
茇 側末 蒲撥	苶 奴結 乃叶 奴協 如列
苙 其立 力急 力入	荑 以脂 杜奚
茬 側持 士疑 士之	茲 疾之 子之
茹 人諸 如慮 而與 人恕 人渚 而恕	荂 況于 芳無
茥 古攜 苦圭	荄 古諧 古哀
茝 諸市 昌紿 昌待	荔 力智 郎計
茷 博蓋 符廢 方大 房越	荒 呼光 呼浪
荎 直尼 徒結	莉 直尼 直之 郎奚
荹 薄胡 薄故	荼 同都 宅加 食遮
莙 居筠 渠殞 舉云	莞 胡官 古丸 户板
莚 以然 于線	莦 相邀 使交 所交

荷　胡歌　胡可　户哥	莔　武庚　許訖
莛　特丁　徒鼎	莩　芳無　平表
莟　胡感　胡紺	莓　莫杯　莫佩　亡救
莜　徒聊　徒弔	茧　許竹　丑六　恥力
莌　徒活　他括	莜　羊捶　營隻
萎　於為　於偽	菥　息移　先擊
菭　直尼　徒來　徒哀	萁　渠之　居之
菑　側持　祖才	菲　芳非　敷尾　芳尾　扶沸
菩　薄胡　房久　步乃　薄亥　蒲北	菟　同都　湯故
萊　落哀　洛代	萑　胡官　職追
菆　在丸　側鳩　芻注	華　户花　呼瓜　户化　胡化
菴　烏含　央炎	菶　邊孔　蒲蠓
菌　渠殞　求晚　求敏	菀　於阮　紆物
菤　以轉　渠篆	莽　莫朗　莫古　莫補　莫厚
菣　去刃　苦見　苦甸	菿　都導　竹角　陟孝
菐　蒲木　方六	菔　房六　蒲北
菝　蒲撥　蒲八	荅　他合　都盍
萐　山輒　所洽　山洽	苶　奴結　奴協
葑　府容　方用	葰　息遺　蘇果　蘇瓦　沙瓦

著　直魚　陟慮　張略　直略 張豫　長略　陟略　丁吕 張慮	蕍　羊朱　以主
葫　户吳　荒烏	蕵　户皆　胡墾
葐　蒲奔　符分	萹　布玄　方典　北泫　補殄 芳連
葽　於堯　於笑　於招　於霄 烏皎	葭　古牙　胡加
葝　渠京　巨成	葶　特丁　徒鼎
萬　王矩　俱雨	葆　武道　莫候
葂　以芮　弋雪	蔯　落蓋　盧達
萺　莫六　莫沃	葯　於角　於略
葃　在各　士革　秦昔	葥　士力　阻力
葺　七入　子入	葉　與涉　式涉　書涉　余涉
蓊　烏紅　烏桶　烏孔	蒫　即夷　昨何　子邪
蒔　市之　神至　時吏	蒩　七余　則吾　子余　則古
蒘　女余　女加	蓑　素回　蘇禾
蓔　餘昭　弋照	蒡　薄庚　北朗
蓂　莫經　莫狄	蓸　自秋　作曹
蒟　俱雨　九遇	蒼　七岡　麁朗
蒠　丘隴　區用	蒵　胡雞　胡計
蔱　所例　所八	蓋　古太　胡臘　古盍

荳　祛狶　胡對	蓄　許竹　丑六
蒚　下革　郎擊	蒷　以脂　翼真　以淺　弋仁　羊善
蓶　以追　以水	蓷　叉隹　春隹　湯回　他回
蔞　力朱　落侯　力主	蓲　憶俱　去鳩　烏侯　衣遇
蔫　謁言　於乾	蔙　户昆　胡官
蔓　母官　無販	蔖　昨何　采古
蔛　以遮　似嗟	蔣　即良　即兩　子羊
蔽　并弭　傍禮　必鼻　必至	蓮　落賢　力展
蕂　武道　亡毒　莫卜	蔦　都了　多嘯
蔟　倉奏　倉谷　千木　千候	蔄　亡莧　盧候
蓼　盧鳥　力竹	蓫　直六　許六　丑六
蓨　他歷　吐彫	董　徒紅　多動
蓨　悦吹　羊箠	蔾　力脂　郎奚
蕃　附袁　甫煩	蕎　舉喬　巨嬌
蕄　莫耕　莫登　武登	蕁　其矜　巨金
蕿　所鳩　蘇老	蕊　如累　如壘
蕮　武板　居聿	蕩　徒朗　他浪　土郎
藹　於罽　於蓋	藒　去例　予割
蕝　子芮　子悦	蕢　求位　苦怪

蕌　方副　芳福	葍　房六　芳福
薇　武悲　無悲	蘧　強魚　其吕
薢　古諧　古隘　佳買	薶　公回　胡罪　乎罪
薀　烏渾　於粉　於殞　於問	薧　呼毛　苦浩
蔹　力鹽　良冉　力瞻	薕　力鹽　勒兼
薙　徐姊　直几　直履　他計	薜　蒲计　博戹
薺　疾資　徂禮　才禮	薁　以諸　余吕　徐吕　相居 羊洳
薽　側鄰　居延	雚　胡官　古玩
藁　落蕭　力戈　落戈	蔽　許嬌　火交　許交　呼到
藏　昨郎　徂浪　徂郎	蘔　郎丁　良郢
薿　魚紀　魚力	藐　亡沼　亡角　莫角
薰　許云　許運	藉　慈夜　慈亦　秦昔
藣　彼為　彼義	藩　附袁　孚袁　甫煩
藨　甫嬌　平表　普袍	藘　渠殞　渠篆
蘄　渠之　居依　巨斤　巨希	藸　陟魚　直魚
蘆　力居　落胡	藷　章魚　常恕
蘊　於云　於粉　於問	藃　下巧　古巧
蘢　盧紅　力鍾	蘬　丘追　丘軌　丘韋　丘誄
蘧　強魚　巨居　其俱	蘱　胡安　侯旰　何旦

蘨　餘昭　以周	蘞　力鹽　良冉　虛嚴
蘴　敷容　敷空　敷戎	蘳　許規　胡瓦　胡怪
藷　章魚　署魚	藒　古諧　胡八
蘕　徂合　在協	蘼　靡為　亡彼　文彼　亡為
蘺　呂支　郎計	蘱　力遂　盧對
蘿　去阮　去願	虉　五革　五狄　五歷
虁　如兩　女亮　如養	蘳　禫古　古送　古暗
虇　倉胡　采古	

申中

虍

虖　況于　虎乎　荒烏　户吴	虘　昨何　才都
處　昌與　昌據	虛　朽居　去魚　許魚
號　胡刀　胡到　乎刀　乎到	虤　口敢　呼濫
虥　士山　昨閑　士限　士諫	虒　杜奚　土雞
虨　府巾　普巾　方閑　甫巾	虩　許卻　山責　許逆
虪　式竹　余六	

虫

虰　宅耕　丑貞　當經	虯　渠幽　居幽
虺　呼懷　呼恢　許委　許偉	虹　户公　古巷　古送
虵　食遮　羊者	蚣　古紅　職容

蚡 符分 房吻	蚖 愚袁 五丸
蚆 普巴 伯加 匹加	蚢 胡郎 苦浪 胡朗
蚥 方矩 扶雨	蚓 余忍 余刃
蚑 巨支 去智	蚚 渠希 胡輩 先擊
蛇 弋支 食遮 託何	蛆 七余 子魚
蚼 其俱 呼后	蚵 胡歌 口箇 胡哥
蛬 渠容 巨容 居悚 居竦	蛙 烏媧 烏瓜
蚈 苦堅 古奚	蛭 之日 丁結 都結 丁悉
蛓 七賜 七吏	蜂 薄紅 敷容
蜍 以諸 署魚	蜅 薄胡 方矩
蜎 烏玄 毆泫 狂兖 於緣	蛸 相邀 所交
蛾 五何 魚倚	蜋 吕張 魯當
蜓 特丁 徒典 徒鼎	蝆 綿婢 餘兩
蜃 時忍 時刃	蜆 胡典 呼典 苦甸
蜏 與久 余救 息救	蜕 舒芮 他卧 他外 湯卧 弋雪
蛶 郎括 力輟	蝀 德紅 多動
蜲 於為 於詭	⿰虫奇 去奇 渠綺
蜱 符支 彌遙	蜺 五稽 五結
蜠 去倫 渠殞	蜦 力迍 郎計

蜿　於袁　於阮　一丸	蜪　土刀　徒刀
蜻　子盈　倉經	蜬　胡男　古南
蜼　力軌　以醉　惟季　余救　以季	蜚　府尾　扶沸
蜰　府尾　符非	蝬　士板　士諫
蜭　胡感　胡紺	蜡　七慮　鋤駕
蝃　都計　職悅	蜹　而鋭　以芮　而税　如劣　如鋭
蝑　相居　司夜　司余	蝥　武夫　莫浮　亡遇　莫交
蝬　山芻　所留　所鳩	蝭　杜奚　都計
蝸　古蛙　古華	蝔　古諧　户皆
蝹　於倫　烏皓　於云	蝗　户盲　胡光　户孟
蝤　即由　自秋	蟉　於虯　於糾　一糾
蝡　而允　而兖	蝘　於憓　於殄
螆　式支　施智	蝍　資悉　子力　子結
蜙　其虐　丘良	蝶　他協　協
螔　弋支　息移	螝　居追　胡對
螇　胡雞　苦奚	螃　步光　北朗　補曠
螣　徒登　徒得　直稔	螘　魚倚　魚豈
蝨　祖外　山芮　子芮　作會　此芮	蜙　子紅　七恭
螷　符支　薄佳　薄猛　蒲幸	螵　符霄　撫招

蟉 渠幽　力幽　翹糾　渠黝	**蚶** 胡甘　下瞰
蟖 昨鹽　慈染	**螾** 翼真　余忍　餘刃
䗪 之夜　之石	**蟋** 息七　所櫛
蠌 側革　資昔	**蟡** 於為　過委
蟣 渠希　居豈　居豨	**蟠** 附袁　扶干　薄官
蟰 蘇彫　息逐	**蟧** 落蕭　魯刀
蟯 如招　於霄　如消	**蟜** 巨嬌　居夭
蟫 餘針　徒含	**蟦** 浮鬼　符沸　符非　扶沸
蟲 直弓　直衆	**蟓** 徐兩　式亮
蟔 蒲木　蒲沃	**蟠** 食聿　餘律
蠃 落戈　郎果	**蟼** 古牙　舉卿　居影
蟾 職廉　視占	**蠉** 許緣　香兖
蟿 詰利　苦計	**蠁** 許兩　許亮
蠋 之欲　直錄	**蠓** 莫紅　莫孔
蠐 疾資　疾兮　徂奚	**蠙** 符真　步田　部田
蠡 吕支　盧啟　落戈　盧谷	**蠚** 丑畧　呵各
蠵 以追　以醉	**蠦** 休謹　虛偃
蠯 符支　蒲幸	**蠰** 色莊　式羊　式亮　如兩 奴當
蠵 悦吹　户圭	**蠿** 吕支　所宜

鬣　陟劣　壯殺	蠾　之欲　市玉
申下	
血	
衃　芳杯　匹尤	衄　如六　女六
行	
行　胡郎　户庚　户浪　户孟　户剛　下孟　下更　胡浪　胡庚　下浪	
衎　空旱　苦汗　苦旰　苦旱	衍　以淺　于線
街　古膎　古諧	衕　徒紅　徒弄
衙　語居　五加　魚巨	
衣	
衣　於希　於既	袘　弋支　移爾
衦　古旱　古案	衷　陟弓　陟仲　陟沖
衹　章移　巨支	衰　楚危　所危　所追
衿　居吟　其禁	衸　古拜　胡介
衵　人質　女乙　尼質	衱　其輒　居怯
褒　薄褒　薄報　薄高	袉　徒河　達可　徒可　吐可
袓　子邪　慈吕	被　皮彼　皮義　平義　平彼
袒　徒旱　除鴈　丈莧	袗　章忍　章刃
袕　食聿　胡決	裁　昨哉　昨代

衺　弋支　尺氏　奴可	袳　弋支　尺氏
袽　女余　人諸	袾　陟輸　昌朱
袸　徂尊　在甸	袺　古黠　古屑
袼　盧各　古落	袷　古洽　居怯
袶　薄紅　古巷	䘰　以然　式連
裝　側羊　側亮　側良	裎　直貞　恥領　丑郢
袛　丁兼　丁愜	裞　舒芮　他活　他外
裛　於汲　於怯　於業　於及　於輒	裨　府移　符支
裴　符非　甫微　薄回	裯　直誅　直休　直由　都牢　直流
䘽　五稽　研啟　五結	裷　於袁　去阮
裧　處占　昌黵　吐敢	䘼　於阮　安院
䘾　古滿　古玩	裺　衣儉　於劒
裹　古火　古卧	𧛂　羊益　之石
䘳　七入　子入	褈　尺容　直容
褕　羊朱　餘昭	褆　杜奚　承紙　池爾
褍　多官　丁果	褚　丁吕　丑吕　张吕
褗　於幰　於建	䙚　都導　冬毒
複　扶富　方六	䙄　初戢　側洽
褫　直離　敕爾　直爾　敕豸　池爾　敕里　直追　也耳	褮　烏莖　於營　户扃

褥　内沃　而蜀	褡　都合　都盍
褹　魚祭　女介	䙔　憶俱　烏侯　烏候　烏后　於侯
䙚　都聊　都了	褸　落侯　力主
䙕　息拱　子冢	䙘　創舉　子六
褶　是執　似入　徒協	襑　徐林　他感
䙡　丘愧　丘畏	襈　士戀　渠卷
襆　博木　房玉	襊　麤最　倉括
襛　女容　而容	襜　處占　昌黶
襢　徒旱　陟扇　知演	襡　當口　市玉　大口　徒谷　徒口　都豆　時燭
襗　徒落　羊益　埸伯	𧞣　丁木　竹角
襬　彼為　披義	襮　博沃　補各
襱　力董　直隴　來公　盧紅	𧟀　去乾　己偃　九輦
襳　所今　息廉　史炎	襵　之涉　陟葉
襸　在丸　則旰	襹　所宜　所寄
襾	
襾　許下　衣嫁	要　於霄　一笑　於笑　於招
覆　敷救　扶富　敷六　芳福　匹北	覈　胡結　下革
酉上	
見	

見　古電　胡電　胡甸	覗　息兹　相吏
覘　丑廉　丑豔	視　承矢　常利　承紙
覕　必刃　莫結	覛　莫獲　莫狄
覦　羊朱　羊戍	題　杜奚　特計
親　七人　七遴　七鄰	覠　户昆　王問
覘　充針　丁含　大含　徒感	覢　況晚　胡管
覭　莫經　莫的　莫狄	覩　丑江　丑絳　丑巷　丑龙
覵　古閑　古莧　方免	覿　他歷　前歷
覹　武悲　無非	覺　古孝　古岳
覿　必鄰　必刃　匹刃　匹人	覞　弋照　以灼
覽　渠追　丘韋	觀　古丸　古玩
覼　力至　所綺　郎計　師蟻	
角	
角　古岳　盧谷	觬　職容　古雙
觕　倉胡　徂古　尺玉	觖　窺瑞　古穴
觜　即移　即委　姊宜	觠　其吕　居御
觛　多旱　徒旱　得按　丁但	觛　許羈　況袁　火元
觠　巨員　居倦	解　胡買　佳買　古賣　古隘 胡懈　古買
觭　去奇　墟彼　丘奇	觬　五稽　研啓

鯷　都奚　杜奚	䲠　陟加　都賈　竹加
鰈　丑例　丑列	鷸　卑吉　王勿
鯱　池爾　敕豕	鷇　胡谷　苦角
鱓　章移　支義	鱍　方肺　蒲撥
鷽　烏酷　户角　胡覺　五角	鷔　古岳　胡歷　胡狄
鸄　語其　魚力	鱳　盧谷　郎擊
鸛　户圭　儇规　許规	
言	
訄　苦刀　去鳩　巨鳩	訂　他丁　徒頂　他頂　徒鼎　丁定
訕　所姦　所晏　所攀	訐　居例　居列　居謁
訟　祥容　徐用　似用	訑　烏奚　烏弟
訇　下珍　九峻	訬　楚交　亡沼
訦　氏任　常枕　市林	詑　弋支　託何　徒何　土禾　香支　湯何　徒河　徒可
詖　彼為　彼義　兵媚	訾　即移　將此
詒　與之　徒亥	詆　徒奚　都禮　他歷
訰　章倫　之閏	評　符兵　皮命
詅　郎丁　力政	詀　丁兼　竹咸　佇陷　叱涉
詎　其吕　其據	診　章忍　直刃　之忍
詋　於阮　於万　於願	詇　於兩　於亮　於敬

訶	火迴　休正	詖	奇寄　七賜
註	之戍　中句	詾	許容　許拱
誃	直離　尺氏	誀	如之　仍吏
詽	五閑　他前　呼煙	詨	古肴　胡教　呼教
詳	與章　似羊	詤	呼光　許昉　火光　呼晃
詶	市流　承呪　市州	諗	如林　女心
詷	徒揔　徒弄	詪	古很　古恨　胡典
詬	古厚　呼漏　苦候	詿	古賣　胡卦
詯	荒内　胡對	詧	初八　千結
誧	博孤　普胡　滂古　普故	誚	昨焦　才笑
誘	土禾　他谷	語	魚巨　牛倨
諒	其兩　渠敬　他紺　渠仰 渠政	説	舒芮　失爇　弋雪　始鋭
誖	蒲昧　補内　蒲没　補妹	認	而振　而證
誺	丑知　丑吏　洛代　丑利	諅	居之　渠記
諆	居之　去其	誹	甫微　方味　方未
諏	子于　子侯	諄	章倫　之閏
論	力迍　盧昆　力旬　盧鈍 盧困	調	徒聊　徒料　張流　徒弔
課	苦禾　苦卧	請	疾盈　在性　七井　秦盈 親井　疾政　七静　疾性
諓	慈演　才線	諗	式荏　如甚

誶　雖遂　蘇内　慈邺	諝　相居　息吕　私吕
諰　山佳　胥里　思耳	諼　況袁　況晚
諞　房連　符蹇　符沔　符善	諯　職緣　市緣　尺絹　市專　七絹
諸　章魚　正奢　職余	諹　與章　餘亮
諵　女咸　尼賺	諺　先鳥　蘇后
諽　楷革　古核	謕　息移　杜奚　他兮　土雞
謜　愚袁　此緣	謍　虎横　烏宏　余傾
謑　胡禮　呼訝　火懈	謉　都罪　俱位
謏　先鳥　蘇奏　所六　蘇了	謅　楚鳩　初爪
謚　神至　伊昔	謈　蒲角　匹角
謞　許角　呵各	謚　辛聿　胡臘　古盍
謧　吕支　郎奚　力支	誰　以追　士隹　視隹　以隹　千侯
謼　荒烏　火故　荒故　火姑	謾　母官　莫還　武延　莫半　謨晏
謷　五交　五勞　五到	謯　子邪　側下
謱　落侯　力主　郎斗　力侯	謫　陟革　丈厄
讗　許规　雖遂	䜌　落官　吕員　力卷
譙　昨焦　才笑	謺　陟加　張加
譚　徒含　徒感	讃　胡罪　胡對
譔　此緣　士免　士戀	譑　居夭　去召

識　職吏　賞職	譀　下瞰　呼甲　許鑑　呼咸　火懺
譩　於其　於擬　於希	譮　古蛙　呼霸　呼卦
譠　他干　陟山　他單	譣　七廉　虚檢　息廉
譪　許介　莫話　火犗	譫　徒合　章盍
譺　魚紀　魚記　五介	讋　直立　徒合
譞　許縣　古縣	譔　丑亞　古罵
讕　落干　力誕　落旱　郎旰	讒　士咸　士銜　士懺　士衫
讙　況袁　呼官	讗　古獲　户圭
讞　魚蹇　魚列	讜　多郎　丁浪

酉中	
谷	
谷　古祿　盧谷　余蜀	谻　落蕭　魯刀
谽　火含　許咸	谾　呼東　盧東　許江
豆	
豋　求晚　居倦	豈　渠希　公哀
豕	
豙　魚既　魚記	豦　强魚　居御
豥　古哀　户來	豤　苦昆　康很　牽繭
豜　古賢　吾甸	豨　香衣　虚豈

豧　芳無　普胡　芳遇　匹候	豩　居運　衢物　九勿　紀劣
豰　丁木　呼木　蒲角	豵　子紅　卽容
貗　力朱　落侯	豨　羊箠　悅吹　徒卧
豷　許位　虛器　於計	
豸	
豸　池爾　宅買	豻　俄寒　可顔　我悍　五旰　侯旰
豿　古厚　許角	狪　他紅　徒紅
貆　况袁　胡官　呼官	隸　息利　渠記
貓　武濂　莫交	貗　而沼　諾高
貚　徒干　徒年	貎　張絞　盧晧
貜　居縛　具籰	
貝	
貤　以豉　羊至　神至	貣　他德　徒得
賁　符非　布昆　彼義　符文　博昆　符分　彼義	賘　呼談　呼濫
費　兵媚　芳未　房未　冰備	貰　舒制　時夜　神夜
眴　火營　户扃	賈　公户　古下　古疋　古訝
貟　於盈　於敬	賑　章忍　之刃　章刃
賌　何犗　古代	貭　王分　王問
賙　疾盈　疾政	質　陟利　之日

賏　於憹　於建　於面	賮　徐刃　疾刃
賸　以證　實證	賿　力嘲　力絞
贉　徒感　徒紺	贑　古禫　古暗
贕　神蜀　常句	贙　畎胡　練黄
贛　古禫　古送　古暗	
走	
走　子苟　則候	赶　巨言　其月
赹　其容　七恭　此從	赽　巨支　墟彼
趵　其俱　芳武	趆　都奚　都計
趁　直珍　尼展　丑刃	趚　充夜　丑格　遷謝
越　王伐　户括	趒　吐彫　徒聊　他弔
趏　胡遘　蒲北	趌　居質　去吉　巨乙　居列
趏　枯鍺　古頒	趙　莫白　普伯
趚　七迹　七昔	趗　千木　七玉
趣　渠人　去忍　弃忍　去刃	趠　陟交　都教
趟　竹盲　猪孟	趢　丑隴　丑玉
趜　魚吻　丘粉	趣　倉苟　七屨　七句　親足 七俱
趥　芳遇　蒲北　孚豆　匹候	趠　丑教　敕角
趢　盧谷　力玉	趜　居六　巨竹　渠竹

趥　七由　子仲	趚　所鳩　所六
蹇　丘言　虚言	趥　都年　堂練
趨　莫奔　母官	趬　甫遥　撫招
趁　倉含　七合	趞　慈吕　前結　昨結
趧　查獲　七迹	趫　巨嬌　去遥　起嚻　巨憍
趬　七遥　丘召	趭　弋照　才笑　子肖
趞　香究　許穢　居聿　許縣	趨　布玄　於蹇
趞　居質　昨結	趯　書藥　郎擊
趨　詳遵　辭戀	趲　藏旱　則捍　則旰
趨　居縛　具籰	邅　張連　直然　直連
足	
足　子句　即玉　將喻	跖　丑庚　中莖　丑貞
跂　巨支　丘弭　去智	跡　府良　步光　甫妄
跁　傍下　白駕	跣　胡朗　各朗
跸　方味　蒲撥	跗　甫無　符遇
跉　吕貞　郎丁	跈　徒典　乃殄
跛　布火　彼義　波我	跇　餘制　丑例
跑　薄交　蒲角	跕　他協　丁協　丁愜
跧　將倫　阻圓　莊緣　阻頑	趼　五堅　吾甸
跰　部田　北孟	跨　苦瓜　苦瓦　苦化　苦故

跪　去委　渠委	跐　雌氏　阻買　將此　側氏
跮　丑利　丑栗	跢　當蓋　丁佐
跲　古洽　居怯　巨業	踦　居追　渠追
踉　吕張　魯當　力讓	踑　博蓋　蒲蓋
踦　去奇　居綺	踓　千水　以水
踔　丑教　敕角	踣　匹候　蒲北
踘　居六　渠竹	踧　子六　徒歷
踊　九勿　衢物	踖　七雀　資昔　秦昔
踚　烏合　烏洽	蹁　部田　布玄　薄邊
踼　徒郎　吐郎　杜郎　徒浪	蹂　耳由　人又　人九
踶　池爾　特計	踽　驅雨　俱雨
踹　市兖　丁貫	踾　方六　符逼　芳逼
踷　女署　女白	蹊　丘謬　苦鶪
蹇　居偃　居免　九輦	蹞　香仲　丘幼　丘謬
蹡　七羊　七亮	蹛　直例　當蓋
蹱　力鍾　丑用	蹻　巨嬌　去遥　巨虐　其畧 居夭　其虐　居勺
蹭　昨含　徂合　才含	蹨　乃殄　而善　人善
蹶　居衛　居月　紀劣　其月	蹮　息絹　區倦
蹴　七宿　子六　七六	躄　去盈　苦定

躪　初六　測角	躒　盧各　郎擊
躚　蘇前　相然	蠪　力鍾　良用
躟　汝陽　如兩	蹩　桑割　先結
躤　慈夜　秦昔	躧　所綺　所蟹
躩　居縛　丘縛	
身	
軀　於殄　於扇	
酉下	
車	
車　九魚　尺遮　昌遮	軑　特計　徒蓋
軎　于歲　祥歲	軏　魚厥　五骨　五忽
骯　苦朗　丘晃	軥　其俱　古侯　古候
軺　餘昭　市昭	軪　於交　於教
軻　苦何　苦賀　枯我　口箇　苦哥	軷　蒲蓋　蒲葛　蒲撥
軼　夷質　同結　徒結	軵　渠容　居悚　居竦
軭　去王　巨王	軬　署陵　之淩
載　作亥　作代　材代　昨代	較　古孝　古岳
輂　取私　疾資　士佳　七英	輕　去盈　墟正
輓　無遠　無販	輜　楚持　側持

輫　步皆　薄回	輐　於云　於袁　於粉
軿　部田　房丁　薄經	輠　古火　胡果　胡瓦　胡罪
輣　薄庚　薄萌	輚　士諫　士限
輢　奇寄　於綺　於義	輟　陟衛　陟劣
輚　作孔　倉紅	轗　作孔　倉紅
輸　式朱　傷遇	轋　虚言　户昆
輷　呼宏　呼迸	輶　以周　易受　移授　與久　余救
輻　武盡　眉殞	輮　人九　人又
幅　方副　方六	輹　方六　房六
輿　以諸　羊洳	輳　側詵　則前
輾　知演　女箭	轄　苦蓋　胡瞎
轉　陟兗　知戀　張兗	轓　尺容　直絳
轔　力珍　良刃	轓　孚袁　甫煩
轏　士山　士連	轎　巨嬌　渠廟
轒　符分　房吻	轐　博木　蒲沃
轙　魚羈　魚倚	轗　苦感　苦紺
轚　古詣　古歷	轟　呼宏　呼迸
轛　追萃　都隊	轠　魯回　力軌
轢　盧達　盧各　郎擊	轞　五割　魚列

轘　户關　胡慣	
辛	
辟　房益　必益　芳辟	辡　符蹇　方免
辨　符蹇　蒲莧　普麵　步免	
辰	
䢈　女容　奴動	䢅　丑飢　丑忍　敕辰　抽敏
辵	
迆　弋支　移爾	迂　羽俱　憶俱　於武
迅　息晉　私閏	迒　古郎　胡郎
近　其謹　其靳　巨靳　巨隱	迋　俱往　于放
迅　多嘯　都歷	迦　文弗　呼骨
迦　居伽　求迦　古牙	迮　則落　側伯
迴　户恢　胡對	洵　私閏　黄練
适　古活　苦栝	逢　符容　薄紅
造　昨早　七到	逗　持遇　田候
透　他候　書育　式竹　他豆	逨　落哀　力代　洛代
逮　特計　徒戴　徒耐　徒帝	逴　敕角　丑略
過　古禾　古卧	遒　即由　自秋
遁　徒損　徒困	達　他達　唐割
遣　去演　去戰　去蹇	遞　徒禮　亭繼　特計

遠 雲阮 于願	遯 徒損 徒困
遰 特計 底隸	適 施隻 之石 都歷 始石
遲 直尼 直利 直尸	遺 以追 以醉
選 思兗 思絹 思管 息絹	⿺辶臺 陟栗
還 户關 似宣	⿺辶羨 以然 似面 于線
邅 張連 直連 雉戰 持碾 除善	邀 古堯 於宵 於霄
⿺辶雚 黄外 胡甸	邋 盧盍 良涉
邎 餘昭 以周	⿺辶⿰重馬 丑凶 中句
邑	
邗 胡安 古寒	邙 武方 莫郎
邔 墟里 渠記	⿰少阝 書沼 子小
邧 愚袁 虞遠	邨 徒渾 此尊
那 諾何 奴可 奴箇 奴哥	邪 以遮 似嗟
邡 府良 敷亮	邟 苦岡 胡郎 苦浪
⿰且阝 七余 子余	邯 胡安 胡甘
⿰号阝 于嬌 胡刀	⿰包阝 匹交 布交 博毛
邮 以周 徒歷	邲 兵媚 毗必 美筆
郇 相倫 户關	⿰夗阝 烏寒 烏肝
鄬 過委 暨軌	⿰耒阝 落猥 盧對

郃　侯閤　古沓	⿰余阝　似魚　同都
郙　芳無　方矩	⿰杗阝　武方　莫郎
郖　當侯　田候	郜　古到　古沃
郝　呵各　施隻　昌石	郫　符羈　符支　薄佳
郪　取私　七西　七稽	郲　落哀　落猥
⿰奄阝　央炎　衣儉	部　裴古　蒲口
郺　於容　烏孔	郿　武悲　明祕
鄃　羊朱　式朱	⿰貞阝　陟盈　直貞
鄇　户鉤　胡遘	郾　於幰　於建
鄔　哀都　安古　依倨	鄗　口交　胡老　呵各
鄒　側鳩　慈庾	⿰鬼阝　烏賄　胡罪
⿰馬阝　莫下　莫駕	鄐　許竹　丑六
⿰盍阝　胡臘　古盍　苦蓋	鄓　古闃　於業
⿰婁阝　力朱　落侯　力于	鄜　芳無　盧谷
⿰崩阝　薄回　普等	鄞　語巾　語斤
鄟　度官　職緣　市兗	鄢　於乾　於晚　於幰　於建
鄨　必袂　并列	鄯　常演　時戰
鄬　薳支　韋委	⿰屠阝　同都　宅加
⿰朁阝　昨含　慈夜　徂合	鄳　武庚　莫幸
鄸　莫中　莫鳳	⿰壽阝　市流　直由　上牛　殖西

鄹　側鳩　辭纂	黎　力脂　郎奚
鄺　呼光　古晃	鄸　於盈　一井　於郢
齻　丘圓　去约	酈　吕支　力知　郎擊
酇　在丸　作管　則旰	
酉	
酏　弋支　羊氏　移爾	酓　於琰　於念
酤　古胡　侯古　古暮	酢　倉故　在各
酮　徒紅　徒揔	酣　女利　仍吏
酨　徒耐　昨代	酹　郎外　盧對
醧　羽俱　憶俱　況于	醅　芳杯　匹尤　普裴
醃　央炎　於嚴	醆　阻限　旨善　側限
醋　倉故　在各	醊　陟衛　陟劣
醄　同都　大胡　度侯	醍　杜奚　他禮
醒　桑經　思挺　先定　蘇挺 蘇佞　蘇丁　先頂	醟　莫胡　莫浮
醰　餘針　昨淫	醅　於金　於南
醞　於粉　於問　於吻	醠　烏朗　烏浪
醟　為命　休正	醶　初朕　所斬
醧　烏侯　依倨	醰　徒感　徒紺　徒含
醱　普活　北末	醵　強魚　其虛　巨署　其據

醶　力減　初檻	醹　人朱　而主
䤈　一鹽　魚檢	醬　七稔　子朕
䣤　七漸　初減	釃　所宜　山爾　所綺　所葅
里	
重　直容　直勇　直用　直隴 柱用　直龍	量　吕張　力向　力讓
野　承與　與者　羊者	䡴　丑凶　直容
戌上	
金	
釗　古堯　指遥　止遥	釘　當經　丁定　得庭
針　職深　之林　之任	釭　古紅　古冬　古雙
釫　哀都　户花	釱　特計　徒蓋　大計
釳　許訖　魚訖	鈚　匹迷　房脂
釿　舉欣　宜引	鈆　與專　職容
鈔　楚交　初教	鈀　普巴　伯加
鈂　直深　昨淫　直林	釼　余忍　羊晉
鈙　巨金　巨禁	鈌　古穴　乙穴
鈒　色立　蘇合	鈭　即移　此移　千支
鉈　式支　食遮　視遮	鉟　符悲　敷悲
鉏　士魚　牀吕	鉥　徂奚　祖稽　徂兮　子兮

鈿 徒年 堂練	鉋 薄交 防教
鉠 於良 於驚	鉆 巨淹 敕淹 他協
鉀 古盍 古狎	銎 許容 曲恭
鉹 弋支 尺氏	銚 吐彫 餘昭 徒弔
銛 息廉 他玷 古活	鉸 古肴 古卯 古巧 古孝
銋 如林 如甚	銐 尺制 直例
銍 之日 陟栗	銕 杜奚 他結
鉻 盧各 古伯	銿 餘封 職容
鋙 語居 魚巨	鋪 芳無 普胡 普故
鋋 以然 市連	銼 昨禾 麤卧 昨木
鋘 五乎 户花	鋞 户經 胡頂
鋟 子廉 七稔	銴 以芮 時制
鋭 以芮 杜外 弋税	鋝 力輟 所劣
錘 直垂 馳偽 直危	錡 渠羈 魚綺 魚倚 渠綺
錤 渠之 居之	錍 匹迷 方支 府移
錞 常倫 徒猥 徒對	錕 古渾 古本
鋻 古賢 古宴 古電	錢 昨仙 即淺
鋼 古郎 古浪	錧 古满 古玩
錪 他典 多殄	錎 苦感 户韽
錯 倉故 千各 倉各	錣 陟衛 丁刮

錠　徒徑　丁定	鍦　式支　食遮　視遮　施智
韡　雨非　于鬼	鍍　同都　徒故
鍇　古諧　苦駭	鍵　渠焉　其偃　其輦
鍠　户盲　胡光	鍭　户鉤　胡遘
鍼　職深　巨淹　之林　巨鹽	鍑　方副　方六
鍤　丑輒　楚洽	鎚　直追　都回　直類
鎮　陟鄰　陟刃	鎣　余傾　烏定
鎧　苦亥　苦慨	鎩　所例　所戒　所八　所拜
鍥　古屑　苦結	鏦　七恭　楚江
鏤　力朱　盧豆　盧候	鏝　母官　莫半
鏈　丑延　力延	鏇　似宣　辭戀
鏐　力求　力幽	鏉　速侯　蘇奏　所祐
鏨　昨含　士咸　才三　才敢 慈染　藏濫　昨甘	鏟　初限　初鴈
鏊　脂利　先列　蒲計　私列 之入	鏻　力珍　郎丁　良刃
鏟　側詵　士山　士連	鐼　符分　許云　許運
鐇　附袁　甫煩	鐐　落蕭　力弔
鐔　徐林　餘針　徒含	鏻　莫補　模朗　莫古
鐓　苦管　口喚	鏺　普活　北末
鏶　秦入　七接	鐻　強魚　其吕　居御

鐰　七遥　昨勞	鐺　都郎　楚庚
鍋　古火　古卧	鐲　市玉　直角
罄　去盈　苦定	鑑　古銜　格懺
鑈　奴禮　奴協	鑸　魯回　落猥
鐃　古了　呼了　馨皛	鑲　汝陽　息良　女良　女羊　息羊
鑱　鋤銜　士懺　士銜	鑮　傍各　補各
鑴　許規　户圭	鑽　借官　借玩　子筭
鑿　昨木　則落　在各	钀　語訐　魚列
長　直良　直向　丁丈　知丈　直張　直亮	镺　烏晧　烏到
䟫　徒晧　奴晧　徒到　那到	
閃　失冉　舒贍　舒斂	閉　博計　方結
閒　古閑　户閒　古莧	閕　胡計　胡介
閞　符万　皮變	閘　古盍　烏甲
閩　武巾　無分	閣　胡八　胡結
閬　魯當　來宕　盧宕	閼　烏前　於乾　烏葛　於連　於歇　於葛
闍　當孤　視遮　德胡　市遮	閺　武巾　無分　彌鄰
闐　徒年　堂練	闓　苦亥　苦哀　苦慨
闑　五結　魚列	闛　徒郎　他郎　吐郎
闖　苦緺　韋委　王詭	闞　火斬　苦暫　苦濫　許鑑

閻　余廉　昌豔	闣　綿婢　乃禮　奴禮
戌中	
阜	
阠　所臻　息晉　試刃	阤　池爾　施是
阮　愚袁　元遠　虞遠	防　符方　符況
阬　客庚　苦浪　口庚	阪　府遠　扶板
陂　彼為　彼義	昫　其俱　況羽
阻　側吕　莊助	呤　郎丁　良郢
阽　乃玷　他念	阸　烏懈　於革
陎　户公　古送	降　下江　古巷
陎　丁戈　丁果	陊　池爾　徒可
除　直魚　遲倨	陠　博孤　普胡
院　胡官　王眷	陪　空谷　古沃
陭　於離　於義　於奇	陬　子于　子侯　側鳩
陳　直珍　直刃	陫　浮鬼　符沸
隉　房久　扶富	隋　旬為　徒果　他果
陾　如之　如乘　乃后	隃　相俞　式注　式朱　羊朱　傷遇
隄　都奚　杜奚	隈　烏恢　烏繢
陪　於金　烏感	隅　房久　莫駕

陛　邊兮　匹迷	障　諸良　之亮
𨻳　落侯　力主	陲　落猥　力追
𨽊　薳支　王詭　韋委　許為	隩　烏到　於六
隮　祖稽　子計　子奚	隱　於謹　於靳
隶	
隶　羊至　徒耐	𨽻　徒亥
隹	
雉　章移　施智	雂　巨金　巨炎　巨淹
雇　侯古　古暮	雃　甫妄　府良
雍　於容　於用	雁　俄寒　苦堅
𨾂　是為　是偽	巂　户圭　息委
離　吕支　力知　力智　郎計	難　那干　奴肝　奴案　奴丹
雨	
雨　王矩　王遇	雩　羽俱　況于
雺　莫紅　莫侯　莫浮　莫綜　莫候	零　落賢　力丁　郎丁　郎定　魯丁
𩁹　五佳　擬皆　魚金	霆　特丁　徒鼎
霅　蘇合　之涉　胡甲　文甲	霓　五稽　五計　五結
䨦　子廉　所咸	霎　山輒　所洽　山洽
霚　莫紅　亡遇	霙　於良　於驚

䨣 古核 匹各	䨼 胡郭 之石
䨊 都念 陟立	䨜 子廉 力驗 子鑑
霵 阻立 士邑 仕戢	霿 莫紅 莫弄
䨞 即夷 疾資	䨲 奴鉤 無販
霼 虛豈 許既	靃 息委 虛郭
靄 於蓋 於葛 烏葛	䨮 息移 蘇佃
靉 於豈 烏代	
青	
𩇕 倉經 千定	
非	
靟 敷尾 平利 平祕 非尾	
面	
䩆 昨三 子鑑	䩌 昨焦 即消 子肖
革	
靪 當經 都挺	䩒 羽俱 況于 憶俱
靫 楚佳 初牙	靬 居言 下憚 口旦 苦寒 古閑 苦旰
靷 余忍 餘刃 羊晉	靸 蘇合 私盍
鞄 薄交 薄巧 防教 匹角	靻 當割 之列 旨熱
鞊 他協 丁愜	鞋 户佳 户皆

䩔　丁果　徒果	鞈　古沓　古洽　公合
鞙　古玄　胡犬　胡畎	𩊷　素何　所加
䩢　征例　旨熱	鞞　府移　薄迷　膞鼎　部迷 補鼎　蒲迷　補茗　并弭
䩩　於袁　於阮	鞠　居六　驅匊　渠竹
鞥　烏合　於業　於合	鞧　羊朱　傷遇
鞣　耳由　人又	鞪　莫浮　莫卜
韗　王問　況万　虛願	鞨　胡葛　食列
鞢　蘇協　丈甲	𩍗　而容　而隴　而用
䩶　丑善　丑郢	鞴　平祕　薄故　房六
𩋻　蒲候　補各	𩎟　五陌　五革
鞳　吐盍　他荅	𩌨　所咸　所銜
䩚　所綺　所蟹　所寄	韣　神蜀　似足
鞼　公回　求位	𩏽　博木　封曲
韂　仕陷　士懺	𩏂　素回　山垂
𩏶　在丸　借官	韅　呼甸　呼典
𩏢　借官　在丸	
韋	
䪗　先立　蘇合	韍　平祕　分勿
韎　莫拜　莫撥	韏　去願　九萬　渠卷　居轉
韐　古沓　古洽	韗　王問　虛願

韘　書涉　蘇協	韞　烏渾　於粉
韝　恪侯　古侯　苦侯	韢　此芮　徐醉
韂　處占　昌黶	⿰韋僉　虛嚴　虛檢
韣　徒谷　之蜀　市玉　之欲　大欲	
音	
韸　匹江　薄江	韹　胡光　户盲
韽　烏含　於林　於陷	
戌下	
頁	
頄　渠追　巨鳩　求龜	頃　去營　云潁
頇　許干　五盰　五割	⿰乞頁　苦本　口沒　苦骨
⿰乇頁　徒落　陟格　丑格	頌　餘封　似用
頒　符分　布還	頏　胡郎　古郎　苦浪
頕　章荏　都感	頊　魚欲　許玉
⿰殳頁　莫勃　烏沒	⿰丕頁　敷悲　步皆　薄回
⿰可頁　虎何　虛我	頗　滂禾　普火　普波　普過　普禾
⿰㐱頁　章忍　章刃	⿰弁頁　扶晚　皮變
頧　都回　都罪	頦　户來　古亥
頨　許緣　王矩	頩　普丁　匹迴

頠　魚毁　五罪　五毁	頫　方矩　他弔
頣　多殄　古很	頜　胡感　古沓
頡　古黠　胡結	頢　古活　下刮
頯　渠追　居洧　巨追	頵　居筠　於倫
⿰困頁　苦昆　苦悶　苦根	⿰我頁　五何　五可
⿰成頁　渠京　是征	頸　巨成　居郢
頷　胡男　胡感	⿰頁系　居隋　已恚
顉　去金　五感　欽錦	顄　胡男　胡感　胡南
題　杜奚　特計　徒雞	顐　户昆　五困　牛昆
顑　苦感　玉陷	⿰曷頁　胡葛　許葛
⿰咅頁　符悲　敷悲	⿰鬼頁　去其　口猥　五罪
顝　苦回　口猥　口瓦　苦骨	顛　都年　他甸
⿰⿱𢆶灬頁　許幺　去遥　火幺	⿰兼頁　五咸　丘檻　五減　苦減 口陷　公陷
⿰員頁　云粉　胡本	⿰高頁　苦浩　苦到
顡　五罪　五怪　魚既　他怪	顠　苻少　孚小　敷沼
⿰爽頁　疎兩　初丈	⿰參頁　七感　素慘　桑感
顤　五聊　許交　五弔	⿰粦頁　良忍　良刃
顩　直稔　魚檢	⿰禁頁　渠飲　于禁
⿰契頁　苦計　苦結	⿰感頁　呼唵　呼紺

顲　力稔　盧感　郎紺	
風	
風　方戎　方鳳	颩　薄紅　步留　皮彪
⿰風幼　於柳　於糾	颮　薄交　匹角
⿰風戉　許聿　許月	颰　方伐　蒲撥
⿰風必　普蔑　彼側	颲　力至　力質
⿰風京　呂張　力讓　力向	⿰風忽　許勿　呼骨
颺　與章　餘亮	颹　于貴　王勿
颿　符咸　扶泛	飄　符霄　撫招
飂　力求　力救	⿰風肅　息逐　所六
⿰風壽　徒刀　直由	⿰風劉　力求　力久
⿰風蕭　蘇彫	飍　香幽　風幽
食	
食　羊吏　乘力	⿰食元　愚袁　五丸
飯　扶晚　扶万　符万	飲　於錦　於禁
⿰食氐　都奚　杜奚	⿰食占　女廉　奴兼
⿰食央　於兩　於亮	飵　昨誤　在各
⿰食召　寔照　尺卲	飶　毗必　蒲結
⿱夗食　紆物　於月	⿰食戹　烏格　於革
養　餘兩　餘亮	⿰食亥　古哀　於犗

餔　博孤　薄故	䬇　舒芮　郎外
餥　甫微　方尾　府尾	䬞　力膺　力甑　里甑
餤　徒甘　徒濫	餧　奴罪　於偽
餞　慈演　疾箭　才線	餟　陟衛　陟劣　竹芮
餫　户昆　王問	餲　於罽　於葛　於介　於犗 胡葛　烏葛
餾　力求　力救	䭙　子敢　子冉
饒　如招　人要　人招	䭢　奴冬　女江
饘　諸延　旨善	饜　一鹽　於豔
䭃　烏困　烏恨　於恨	饟　式羊　式尚　式亮　書兩
䭨　山垂　舒芮	
首	
首　書九　舒救	馗　渠追　巨鳩
香	
馝　毗必　薄結	馞　蒲没　普没
䭯　普蔑　蒲結	馥　房六　符逼
馧　於云　烏没	馤　許葛　呼蓋
亥上	
馬	
馮　房戎　扶冰	䮝　户關　胡涓　胡田　胡畎

馯　丘姦　侯旰	馱　徒河　唐佐
馲　盧落　他各　陟括	馶　章移　巨支　施智　居企
駉　五剛　五浪　五郎　五朗	駗　余準　以轉
駘　徒哀　徒亥	駗　力珍　良忍
駛　疎士　疎吏	駔　徂古　徂朗
駊　布火　普火	駚　於兩　烏朗
駃　夷質　徒結	駜　毗必　房密
駰　於真　於巾	駣　徒刀　治小　徒晧
駠　力制　良辥	駽　火玄　許縣
駸　許林　楚簪	騃　牀史　五駭
駷　蘇后　思隴　息拱	駿　子峻　私閏
騂　蒲角　蒲没	騎　渠羈　其寄　奇寄
騅　子垂　之壘　之累	騑　芳非　甫微
騇　書冶　始夜	騤　渠追　古穴
騠　杜奚　丁奚	騝　居言　渠焉
騩　居追　舉韋　俱位	䮧　胡安　侯旰
騯　步光　甫盲　薄庚	騅　古岳　下各
驅　豈俱　區遇　羌愚	驁　五勞　五到
騻　色莊	驃　毗召　卑笑　匹召
騽　似入　為立	驒　徒干　都年　丁年　徒河

驈　食聿　餘律	鸒　以諸
驙　徒干　知連　張連　徒安	鷽　烏酷　於角　古岳
驖　徒結　他結	[illegible]　徒紅　徒冬
驡　薄紅　力鍾　吕江	鸗　力鍾　子朗
驠　烏前　於甸	驪　吕支　力知　郎奚
驫　甫遥　甫烋	[illegible]　所臻　仕戢
骨	
䯊　苦骨　口滑	骭　古案　下晏
骯　胡朗　苦朗	⿰骨欠　烏没　一滑　烏八
骱　胡葛　古黠	骴　疾移　疾智　疾二
骲　薄巧　防教　普木　蒲角	骻　苦瓦　苦化
骹　口交　苦曷	髁　苦禾　口卧　苦卧　苦瓦
髀　并弭　步米　傍禮　卑履　旁禮	⿰骨易　思積　他歷
髃　遇俱　五苟　五口	髈　步光　匹朗
髎　落蕭　力昭	髖　苦昆　苦官
高	
髝　魯刀　郎到	
髟	
髟　甫遥　所銜　甫烋	髯　汝鹽　而豔　人占
髳　莫紅　莫浮	髴　芳未　分勿　敷勿

髴　甫無　方遇	髶　而容　而至　如容
鬀　他計　特計	鬃　藏宗　士江
鬆　私宗　息恭　七恭　蘇弄	⿱髟周　都聊　徒聊　職救
鬇　助庚　士耕	⿱髟咅　薄侯　芳武　步侯　普后
⿱髟采　倉宰　七代　倉代	鬉　子紅　作孔
鬌　直垂　大果　徒果　丁果	鬋　子仙　即淺　子賤
⿱髟並　薄庚　北朗	⿱髟契　恪八　古鎋
⿱髟般　薄官　布還	⿱髟差　昨何　千可
鬑　力鹽　勒兼	鬄　施隻　他歷
鬗　母官　無販	髹　許尤　七四
鬝　可颜　恪八　苦閑　苦八	⿱髟畐　敷救　芳福
鬞　女江　濃江　女容	鬠　古外　户括
⿱髟齊　子計　子例　姊列	⿱髟盧　力居　落胡
鬤　汝陽　乃庚	⿱髟贊　作旱　則旰　姊末
鬥	
鬨　胡貢　下降　胡絳	⿵鬥賓　匹賓　匹刃
鬮　居求　居黝	
鬲	
鬲　古核　郎擊	鬵　徐林　才心　昨鹽　昨淫 才林

鬷　子紅　作孔	[illegible]　莫撥　莫結
鬼	
魌　渠羈　奇寄	魄　他各　普伯
魕　渠希　居豨	[illegible]　楚交　士絞
[illegible]　必鄰　符真　匹賓	魗　市流　昌九　市籌
魘　於琰　於協　於葉	
亥中	
魚	
魟　古紅　呼東　户公	魵　符分　房吻　敷粉　匹問
魦　蘇禾　所加	魧　古郎　胡郎　胡朗
魿　昨淫　式荏　徂感　才枕	魥　五合　去刼
鮆　卽移　徂禮　才禮	魾　符悲　敷悲
魼　去魚　吐盍　他合	魿　力珍　郎丁
[illegible]　於堯　於柳	鮋　以周　市流　直留　直由
鰌　卽由　似由	魽　胡甘　呼談
鮅　卑吉　毗必	鮦　徒紅　直隴　直冢　除柳　直柳
鮧　以脂　杜奚	鮞　如之　如六

鮬　苦胡　薄故	鮭　古攜　苦圭　户佳
鮮　相然　息淺　私箭	鮡　徒聊　治小
鮩　蒲猛　蒲迥　毗必	鮤　力制　良辥
鮥　盧各　五格	鮮　芳無　缚謀
鯆　博孤　普胡　方矩	鮹　相邀　所交
鯅　巨成　胡頂	鯈　以周　直由
鯇　户板　胡本	鯬　力脂　郎奚
鯫　七逾　士后　徂鉤　仕垢　七溝　七苟	鯖　諸盈　倉經
鮯　古念　户籍	鮈　居六　渠竹　丘玉
鯌　七雀　倉各	鯜　即葉　七接
鯼　子紅　作弄　子工	鰅　魚容　遇俱
鯷　杜奚　是義　特計　承紙	鯿　布還　卑連
鰌　七由　自秋	鰒　房六　蒲角
鯽　資昔　子力	鰥　古頑　古幻
鰪　安盍　烏盍	鰧　徒登　直稔
鰜　古甜　胡讒	鰝　胡老　呵各
鰏　古伯　古核　郎擊	鱅　餘封　蜀容
鱋　力朱　落侯	鰻　母官　無販
鱄　職緣　旨兗	鱀　具冀　渠記

鰿　士革　資昔	䲰　蘧支　許為
鱏　徐林　餘針	䲋　子心　鋤針
鰖　以水　他果　徒果　弋水	鱒　才本　徂悶
䲌　苦管　口喚	鱖　居衛　居月
鱊　食聿　餘律　古滑	䲔　巨良　其京　渠京
鱦　食陵　以證　實證　莫幸	鱹　胡遘　烏酷
鱍　北末　普活	鱯　胡誤　胡化　胡麥
鯻　落蓋　他達	
鳥	
鳭　都聊　卽消　陟交	䲦　魚肺　五蓋
鳻　符分　布還	鴋　符方　府良　妃兩
鴀　甫鳩　方久	䲯　居立　皮及　其輒
鴜　疾移　卽知　卽移	鴛　於袁　烏渾
鴦　於良　烏郎　一良	鴊　諸盈　之盛　之盈
鴾　文甫　莫厚	鴘　方免　被免
鴢　烏皎　於絞	䳇　天口　徒口　大口　他口
䳁　北末　蒲撥	鴩　夷質　徒結
鴏　徒得　徒戴	鴻　户公　胡孔
鴲　旨夷　脂利	鴺　以脂　杜奚
鵻　處脂　徒結	鴝　其俱　户鉤

鴸　陟輸　章俱	鳽　古賢　五革　五堅　口莖
鵃　止遥　竹交　陟交	鵀　如林　女今　女心　汝鳩
䳄　過委　魚毁	鴰　古活　古頒
鵅　盧各　古伯	鵌　以諸　大都　同都
䳌　莫湩　莫項　武項	鵏　博孤　薄故
鶡　苦蓋　苦旰　苦曷	鵖　彼及　居輒
鵯　府移　譬吉	鴜　側持　側吏
鶄　子盈　倉經	鵮　竹咸　苦咸
鵻　職追　思尹	鵫　都教　直角
鵴　居六　渠竹	鵽　丁括　當刮　丁滑　丁刮
鶗　杜奚　特計	鶢　況袁　須緣
鶤　古渾　王問	鶩　亡遇　莫卜　莫六
鶨　徒困　丑戀　通貫	鶝　方六　符逼
䳚　古黠　古屑	䳭　資思　子力
鶿　疾之　子之	鷂　餘昭　弋照
鶻　古忽　户骨　户八	鷜　力朱　落侯
鷒　度官　職緣　徒端	鷔　五勞　五到
鷞　色莊　踈兩	鷚　莫浮　渠幽　武彪　力救
鷕　以沼　羊水	鷩　必袂　并列
䳻　昨甘　士懺	鷉　陟格　都歷

鸆　遇俱　牛具	鷤　杜奚　特計　徒干
鷷　將倫　昨旬	鷭　符文　博昆
鷯　落蕭　力照	鷮　舉喬　巨嬌
鷣　餘針　弋照	⿰菐鳥　普木　蒲沃
⿰農鳥　女江　女冬	鸄　古弔　古歷　胡狄
鸀　徒谷　之欲　直角	鷽　於角　胡覺
鸏　莫紅　莫孔	鸍　式支　武移
鸒　以諸　羊洳　羊庻	鸋　奴丁　乃定
鸓　力追　力水　力軌	鸔　薄報　博木　博沃　北角
鸗　盧紅　力鍾	⿱害鳥　古鍇　古轄
⿰鳥雚　呼官　古玩	⿰䜌鳥　莫奔　莫還
亥下	
鹵	
⿰鹵占　竹咸　陟陷	⿰鹵臽　古槧　公陷
⿰鹵敢　苦濫　古槧	鹽　余廉　以贍
鹼　七廉　工斬　古斬	
鹿	
麃　薄交　滂表　房表　普保	麆　徂古　牀據
麉　古賢　苦堅　苦定	麌　五乎　虞矩
麐　力珍　初刃	⿸鹿言　語巾　語斤

麗　吕支　盧計　郎計	麝　神夜　食亦　食夜
䴸　以諸　弋庶　羊洳	䴢　人朱　相俞
麡　徂奚　祖稽　士皆	
麥	
麮　羌舉　丘倨	䴷　户昆　户版
䴹　古火　胡瓦	䴵　直炙　徒歷
䴺　敷戎　敷空　撫鳳	
麻	
黂　扶沸　符非	
黃	
䵊　昌終　他綜	黊　户圭　胡瓦　胡卦
䵋　榮美　古對	䵍　他昆　他端　湯門
黍	
䵗　并弭　蒲賣　傍卦	䵖　牽繭　苦甸　口典
黐　吕支　丑知	䵒　陟格　竹益
黑	
黗　他昆　他袞	黔　巨金　巨炎　巨淹
黝　於脂　於九　於糾　於夷	黚　巨金　巨炎　巨淹　巨今
黟　於脂　烏奚	黅　居吟　古咸
黤　烏感　於檻	䵝　於六　于逼　雨逼　況逼

黦　紆物　於月　於歇	𪑾　式羊　餘諒
黬　古咸　五咸	黯　乙咸　乙減
黮　徒感　他感	𪒠　烏谷　於角
黰　烏閑　章忍	黴　武悲　莫佩
黲　七感　倉敢	䵮　於檻　乙鑒
𪓊　烏外　烏快	𪓌　徒哀　丁來　都來
䵐　初刮　側劣	
黽	
黽　武盡　彌兖　忘忍　武幸	黿　愚袁　五丸
𪓰　其俱　古侯	鼂　直遥　陟遥
鼃　烏媧　户媧	
鼎	
鼐　奴亥　奴代	鼒　子之　昨哉
鼓	
鼘　於巾　烏玄	𪔡　他合　苦盍
鼕　力中　徒冬	
鼠	
𪕬　北教　之若　卽署　都歷	鼤　無分　亡運
鼢　符分　房吻	𪕮　胡男　古南
鼧　徒河　託何	𪕐　力求　力久

䶂 所庚 所敬	䶇 盧各 下各
䶊 胡結 胡狄	䶋 息移 杜奚
䶎 於革 伊昔	
鼻	
鼽 五弔 牛救	鼾 呼恢 五忽
鼾 許干 侯旰	齂 興倚 虛豈
齂 虛器 許介 莫八	齃 烏外 烏快
齊	
齊 徂奚 在詣 側皆	齍 徂奚 祖稽 子兮 側皆
齎 七稽 祖稽 子兮 才細 在詣	齏 卽夷 祖稽 子兮
齒	
齔 初謹 初靳 初覲 初忍	齕 下沒 胡結 乎沒
齗 語斤 宜引	齖 五加 吾駕
齝 書之 敕釐 丑之	齜 士佳 側宜
齛 仕叱 𠠵瑟	齸 力入 盧盍
齦 語斤 康很 起限	齸 陟栗 徒結 竹一
齰 胡瞎 許鎋	齰 侯閤 他合
齬 語居 魚舉 五乎 魚巨	齹 七何 昨何
齰 胡谷 古沃	齪 初六 測角

⿰齒其　渠之　去其	齭　疏舉　創舉
齰　鋤駕　鋤陌	齱　側鳩　測角
⿰齒卒　初栗　昨没	齵　遇俱　五婁　牛俱
⿰齒咸　苦洽　古洽	齹　楚宜　昨何　士宜
⿰齒兼　語廉　五咸　魚欠	齸　夷質　伊昔
齇　側魚　側加　鉏加	齾　五割　五鎋
龍	
龔　居用　九容　於角	龓　盧紅　力董
䶬　古賢　魚列　丁篋	
龜	
龜　居追　居求　居危	䶣　那含　如詹　汝鹽
⿰冬龜　職戎　徒冬	
龠	
⿰龠斤　語巾　語斤	龡　昌垂　尺僞
龣　盧谷　古岳	
壬子十一月初十庚辰起，據道光三十年新化鄧氏摹雕，於邵州東山精舍本《廣韵》録成此本，命曰《廣韵重音钞》。癸丑年六月十六日壬子初稿完成，其中魯魚亥豕，遺漏紕繆之處，蓋所難免，俟稍暇再為校改。愚叜識，時年七十有六歲。	

古韵二十八部

目　録

凡　例

◆　依大徐本説文形聲字得聲偏旁歸類，按蘄春師古韵分爲廿八部。

◆　部中分開合或齊撮爲上下兩部，按蘄春師古聲分十九類，其無者則闕，不虚位。

◆　大小徐均無聲而應入本類者，墨規其旁；如大徐無聲而小徐韵會有聲者朱規其旁，不再説明。

◆　最初聲母朱規其外，其應轉入他部之字，墨規其外於本部後彙集説明。其他部應轉入本部之字，　　亦彙集於本部後以便檢閲。

◆　字下切語并依大徐，有誤者參考改訂。

◆　字下讀若，逐字注明，以便參考，一以大徐爲主或參注小徐。

◆　某聲并兼亦聲省聲。

◆　某聲下字依説文先後見者排列，其應轉入他部者，则分别以類相從。

古韵二十八部（上）

歌部

	𠀀讀若呵虎何
𠀀聲	可肯我
可聲	苛乎哥　訶虎何　騈古俄　柯古俄　狪烏何　何胡歌　砢來可　河乎哥
	閜火下　抲虎何　婀讀若阿烏何　坷康我　軻康我　阿烏何
苛聲	渮古俄
何聲	荷胡哥
阿聲	闁烏可　㚾烏何
可省聲	杏何梗杏及杏聲字入唐
杏聲	莕何梗　荇或
	哥古文以爲謌字古俄
哥聲	歌古俄　謌或　滒讀若哥古
	奇渠羈
奇聲	徛去奇　齮魚綺　猗去奇　踦去奇　攲去奇　婍去奇　剞居綺　觭去奇
	椅於离　旖於离　寄居義　倚於綺　騎渠羈　猗於离　掎居綺　綺祛彼
	畸居宜　錡魚綺　輢於綺　陭於离
旖聲	檹於离
	加古牙
加聲	茄古牙　哿古我　嘉古牙　枷古牙　賀胡箇　痂古牙　駕古訝　犌𧶘(鐸)
	袈讀若阿烏何

枷聲	迦古牙
	羈居宜　羇或
	我五可　𢦐古
我聲	莪五何　誐五何　䳘五何　餓五箇　俄五何　峨五何　硪五何　騀五何
	涐五何　娥五何　蛾五何　𧊜五何　蛾或
	義宜寄　羛墨翟書讀若錡
義聲	議宜寄　鸃魚羈　羲許羈　檥魚羈　鄴魚羈　儀魚羈　䰙魚爲　轙魚綺
	钀或（寒）
羲聲	犧許羈
	多得何　夛古
多聲	哆丁可　趍直离　迻弋支　誃尺氏　眵叱支　栘弋支　移弋支　痑丁可
	侈尺氏　袳尺氏　翗讀若侈充豉　黟烏雞　姼尺氏　㛂或（齊）　垑尺氏
	鉹读若摘（錫）尺氏　𧾷康礼　陊徒果
多省聲	宜魚羈　𡧱古　宐古
移聲	䔟弋支
侈聲	㢋尺氏
宜聲	誼儀寄
	䠧小徐尚聲陟加
	烗小徐多聲昌氏
	它託何　蛇或

它聲	詑託何　⿰革它徒何　佗徒何　袉唐左　⿰見它讀若馳式支　沱徒何　鮀徒何
	拕託何　鉈食遮
	㣇讀若馳式視
	弛小徐也聲施氏　㢮或（齊）
	乁讀若移弋支
乁聲	氏承旨氏及氏聲入齊
氏聲	祇巨支　芪常支　⿰足氏承旨　眂承旨　疧渠支　忯巨支　汦直尼　扺諸氏
	紙諸氏　蚔巨支　坁諸氏　軝渠支　⿰革氏或
	也小徐乁聲羊者　秦刻石
也聲	迆移尒　⿰也攵讀與施同式支　杝讀若阤池尒　貤以豉　施式支　馳直离
	炧徐野　匜移尒　地徒四　墬籀（桓）　阤丈尒　酏移尒
施聲	暆讀若酏弋支　箷式支　那从冄聲諾何
	羅魯何
羅聲	蘿魯何　詈讀若羅力智
	麗蓋以古文丽爲聲郎計　丽古　篆
麗聲	⿱艹麗吕支　邐力紙　躧所綺　⿰革麗或　酈郎擊　⿰麗攴力米　籭所宜　曬所智
	⿰犭麗讀若隸（没）郎計　儷吕支　覼讀若池郎計　驪吕支　灑山豉　鱺郎兮
	纚所綺　釃所綺
	离小徐屮聲吕支
离聲	謧吕支　離吕支　樆丑知　縭力知　螭丑知　醨讀若離吕支

離聲	蘺吕支
	𠂇可臧
	左則箇
左聲	㑅則箇
㑅聲	𧄔今說文從佐聲而無佐字兹依鉉語改昨何
	叉初牙
叉聲	杈初牙 　蚤初牙 　𢀩籒
差聲	瑳七何 　齹楚宜 　䐤子邪 　䴾昨何 　槎側下 　瘥楚懈 　傞素何
	嵯昨何 　溠側駕 　縒楚宜 　䁟昨何
差省聲	羐讀若齹楚宜 　鮺側下 　𪉖昨何 　𩌏讀若遲（灰）士皆
鮺省聲	魯郎古魯及魯聲字入模
魯聲	𦼮郎古 　蓾或 　櫓郎古 　樐或
	鬖千可
	沙小徐少聲所加 　𣲡譚長說從尐
沙聲	莎蘇禾 　娑素何
沙省聲	魦所加
	徙從止聲斯氏 　𢓊或 　屟古
徙聲	𩋾所綺 　簁所綺

戈部

	匕呼跨
匕聲	化呼跨　魤呼跨
化聲	吪五禾　貨呼卧　傀呼駕　鈋五禾
	隓從𡍮聲而說文無𡍮許規　墮篆
隓聲	䉌山垂　髓息委　隓徒果
墮省聲	隨小徐隨蓨譼隋聲旬爲
隨省聲	蓨羊捶　譼雖遂
	禾户戈
禾聲	咊户戈　龢讀与和同户戈　盉户戈
	𩵞讀若踝胡瓦
	爲薳支　古
爲聲	蔿于鬼　譌五禾　賜讀若貴（灰）詭僞　鄬居爲　寪韋委　𤸬韋委　僞危睡
	闖韋委　撝許歸　媯居爲　隝許爲
爲省聲	皮符羈　古　籀
皮聲	彼補委　跛讀若彼布火　詖古文以爲頗字彼義　鞁平祕　簸布火　柀補委
	貱彼義　旇敷羈　帔彼義　被平義　頗滂禾
	疲符羈　鬾平義　破普過　駊普火　彼布火
	波博禾　𩶍敷羈　披敷羈　紴讀若被或讀若水波之波博禾
	坡滂禾　鈹敷羈　陂彼爲

	戈古禾
	果古火
果聲	祼古玩入桓　踝胡瓦　課苦卧　⿰果殳苦果　髁苦卧　夥胡果　稞胡瓦
	窠苦禾　裹古火　顆苦惰　淉古火　⿰魚果胡瓦　婐讀若⿰馬鬲或讀若委（灰）烏果
	冎古瓦
冎聲	咼苦媧
咼聲	禍胡果　過古禾　諣呼卦　楇讀若過呼卧　⿰歹咼讀若楚人名多夥乎果
	⿺尢咼讀若骫於跪　騧古華　⿰馬鬲籀　緺古蛙　蝸古華　媧古蛙　⿰女鬲籀
過聲	薖苦禾　濄古禾
	科苦禾
	𠁥苦瓦
𠁥聲	鬲讀若過古禾
鬲聲	⿰立鬲火𦄵　⿰虫鬲古火　蜾或
	⿴囗化讀若譌小徐化聲五禾
	圝或（蕭）
	臥吾貨
	瓦五寡
	朶丁果
朶聲	䅜陟瓜　媣丁果　垜丁果
	吹昌垂　吹口部欠部重出

吹省聲	炊昌垂
炊聲	籥昌垂
	𠂹是爲　⿰弓昜古
𠂹聲	⿱𠂹糸他僞　⿱𠂹土是爲　⿰阝𠂹落猥
垂聲	唾湯卧　涶或　諈竹寘　𨿽是僞　腄竹垂　箠之壘　厜姊宜
	⿰馬垂讀若箠之壘　⿰馬𠂹籀　涶土禾　捶之壘　娷竹恚　埵讀若朵丁果
	錘直垂　陲是爲
⿰馬垂聲	⿺辶⿰馬垂讀若住（侯）中句
	睡是僞
	瑞小徐耑聲是僞
	隋徒果
隋聲	橢徒果　⿰豸隋以水　嫷徒果　⿰金隋徒果
	鬌小徐墯省聲直追
	憜小徐隋聲徒果　惰或　媠古
憜省聲	隓讀若相推落之憜徒果　鰖徒果　⿱⿰阝左鳥籀
惰省聲	⿰衤有徒卧
	蓏小徐㼌聲郎果
	臝郎果
臝聲	羸力爲　⿰女臝郎果　贏郎果　裸或　蠃洛戈　驘或　蠃力卧
蠃郎果	嬴以成贏籯嬴入青

羸聲	⿰糹羸力臥　⿰金羸魯戈
嬴聲	籯以成
嬴省聲	籝以成
	⿰亻羸郎果
	厽力軌　絫小徐厽聲力軌
絫聲	⿰木絫力追　⿱山絫落猥
	垒力軌
	⿱亞土徂臥　坐古
坐聲	莝麤臥　趖蘇和　脞昨禾　剉麤臥　痤昨禾　侳則臥　髽莊華
	挫則臥　⿰女坐昨禾　銼昨禾
	惢讀若易旅瑣瑣蘇果又才規才累切
	𧴪穌果
𧴪聲	瑣蘇果　⿰月𧴪蘇果　⿰𧴪頁穌果　⿰氵𧴪讀若瑣蘇果
	罷薄蟹
罷聲	藣符羈　⿰金罷讀若嬀彼爲
罷省聲	羆彼爲　⿱罷又古
	麻莫遐
麻聲	髍莫鄱　⿸麻纍糜爲　⿸麻禾靡爲　靡文彼　⿸麻耳讀若渳水（咍）一曰讀若月令靡艸亡彼
	摩莫婆　縻靡爲　⿰糸多或　麼亡果
靡聲	⿰米靡模臥　⿰石靡模臥　⿸靡女靡爲　⿱靡手許爲

曷部	
	乙烏轄　鳦或
乙聲	軋烏轄
	介古拜
介聲	玠古拜　芥古拜　齘胡介　鶡古拜　犿古拜　价古拜　衸胡介　髤古拜
	馻古拜　夰讀若蓋古拜　尬公八　忦呼介　忦五介　閉胡介　扴古黠
	妎胡蓋　盼古拜
	丯讀若介古拜
丯聲	䂓恪八　夆乎蓋　害胡蓋
䂓聲	齧五結　觢尺制　挈苦結　絜古屑
害聲	犗古拜　割古達　豁呼括　搳呼秳　䐡苦蓋　轄胡八
害省聲	憲許建憲及憲聲字入寒
憲聲	蕙況袁　蘐或　萱或　攇許建
	㲃讀若概古代
㲃聲	䫤胡戒　䫤胡八
	匃古代
匃聲	曷胡葛　駒古達
曷聲	葛古達　喝於介　趨居謁　遏讀若桑蟲之蝎烏達　謁於歇　羯居謁 鶡胡割
	揭丘竭　餲乙例烏介　楬其謁　暍於歇　稧居謁　褐胡葛　歇許謁
	㵣於歇　碣渠列　阁古　猲許謁　竭渠列　愒去例　渴苦葛　闒乙鎋

	揭去例居竭　[illegible]讀若壓葬於罽　蝎胡葛　堨讀若謁魚列
葛聲	藹於害　[illegible]古達　擖口八
[illegible]聲	[illegible]去謁
渴聲	[illegible]於蓋　[illegible]苦葛
	孑居桀
	桀渠列
桀聲	傑渠列
	彑讀若罽居例
彑聲	彝以脂　[illegible]古　[illegible]古
彝聲	[illegible]羊皮
	魝讀若鍥古屑
魝聲	薊古詣
薊聲	[illegible]古屑
	栔苦計
	契小徐㓞聲苦計
契聲	[illegible]丑例　[illegible]古節　楔先結　[illegible]讀若薊古詣　窫於計　偰私列
	[illegible]讀若楔胡計　鍥苦結
契省聲	瘛從恝聲而说文無恝兹依鉉語改尺制
瘛省聲	[illegible]尺制
	[illegible]读若糵五葛

	歺讀若櫱岸之櫱五割 𣦵古
	埶魚祭
埶聲	槸魚祭 ⿰木蓺或 褻私列 熱如列 ⿱埶金讀若至（屛）脂利 ⿱埶車陟利
熱省聲	爇从蓺聲而説文無蓺兹依鉉語改如劣
	臬小徐自聲五結
臬聲	⿰臬刂魚器 劓或 𡴀五結 寱牛例 闑魚列 甈魚例 ⿱埶瓦或
	豙魚既
豙聲	毅魚既 顡五怪
顡聲	⿱艹顡魚既
	乂魚廢 刈或
乂聲	艾五蓋 ⿰虎乂魚廢 ⿱辟乂魚廢 ⿱乂心魚肺
刈省聲	⿱乂刀从刀聲讀若顡兹依李陽冰説改魚既
艾聲	餀呼艾
	瀱魚列
	制征例 ⿰未刂古
	製征例
	摯小徐執聲脂利
	帶當蓋
帶聲	蔕都計 遰特計 蹛當蓋 懘特計 滯直例 摕讀若詩曰螮蝀在東都計
	⿱折示或 螮都計

	屮讀若撻他達
	蔮丑芥　𧀮或
	屮古文或以爲艸字（艸）讀若徹（屑）丑列
屮聲	疌疾葉（帖）　叀職緣（桓）　𠧪古　𡴀古　𡳾讀若騁（青）丑善
	𡴎讀若臬魚列
疌聲	萐山洽疌聲入帖　箑山洽　篓或　寁子感　倢子葉　𧛧七入　捷疾葉
	婕讀若接子葉　𧾷疌楚洽　緁七接　䌌或　蜨徒叶
叀聲	專職緣專及專聲入桓
專聲	蓴常倫　膞市沇　篿度官　團度官　傳直䜌　䏝市沇　𨔥旨兗　䡔旨兗
	摶度官　嫥職緣　縳持沇　轉知戀
𡳾聲	𩌏讀若騁（青）丑善
𡳾省聲	袁羽元袁及袁聲睘聲還聲繯聲入桓
袁聲	遠雲阮　遠古　睘渠營　園羽元　轅羽元
睘聲	環户關　趧讀若讙況袁　還户關　譞許緣　瞏邦免　翾許緣　檈似沿
	圜王權　儇許緣　獧古縣
	憬讀若絹古縣　擐胡慣　嬛許緣　繯胡畎　蠉香沇　轘胡慣
還聲	檈似沿
繯聲	纝古眩
𡴎聲	辥私列
辥聲	薛私列　𪚰魚列　𦨶私列　𨎯魚列　嶭五葛　䲑魚列　孼魚列

	聅恥列
	世從卅而曳長之亦取其聲舒制切
世聲	呭余制　迣征例　齛私列　跇丑例　詍余制　貰神夜　泄余制　抴余制
	紲私列　緤或
貰聲	勩余制
	大徒蓋　亣籒他達
大聲	羍讀與達同他末　[illegible]或　杕特計　汏代何他蓋　戻讀与釱同徒蓋　釱特計
	軑特計
羍聲	達徒葛　达或
達聲	撻他達　[illegible]古
	簭時制
筮聲	噬時制　澨時制
	𣂚食列　𣃔籒　折篆
折聲	哲陟列　悊或　嚞古　逝讀若誓時制　誓時制　晢旨热　硩丑列
	狾征例　悊陟列　浙旨热　娎許列　銴讀若誓時制
𣂚聲	[illegible]并列
	剌盧達
剌聲	[illegible]盧達　楋盧達　賴洛代　瘌盧達　[illegible]盧達
賴聲	籟洛带　獺他達　瀨洛带　瀬洛带　鱱洛带　嬾洛旱
	砅力制　濿或

	𡿪今說文誤从列省聲當依小徐作歺省聲良辥
𡿪聲	列良辥
列聲	茢良辥　迾良辥　⿰齒列讀若刺盧達　栵良辥　⿱列木良辥　例力制　裂良辥
	鴷力制　烈良辥　洌良辥
	蛚良辥　颲讀若列良薛
	祭子例
祭聲	蔡蒼大　⿰目祭戚細　⿰祭阝側介　穄子例　瘵側介　⿰巾祭先列　際子例
	察初八
察省聲	詧楚八
	殺从杀聲而說文無杀字蓋以古文杀爲聲所八　殺古　⿰糸殺古　⿰杀攴古　杀古
	⿰杀殳籀
殺聲	榝所八　䊛桑割　鎩所拜
	禼讀與偰同私列　𥝌古
禼聲	竊禼廿皆聲廿古文疾禼古文偰千結
𥝌省聲	⿱巛韋胡戛
⿱巛韋聲	⿰王⿱巛韋讀若曷胡八　⿺辶⿱巛韋讀若害胡蓋　⿱⿱巛韋黽胡葛

末部	
	䀏小徐叉聲烏括
䀏聲	𥈭烏括
	窫於決
	威許劣
威聲	滅亡列　搣亡列
	會黄外　佮古
會聲	禬古外　薈烏外　噲讀若快，苦夬　髕古外　膾古外　劊古外　檜古外
	鄶古外　旝古外　穭苦會　襘古外　廥古外　獪古外　黵恶外　澮古外
	嬒古外　繪黄外
	𡙁于濊　轊或
	衛于歲
衛聲	𧗿于歲　𨗨于歲　𧝓讀若厲，于歲　𢖺于歲
	粤王伐
	曰乙聲亦象口气出形，王伐
曰聲	𣄼余律　汩于筆　𡿨于筆
𡿨聲	𩔏讀若昧（没），莫佩
	巜古外
	夬古賣
	玦古穴　𡇼古穴　䳚古穴　契古黠　袂彌弊　駃古穴　臭古穴　快苦夬

	抉於説　蚗於悦　鈌於決
	決小徐決窦妜鬩並夬聲，古穴
決省聲	趹古穴　趹古穴　肤讀若決水之決，古穴　缺傾雪　窦於決　疦古穴　妜於説
	鬩於決
	孓居月
	亅讀若橜衢月
	𠄌讀若捕鳥罬之罬，居月
𠄌聲	戉王伐
戉聲	越王伐　逑王伐　跋王伐　眓讀若《詩》曰施罛濊濊，呼哲　泧讀若椒椒，之椒火活
	娍王伐　絨王伐　鉞呼會
	瘚居月　欮或
欮聲	厥居月　闕去月
厥聲	蕨居月　趉居月　蹶讀若橜，居月　躝或　鷢居月　鱖居月　鱖居月
	橜瞿月　鱖居衛　撅居月　蟨居月　勞瞿月
	𠂎讀若厥居月
𠂎省聲	昏古活　昏古
昏聲	袥古末　蓓古活　逜讀与括同，古活　齬古活　諳胡快　諳籀　鵠古活
	骷古活　刮古八　栝古活　秳户括　佸古活　頢下括五，活二切　髺古活
	活古活　𤕐古　聒古活　括古活　婚古活　銽古活
活聲	闊苦括

銽聲	鏂古活　鐳古
	㰷讀若拔物爲決引也小徐夬聲傾雪
	外五會　夘古
	月厥魚
月聲	跀魚厥　䟓或　刖魚厥　明魚厥　抈魚厥
	叕陟劣
叕聲	啜昌説　輟陟劣　鵽丁刮　腏讀若詩曰啜其泣矣陟劣　剟陟劣　餟陟衛
	綴職説　竅丁滑　罬陟劣　輟或　歠昌説　吷或　惙陟劣　掇都括
	娺讀若唾（戈）丁滑　畷陟劣　醊陟劣
竅聲	窨丁滑　窭丁滑
	綴陟衛
	贅之芮
	説小徐説䲴閲並兑聲失熱弋雪二切
説省聲	䲴弋雪　閲弋雪　蜕韵會引税省聲輸芮
	帨輸芮
	奪徒活
	兑台聲蓋誤玆依鉉改爲會意字大外
兑聲	敓徒活　脱徒活　餟輸芮　棁他活之説二切　税輸芮　㾄徒活　駾他外
	祱輸芮　涚輸芮　捝他括　娧杜外　鋭以芮　㓹籒
㓹聲	蒍讀若芮居例　㔻居例

𠜾聲	瀱居例　罽居例
	叡以芮　睿古　壡籀
叡聲	𧾩讀若紃今說文作𧾩叡聲蓋誤玆據廣韵引改祥遵
睿聲	璿似沿　𤩽古　壡籀文說文作叡与奴部重出誤也玆據玉篇廣韵改
	彗祥歲　篲或　䇹古
彗聲	嘒呼惠　嚖或　槥祥歲　熭于歲　慧胡桂　雪相絶　繐祥歲
	鏏讀若彗于歲
	劣力輟
	寽力輟
	最小徐取聲祖外
最聲	撮倉括
	竄七亂
	毳此芮
毳聲	𣞁讀若春麥爲𣞁之𣞁此芮　膬七絕　竁充芮　𢡸千短
	脃小徐絕省聲此芮
	絕情雪　𢇍古
絕聲	蕝子說玆會二切
𢇍聲	蠿側八
	㕞所劣
㕞省聲	刷所劣　戌徐小一聲辛聿

戉聲	歲相鋭
歲聲	薉於廢　噦於月　譏呼會　翽呼會　劌居衛　饖於廢
	奯讀若詩曰施罟泧泧呼括　濊會呼
薉聲	𤅢呼括
	癶讀若撥北末
	貝博蓋
貝聲	退博邁　踑博蓋　浿普拜
	捧小徐䜴聲博怪　拜　揚雄說　[illegible]古
	巿分勿　韍篆
	癹普活
癹聲	發方伐
發聲	䑔方肺　橃房越　瘊方肺　廢方肺　撥北末　鏺讀若撥普活
	敗薄邁　𣪒籀
	吠符廢
	罰房越
	伐房越
伐聲	茷符發
	㡀毗祭
㡀聲	敝毗祭
敝聲	蔽必袂　蹩蒲結　瞥普滅　鷩并列　鼈讀若鷩雉之鷩必袂　幣毗祭

	獘毗祭　彆或　潎匹蔽　撆芳滅　嫳匹滅　鼈并列　鐅芳滅
	犮蒲撥
犮聲	祓敷勿　茇北末　跋北末　韍扶發　翇讀若黻分勿　馛讀若撥普達
	柭北末　帗讀若撥北末　黻分勿　袚北末　髮方伐　𩠐或　𩑶古
	魃蒲撥　废蒲撥　炦蒲撥　沷分勿　鮁北末　拔蒲八　妭蒲撥
	坺蒲撥　軷蒲撥
	末莫撥
末聲	眜莫撥　䬴莫撥　韎莫佩　沫莫割
	苜讀若末模結
苜聲	𥈅讀與蔑同莫結　萈讀若丸萈及萈聲寬聲之字入桓胡官
萈聲	[illegible]讀若讙呼官　寬苦官
寬聲	髖苦官
	蔑莫結
蔑聲	⿰山蔑莫結　韈望發　⿰禾蔑莫結　⿰米蔑莫撥　幭莫結　懱莫結　瀎莫達
蔑省聲	⿱苜戈莫結
⿰米蔑聲	⿱蔑鬲莫結　粖或
	萬無販
萬聲	⿰言萬莫話　贎無販　⿰米萬洛帶　⿰虫萬讀若賴力制　勱讀若萬莫話
⿰虫萬聲	⿰山蠆讀若厲力制
蠆省聲	⿰口萬訶介　邁莫話　⿺辶蠆或　⿰犭萬洛帶　厲力制　⿸厂蠆或
厲聲	犡洛帶

寒部	
	安烏寒
安聲	晏烏旰　鴳烏諫　案烏旰　晏烏諫　案烏旰　侒烏寒　頞烏割（曷）
	齃或（曷）　洝烏旰　按烏旰
晏聲	𣈶於殄
	𥧃小徐安聲烏寒
	妟小徐妟省聲烏諫
妟聲	宴於甸　鰋於幰　鼴或　匽於蹇
匽聲	鶠於幰　郾於建　偃於幰　褗於幰　揠烏黠（曷）　蝘於殄　𧓉或
	㫃讀若偃於幰　𣃦古
㫃聲	𣃘丑善　倝古案　𠦝籀
倝聲	翰侯榦　雗侯榦　鶾侯榦　韓胡安　榦古案　𣬴侯榦　鶾侯旰
	榦讀若浣（桓）胡玩　斡烏括（末）　乾渠焉　𠦝籀
榦聲	𦾋古案
榦聲	澣胡玩（桓）　浣或（桓）
乾聲	鄿古寒
	燕於甸
燕聲	酀烏前　曣於甸　驠於甸　嬿於甸
	𠙴呼堅
	厂呼旱　厈籀

厂聲	雁讀若鴈五晏　鴈五晏　彥魚變　屵五葛（曷）
雁聲	鷹讀若鴈五晏
彥聲	諺魚變　顔五姦　顏籀
彥省聲	產所簡
產聲	犍所簡　滻所簡　鏟初限
	敻朽正
敻聲	瓊渠營　璚或（沒）　瓗或（齊）　琁或（桓）　藑渠營　趨讀若繘（沒）居聿
	讂火縣　觼古穴（末）　鐍或（沒）
	寒胡安
寒聲	攓九輦
寒省聲	蹇九輦　騫虛言　褰去虔　騫去虔
蹇省聲	謇九輦
褰聲	攐去虔
	閑户閒　閑木部門部重
	焉有乾
焉聲	蔫於乾　鄢於乾　傿於建　漹於乾　嫣於建
	干古寒
干聲	玕古寒　琂古　訐巨言　迂讀若干古寒　衎空旱　齗五版　舌食列（曷）
	訐居謁（曷）　靬苦旰　䍐古旱　盰古旱　鼾讀若汗侯幹　骭古案　肝古寒
	刊苦寒　竿古寒　邗胡安　旰古案　旱呼旰　罕古案　衦古案　岸五旰

	豻五旰　犴或　忓古寒　汗矦旰　閈矦旰　扞矦旰　奸古寒　釬矦旰
	軒虚言
舌聲	栝鉉曰當从昏省乃得聲他念（添）　銛鉉曰舌非聲當从甛省以冉（添）
	絬私列（曷）　銛讀若棪桑欽讀若鐮息廉（添）
旱聲	敦矦旰　睅户版　晥或（桓）　稈古旱　秆或　駻矦旰　悍矦旰　戥矦旰
晥聲	䔾胡官（桓）
岸聲	䮗五旰
岸省聲	炭他岸
	幵古賢
幵聲	趼五旬　訮呼堅　雃苦堅　䳠古賢　𦾔讀若藺古典　研五堅　豣古賢
	麉古賢　犴五旬　𧃢古典　汧苦堅　䒓古賢　妍讀若研五堅
	盽讀若攜手苦兮自盽至䍃入齊　𦈲或　羿五計　笄古兮　枅古兮　䍃五計
	刑户經自刑至銒入青　邢户經　并府盈　形户經　銒户經
研聲	䂦㮚堅
刑聲	荊擧卿刑聲并聲屏聲洴聲字並入青　䓝古
并聲	荓薄經　骿部田　餅必郢　䴵薄經　瓶或　栟府盈　郱薄經　併卑正
	屏必郢　艵普丁　庰必郢　駢部田　姘普耕　𧫤讀若輧薄經　絣北萌
	蛢薄經　輧薄丁
屏聲	偋防正
洴聲	蓱薄經説文無洴字未詳

	姦古顏　㦰古
姦聲	菱古顏　肩古賢　肩俗
肩聲	䵡苦閒　顅苦閒
	閒古閑　閑古
閒聲	瞯户閒　鷳户閒　簡古限　橌古限　癇户閒　僩下簡　鬜苦閑　騆户閒
	憪户閒　澗古莧　嫺户閒　鐧古莧
簡聲	瀚古限
簡省聲	篙讀若簡古限
	建居萬
聲建	鞬居言　楗其献　健渠建　鍵渠偃
	見古甸
見聲	莧矦澗　哯胡典　䚂己彳　睍胡典　晛胡田　靦他典　䩄或　硯五甸
	蜆胡典　垷胡典
	柬古限
柬聲	諫古晏　楝郎電　煉郎電　湅郎甸　闌洛干　練郎甸　鍊郎甸
	𥻘小徐讀若引（先）羊晉
闌聲	蘭洛干　讕洛干　讕或　籣洛干　瀾洛干　漣或俗音力延切
蘭聲	爛郎旰　燗或　讕洛干
	繭古典　絸或
繭聲	襺古典

	栞小徐幵聲讀若刊苦寒　栞篆
	俔苦甸
	侃空旱
侃聲	遃去虔　𩞑諸延　衎或　飦或　健或
	䇂讀若愆去虔
䇂聲	言語軒
言聲	琂語軒　唁魚變
	看苦寒　𥈭或
	𡨄去衍
𡨄聲	遣去衍
遣聲	譴去戰
	虤五閑
	丹都寒　古　彤古
丹聲	旃諸延　旜或
	旦得案
旦聲	靼旨熱　韇古　鴠得案　觛徒旱　笪當割曷　亶多旱　狟丁榦
	但徒旱　袒丈莧　炟當割自炟至怛入（曷）　黖當割　怛得案當割二切　悬或
	組丈莧　坦他但
亶聲	邅張連　膻旨善　鸇諸延　鸇籀　膻徒旱　饘諸延　檀徒乾　儃徒干
	氈諸延　顫之繕　驙張連　澶市連　鱣張連　鱣籀　擅時戰　嬗常演

	蟺常演　壇徒干　鱣旨善
	㚅知衍
㚅聲	㠭知扇
㠭省聲	展知衍
展省聲	䕭知衍
	孨讀若翦旨兗
孨聲	僝讀若汝南潺水之潺士戀
	㢟丑連
㢟聲	䢭于線　脠丑連
	羴式連　羶或
羴省聲	鮮相然
鮮聲	癬息淺　霹讀若斯（齊）息移
	譱常衍　善篆
善聲	膳常衍　鄯時戰　僐常演　顓旨善　嬗旨善　繕時戰　廛直連
廛聲	躔直連　纏直連
	衍小徐衍聲以淺
衍聲	愆去虔　寒或　諐籀
衍省聲	衛一曰衍省聲小徐衙省聲古絢
	次叙連　㳄或　㵪籀
	羨似面

羡聲	㳄于線　㸐昌善
	肰讀若然如延　古　古
肰聲	然如延　䕼或
然聲	嘫如延　橪人善　⿰亻然人善　撚乃殄　⿰女然奴見　繎如延
	⿱髟然尼見
	𠬝人善
𠬝聲	赧女版　報力展
赧省聲	㬥讀与赧同女版
	連力延
連聲	蓮洛賢　謰力延　槤里典　㦁力延　鰱力延　鏈力延
	聯力延
聯聲	𤬁力延
	輦力展
輦聲	鄻力展
	瀲郎電
	贊則旰
贊聲	瓚徂贊　籫讀若纂作管　饡則幹　欑在丸　酇作管作旦二切　儹作管
	灒則旰　嚽則旰　纘作管　鑽借官
	孱初限
	奴讀若殘昨干

奴聲	餐七安　湌或　粲倉案
奴省聲	攱小徐歺聲倉案　殉昨干
	戔昨干
戔聲	後慈衍　衡才綫　踐慈衍　諓慈衍　殘昨干　箋作前　虥昨閑　餞才線
	棧士限　賤才線　帴所八　俴慈衍　猆初版　淺七衍　綫私箭　線古
	錢卽淺昨先二切　諓慈衍
棧聲	櫼士限
	孱士連
	歬昨先
歬聲	葥子賤　翦卽淺　前子善　鬋作踐
前聲	箭小徐歬聲子賤　蕑則前　煎子仙　湔子仙　揃卽淺　媊昨先
湔聲	蕍昨先
	鱻相然
	椒蘇干
椒聲	黻蘇旰　散蘇旰
散聲	饊蘇旱　霰蘇甸　霓或
散省聲	潸所姦
	山所閒
山聲	訕所晏　邮所閒　疝所晏　汕所晏
	删所姦

删聲	箾蘇旰
删省聲	珊蘇干　姍所晏　姗所晏
	䟰蘇典

桓部

	冤於袁
冤聲	蒬於元　⿰革冤於袁　⿰革完或　⿰黑冤讀若飴盌於月　⿰女冤於願
	夗於阮
夗聲	苑於阮　⿰言夗於願　眢一丸　鴛於袁　⿱夗豆一丸　盌烏管　宛於阮　惌或
	⿰夗冃於袁　怨於願　⿱亼夗古　妴於阮　⿱夗瓦烏管
夗省聲	⿱竹夗渠建　腱或
宛聲	琬於阮　菀於阮　婉於阮　晼於阮　⿰車宛於云
	𢎘此字無音義類篇引繫傳怨阮切
	吅讀若讙況袁
吅聲	單都寒單及單聲入寒　雚工奐　患胡丱　⿵門⿱吅心古　⿳吅目心古
單聲	禪時戰　蕇多殄　嘽他干　單都寒　觶之義(歌)　⿰角辰或(痕)　觝礼經(齊)
	簞都寒　樿昌善　鄲都寒　癉丁幹　幝昌善　僤徒案　襌都寒　貚徒干
	驒代何(歌)　燀充善　⿰革單丁可(歌)　憚徒案　鱓常演　闡昌善　撣徒旱
	戰之扇　匰都寒　彈徒案　⿰弓丸或　繟昌善　蟬市連　鼉徒何(歌)
	墠常衍
雚聲	瓘工玩　⿺走雚巨員　讙呼官　矔古玩　⿰鳥雚呼官　⿰角雚讀若繕(末)況袁　權巨員
	酄呼官　觀古玩　舊古　歡呼官　貛呼官　驩呼官　爟古玩　烜或
	懽古玩　灌古玩　⿰弓雚九阮　蠸讀若蜀都布名蓋讀若繕(末)巨員　勸去願
	奐小徐夐省聲呼貫

奐聲	奐胡官　院或　渙呼貫　換胡玩
	夐小徐夏聲讀若畚況晚
	萑讀若和（戈）胡官
萑聲	雈胡官
	丸胡官
丸聲	芄胡官　骫於詭（戈）　肒胡岸　紈胡官
	幻胡辨
	宦胡慣
	縣胡涓
縣聲	矙胡畎
	闋讀若縣胡畎
闋省聲	戾讀若環户關
	㒸讀若弦先一曰讀若環（户）關
	爰籀文以爲車轅字羽元
爰聲	瑗王眷　諼況袁　暖況晚　楥讀若撝（戈）呼券　覭況晚　顆于反　煖況袁
	援羽元　韄胡玩　緩或　蝯羽元　鍰户關
	媛小徐爰聲王眷
	俒胡困
	毌讀若冠古丸　貫小徐貝聲古玩
貫聲	遦工患　摜古患

	官古丸
官聲	菅古颜　逭胡玩　爟或　輨古滿　管古滿　琯古　館古玩　棺古丸
	悹古玩　涫古丸　捾烏括（末）　婠讀若楚郤宛一丸　綰烏版　輨古滿
	倌小徐官聲古患
	盥古玩
	𡿨泫姑　甽古　畎篆
	𠪚讀若書卷之卷古文以爲醜字（蕭）鍇醜作䩄（寒）居倦
𠪚聲	𠩺或曰拳勇字一曰讀若傿（寒）乙獻
𠩺聲	顩魚怨　𡟤讀若蜀郡布名𧇀讀若繕（末）委員
	欵小徐窽省聲苦管　款或
	犬苦泫
犬聲	烣五佳（戈）
	邍愚袁
	元小徐俗本兀聲愚袁
元聲	玩五換　貦或　芫愚袁　翫五換　刓五丸　邧虞遠　完古文以爲寬字胡官
	冠古丸　頑五還　忨五換　沅愚袁　蚖愚袁　黿愚袁　軏魚厥　阮虞遠
完聲	莞胡官　脘讀若患古卯　筦古滿　梡胡本　鯇户版　垸胡玩　院王眷
	灥愚袁　原篆
原聲	蒝愚袁　謜魚怨　傆魚怨　願魚怨　豲胡官　愿魚怨　嫄愚袁　縓七絹
	耑多官

耑聲	喘昌沇　遄市緣　諯讀若專尺絹　腨市沇　剬旨兖　觞多官　篅市緣
	椯兜果（戈）　稀讀若端丁果（戈）　褍多官　歂讀若車輇市緣
	顓讀若捶擊之捶（戈）旨兖　貒讀若湍他耑　端多官　惴之瑞（戈）　湍他耑
	揣初委　黵他耑
耑省聲	段徒玩
遄聲	篅市緣
段聲	毈徒玩　緞或　碫今説文誤作碬乎加切兹依段玉裁説改徒亂　鍛徒玩 鍛丁貫
	彖通貫
彖聲	喙許穢（末）　鶨丑絹　篆持兖　椽直專　像讀若膎（齊）户佳　掾以絹
	緣以絹　蝝與專　隊徒玩
篆省聲	瑑直戀　斷徒玩　 詔古　剆古
斷省聲	躖徒管　鱶大丸　剸或
	旋似沿
旋聲	嫙似沿　縼辝戀　鏇辝戀
旋省聲	淀似沿
	纛祥遵
	䨀今説文誤作甍讀若耎一曰若儁（説文無）而兖　古　籀
	奻女還
	偄奴亂
	䜌呂員　古

䜌聲	臠吕員　變祕戀　曫讀若新城䜌中武版切　鸞洛官　臠力沇　欒洛官
	巒洛官　𣀩洛官　巒洛官　灓洛官　𨷾讀若闌洛干　攣吕員　孌力沇
	彎烏關　蠻莫還　奱俱願　孿吕患
孿聲	𤫂洛官　鑾洛官
	𤔔讀與亂同郎段　𤔔古
𤔔聲	𢿢郎段　覶洛戈　𡤜力沇　變籀
	亂郎段
亂聲	薍五患
	卵盧管
	卝今說文石部以爲古文磺云周禮有卝人而五經文字九經字樣皆引以爲古卵字蓋形同字異也
卝聲	𢇍古還
𢇍聲	關古還
	㸑七亂　㸑籀
爨聲	𨏲讀若論語鑽燧之鑽借官　𨐈或
	仝疾緣　全篆　𠓝古
全聲	荃此緣　牷疾緣　跧莊緣　詮此緣　佺此緣　恮此緣　絟此緣　銓此緣
	輇讀若饌市緣
	泉疾緣
	雋徂兗
雋聲	臇讀若纂子沇　𤎐或　檇遵爲（戈）　𧒒子兗　鐫讀若瀸（添）子全

	弜士戀
弜聲	巽蘇困　巺古　巽篆
巺聲	選思沇　譔此緣　𦋳思沇　𨃨或　僎士免　鐉此緣　顨士戀
	亘須緣
亘聲	𧺝羽元　䑲讀若讙況袁　桓胡官　宣須緣　貆胡官　狟胡官　查胡官
	洹羽元　絙胡官　垣雨元　𩏡籀
宣聲	愃況晚
宣省聲	咺況晚
	筭蘇貫
	祘讀若筭蘇貫
祘聲	蒜蘇貫
	算讀若筭蘇管
算聲	𣀔初恭　籑士戀　䉵或　篹初宦　纂讀若以芥爲齏名曰芥荃初括末
	潠衫洽（帖）先活（末）二切　匴蘇管　纂作管　篡所眷　𩓥蘇困
	班布還
	𠦒北潘
	般北潘　𣪧古
般聲	鞶薄官　𣪧薄官　槃薄官　鎜古　盤籀　瘢薄官　幋薄官
	鬆讀若槃薄官　𩞬薄官　擊薄官　媻薄波（戈）　螌布還
	辡方免

辡聲	辨蒲莧 辦蒲莧 瓣蒲莧 辬布還 辯方沔 辮頻犬
	反府遠 反古
反聲	叛薄半 返扶版 [illegible]春秋傳 昄普班 飯符萬 販方願 眅補綰 版布綰
	汳皮變 瓪布綰 [illegible]府遠 阪府遠
	半博幔
半聲	胖普半 判普半 伴薄滿 袢讀若普（樸）博幔 泮普半 姅博幔 絆博幔
	畔薄半 㪵博幔
	𠬜普班 攀或
	片匹見
	娩芳萬
	𡥅芳萬
	[illegible]芳萬
	棥附袁
棥聲	樊附袁 焚附袁
樊聲	蠜附袁 [illegible]讀若幡袁附 [illegible]附袁 鐢附袁
焚省聲	煩附袁
煩聲	蘋附袁
	釆讀若辨蒲莧 [illegible]古
釆聲	𠔉讀若書卷之卷居券
𠔉聲	蠸讀若權巨員 眷居倦 券去願 觠巨員 桊居倦 䄅九萬 桊居倦

	奧烏到奧及奧聲入蕭　桊居倦　卷居轉　豢胡慣　拳巨員　絭居願　券渠卷
奧聲	薁於六　篽於六　燠烏到　澳於六　墺於六　𡋽古　隩烏到
卷聲	圈渠篆　䊎小徐以爲粉重文去阮　倦渠眷　鬈衢員　捲巨員　𨻸居遠
	番附袁　蹞或　𤰕古
番聲	璠附袁　蕃甫煩　譒補過（戈）　蟠附袁　橎讀若樊附轅　鄱薄波（戈）
	旛孚袁　播附袁　幡甫煩　皤薄波（戈）　額或（戈）　磻博禾（戈）
	獖附袁　鱕附袁　䆺附袁　燔附袁　潘普官　播補過（戈）　㪿古（戈）
	繙附袁　蟠附袁
旛聲	瀿孚袁
潘聲	藩甫煩　籓甫煩
	扶讀若伴侶之伴薄旱
	覍皮變　弁或　𥄕籀
弁聲	昪皮變　閞皮變　拚皮變　畚布忖　坌讀若糞（魂）方問　畚芳萬
	便房連
便聲	鞭卑連　𠊳古　箯旁連　鯾房連　鯿或　緶房連
	辯符蹇
	芇讀若宀母官
	宀武延
	緜武延
	臱武延

臱聲	⿺走臱布賢　邊布賢　矈武延　⿱竹臱武移　⿱宀臱武延　⿱髟臱讀若宀莫賢
⿺辶邊聲	⿺辶邊布玄　籒
⿺辶邊省聲	櫋武延
	面彌箭
面聲	⿰革面彌沇　偭彌箭　愐彌殄　湎彌兗　緬弭沇　蝒武延
	㒼讀若蠻母官
㒼聲	璊莫奔（魂）　玧或（魂）　瞞母官　樠莫奔（魂）　⿰毛㒼莫奔（魂）
	鬗讀若蔓母官　慲母官　滿莫旱
	⿰氵懣莫困（魂）

屑部	齊
	一於悉　弌古
一聲	聿余律聿律葎入没　寽讀若律呂戌寽及寽聲入末
聿聲	律呂戌　𦘒徐吝𦘒及𦘒聲入先
律聲	葎呂戌
𦘒聲	盡慈忍　賮徐刃
盡聲	璶徐刃盡聲入先　藎徐刃
寽聲	[illegible]力輟　脟力輟　虢古伯虢㶁入鐸　[illegible]力輟　捋郎括　蛶力輟　埒力輟
	鋝力輟　酹郎外
虢聲	㶁古伯
	𢑏於棘　抑俗
	乙於筆
乙聲	肊於力（德）　臆或（德）　札側八　穵烏黠　戹於革戹及戹聲入錫　失式質
戹聲	呝烏格　[illegible]於革　軶於革　阸於革
失聲	苵徒結　迭徒結　跌徒結　詄徒結　眣丑栗　鴩徒結　胅讀與跌同徒結
	秩直質　瓞徒結　颫或（没）　帙直質　袠或　佚夷質　[illegible]丑利　趃徒結
	[illegible]大結　泆夷質　抶敕栗　跌徒結　紩直質　軼夷質
	吉居質
吉聲	趌去吉　[illegible]赫鍇　詰去吉　桔古屑　佶巨乙　袺格八　欯許吉　頡胡結
	硈格八　黠切八　奊讀若子（蜀）古屑　壹於悉　鮚巨乙　拮古屑　姞巨乙

	結古屑　蛣去吉　劼讀若筆（韋）巨乙
頡聲	襭胡結　擷或
壹聲	噎烏結　饐乙冀　殪於計　古　饐乙冀　曀於計　豷許利
	撎於計　⿰土壹於計
	陧讀若虹蜺之蜺（齊）五結
	質小徐所聲之日
質聲	⿰口質之日　躓陟利
	至脂利　古
至聲	荎直尼　咥許旣（曷）直結　⿰齒至陟栗　胵處脂　桎之日　郅之日　窒陟栗
	庢陟栗　挃陟栗　姪徒結　絰徒結　蛭之日　垤徒結　銍陟栗
	致陟利
致聲	⿱艹致陟利　⿰扌致陟利
	疐陟利
疐聲	嚏都計
	室式質
	⿱至土讀若摯（曷）丑利
	設識列
設聲	蔎識列桑割（曷）
	徹小徐育聲丑列　衜古錫
徹聲	⿱徹方丑列

	⿰鼻弟直質
	實神質
	逸夷質
	臸徒結
	日人質　古
日聲	䵒尼質　⿰黍刃或(痆)　衵人質　馹人質　涅奴結　⿰風日于筆
	臸人質
臸聲	⿺辶臸今說文以爲遷之古文人質
	疒女戹
	栗力質　𣡕古
栗聲	瑮力質　溧力質　凓力質
	卩子結
卩聲	卹辛聿　即子力
即聲	節子結　揤子力
節聲	櫛阻瑟
	卪子結
	桼親吉
桼聲	⿰桼鳥親吉　⿰桼刂親結　厀息七　⿰桼阝親吉　漆親吉
厀聲	⿰木厀親吉　七親吉
七聲	叱昌栗　切千結

	悉息七	㥷古
悉聲	糂私列	僁讀若屑私列

屑部	撮
	⿰目屑讀若易勿卹之卹於悅
	血呼決
血聲	⿱艸血呼決　侐況逼　恤辛聿　洫況逼
	肸羲乙
	八博拔
八聲	𠔁兵列　⿱業八讀若頒（𩓈）一曰讀若非（灰）布還　㑛許訖 𣎵讀若輩（灰）普活𣎵及𣎵聲入末
	穴胡決　⿰氵八府巾（先）　匹普吉
㑛聲	屑私列
屑聲	⿰齒屑讀若切千結　榍先結
𣎵聲	⿰牛𣎵博蓋　⿺辶𣎵讀若拾（合）又讀若郅北末　肺芳吠　⿰木𣎵芳吠　⿰𣎵阝博蓋　旆蒲蓋
	犻讀若孛（没）蒲没　⿰忄𣎵蒲昧　沛普蓋　⿰魚𣎵博蓋　⿰扌𣎵普活　⿰酉𣎵普活
穴聲	鴥余律　⿰穴攴戶八　貁余救　泬呼穴　⿰糸穴乎決
	⿰馬八博拔小徐八聲
	畢或曰由聲卑吉
畢聲	⿺走畢卑吉　⿰畢攴卑吉　篳卑吉　鞸卑吉　⿰木畢卑吉　⿸尸畢毘至　熚卑吉　滭卑吉
	彃卑吉　縪卑吉　⿰酉畢蒲計
	⿰冎刂憑列

先部	齊
	因於真
因聲	茵於真　鞇司馬相如説　咽烏前　欭乙冀　駰於真　恩烏痕　洇於真
	捆於真　姻於真　婣籀
	印於刃
	弦胡田
弦聲	蕬胡田　越胡田　㡘胡田　弦胡田　媥胡田
弦省聲	胘胡田　伭胡田
	緊糾忍　堅古賢
堅聲	掔口莖
	掔小徐堅省聲口莖
	斦語巾
	齗讀若慭（痕）語巾
	㐱小徐人聲之忍　鬒或
㐱聲	珍陟鄰　趁讀若塵丑刃　診直刃之忍二切　胗之忍　殄徒典　 古
	胗之忍　疹籀　㣶所今㣶參及參聲字入覃　㐱或　袗之忍　裖或（痕）
	鬒之忍　沴都計　紾之忍　眕之忍　軫之忍
殄省聲	飻他結
參聲	慘酥含　謲倉南　蔘所今　槮所今　傪倉含　驂倉含　獑山檻　黲七感
	憯七感　滲所禁　嫪七感　縿所銜

	㐱之忍
㐱聲	駗張人
	天他前
天聲	吞土根　忝他點（添）
	疢丑刃
	申失人　古　籀
申聲	呻失人　𡳐失人　胂失人　伸失人　䰠食鄰　紳失人　陳直珍　古
伸聲	𠐚直刃
陳聲	𠹆直刃
	神小徐申聲食鄰
	電小徐申聲堂練　古
	田待年
田聲	佃堂練
	畋待年
	甸小徐包省聲堂練
	奠堂練
奠聲	鄭直正　𠪚堂練
	臣植鄰
臣聲	茞稹鄰　嚚語巾　𡈾古　𦣞讀若指（灰）職雉
	臤讀若鏗鏘之鏗古文以爲賢字苦闲　𨚔植鄰　頣式忍　𢪛章刃

臤聲	⿱艹臤去刃　⿱艹堅或　⿱臤羊讀若賢喫善　⿺走臤讀若菣弃忍　⿱臤目矦簡　腎時忍
	賢胡田
	掔讀若詩曰赤舄掔掔苦閑　婜苦閑　鋻苦甸
	⿱麤土直珍　[illegible]籀
	𠓜讀若軍敶之敶直刃
𠓜聲	[illegible]武巾
𠓜省聲	閵良刃　[illegible]籀　閔讀若粦良刃
閵聲	藺良刃
閵省聲	進卽刃
進聲	璡讀若津將鄰
	寅弋真　[illegible]古
寅聲	黄翼真　瞚舒閏　夤翼真　[illegible]籀　演以淺　戭弋刃　螾余刃　蚓或
夤聲	濥弋刃
	廴余刃
	引小徐丨聲余忍
引聲	靷余忍　[illegible]籀　⿰月引羊晉　紖讀若矤直引　⿰金引羊晉
引省聲	矤式忍　弞式忍
	胤羊晉　[illegible]古
	人如鄰
	儿古文奇字人如鄰

	仁小徐二声如鄰　忎古　𡰥古
	佞小徐仁聲乃定
	令力正令及令聲之字古入先青二部
令聲	玲郎丁　苓郎丁　笭郎丁　柃郎丁　囹郎丁　伶郎丁　領良郢　泠郎丁
	冷魯打　零郎丁　鴒郎丁　聆郎丁　瓴郎丁　蛉郎丁　鈴郎丁　軨郎丁
	轜司馬相如説軨或從霝（青）
	粦韵會引䌢省聲良刃
粦聲	遴良刃　僯或　蹸良忍　瞵力珍　鄰力珍　䫰良刃　麟力珍　獜力珍
	憐洛賢　粼力珍　鱗力珍　瞵良刃　聿將鄰
聿聲	逮子僊　盡將鄰　津將鄰　雅古（灰）
	真側鄰　𠑷古
真聲	禛側鄰　瑱他甸　𦕈或　嗔待年　𧻓讀若顛都年　蹎都年
	謓讀若振（痕）昌真　瞋昌真　䀎祕書説　䐜昌真　槇都年　稹之忍　寘待年
	瘨都年　顛都年　慎時刃　昚古　滇都年　𧶠讀若資（灰）即夷　闐待年
	填陟鄰今待年　鎮陟刃　䡩讀若論語鏗尔舍瑟而作又讀若掔苦閑
	晉小徐臸聲即刃
晉聲	榗子善　鄑即移　戩即淺　縉即刃
	千小徐人聲此先
千聲	秊奴顛　汘倉先　𧮰倉絢
年聲	𨚍讀若寧（青）奴顛

	秦韵會引舂省聲匠鄰　𥣫籀
秦聲	蓁側詵　榛側詵　溱側詵　臻側詵　轃讀若臻側詵
	辛息鄰
辛聲	亲側詵　㾌所臻　屖先稽屖及屖聲屖省聲稺省聲季聲字並入灰
亲聲	親七人　新息鄰
親聲	櫬初僅　寴初僅　瀙七吝
新聲	薪息鄰
屖聲	謘直㑥　稺直利
屖省聲	庢杜兮
稺省聲	季今説文稚省聲而無稚字蓋謂稺省聲也居悸
季聲	痵其季　悸其季
	燊讀若詩莘莘征夫所臻
	屾所臻
	甡所臻
	信息晉　㐰古　訫古
	卂息晉
卂聲	迅息進　訊息晉　䜘古（痕）　汛息晉　扟讀若莘所臻
	𧖴所櫛（屑）
	丨引而上行讀若囟息進
	囟息進　膟古（咍）　[illegible]古

囟聲	䙴七然　𡕝或　𢍁古䙴三字並䙴聲字入寒　囟斯氏囟⿰氵囟⿰糸囟并入齊
	恖息兹恖及恖聲入咍　⿰氵囟穌計　⿰糸囟穌計
䙴聲	遷七然　拪古（痕）　⿰䙴阝七然　僊相然
恖聲	諰胥里　鰓穌來　囟倉才　緦息兹　⿳宀乂十古

先部	撮
	淵烏玄 𣶒或 囦古
𣶒聲	⿰辶𣶒乌玄 ⿱隹⿰鳥𣶒乌玄 鼘乌玄
	轟呼宏
	玄胡涓  古
玄聲	牽苦堅 眩黄絢 炫胡畎 泫胡畎 鉉胡犬
	衒黄绚 衙或
	[illegible]讀若弦又讀若環户關（桓）
	匀羊倫
匀聲	赹讀若焭（青）渠營 𢓊詞閏 均居匀 鈞居匀 鋆古 酳余忍
匀省聲	訇虎横 𧦝籒 旬黄絢 眴或
均聲	荺于敏
鈞聲	憌常倫
	旬詳遵 𠣏古
旬聲	珣讀若宣（桓）相倫 筍思允 𡕖思允 𢡜或 郇讀若泓（登）相倫 [illegible]相倫
	侚辭閏 恂相論 洵相倫 姰居匀 絢許椽九經字样引从筍以絢爲隸省
筍聲	橁相倫
𡕖聲	𣟑詳遵
	閏如顺
閏聲	瞤如匀 潤如顺

	睿私閏　濬或　㵿古
	扁方沔
扁聲	萹方沔　徧比薦　蹁讀若苹（青）或曰讀若徧部田　諞部田　翩芳連　篇芳連
	楄部田　牑讀若邊（桓）方田　㾫匹連　偏芳連　褊方沔　猵布玆　獱或
	揙婢沔　媥芳連　甂芳連　編布玄　蝙布玄
翩省聲	頨讀若翩王矩
	𣎳讀若髕匹刃
	頻符真
頻聲	顰符真　櫇符真
	丏彌兗
丏聲	眄莫甸　麪彌箭　㝑讀若周書若藥不眄眩莫甸　沔彌兗 [illegible]讀若周天子赧（寒）武延
㝑聲	賓必鄰　[illegible]古
賓聲	蘋符真　矉符真　殯必刃　髕毗忍　儐必刃　擯或　覾必刃　鬢必刃
	䰋符真　嬪符真
賓省聲	[illegible]讀若賓匹賓
	民彌鄰　[illegible]古
民聲	珉武巾　敃眉殞　笢武盡　罠武巾　怋呼昆　蟁無分　蚉或
	蚊俗（痕）
敃聲	愍眉殞
	命眉病

灰部

	伊小徐俗本尹聲於脂
伊省聲	咿今説文誤作吚茲據五經文字引改作咿馨伊　蛜於脂
	衣於稀
衣聲	哀烏開　依於稀　袞烏痕　扆於豈　㛄讀若衣於稀　㕈於希
依聲	偯於豈
	㡯於機
	医小徐矢聲於計
医聲	殹於計
殹聲	翳於計　鷖烏雞　瘞於賣　黳烏雞　毉烏雞　緊烏雞　堅烏雞
	威小徐戌聲於非
威聲	楲於非
	委小徐禾聲於詭
委聲	萎於僞　逶於爲　蝸或(戈)　踒烏過　諉於恚　矮於僞　婑於爲　餧奴罪
	痿儒隹　倭於爲　覣於爲　巍語韋　捼奴禾　緌儒隹　錗女恚
	尉於胃
尉聲	蔚於胃　罻於位　褽於胃　慰於胃
	畏於胃　 古
畏聲	鰃烏賄　椳烏恢　猥烏賄　煨烏灰　渨烏恢　鍡烏賄　隈烏恢
	虫許偉

	火呼果
火聲	邩呼果
	毇許委
毇省聲	毁許委　毀古
毁聲	燬許伟　𢯱許委　𡠥許委
	稀今説文從希聲而無希字兹依鉉引鍇語改爲會意至於今説文從希聲之睎郗晞俙豨絺六字並當改爲稀省聲香依
稀省聲	莃香衣　唏虚豈　睎香衣　脪香近　郗丑脂　晞香衣　俙許皆　欷香衣
	豨虚豈　絺丑脂
豨省聲	豩讀若綏小徐豕聲儒隹
豩聲	蕤儒隹
	䨻讀若欷虚器
	回户恢　囘古
	洄小徐回聲户灰
	贙讀若回胡畎
	囗羽非
囗聲	肙烏玄肙及肙聲入桓　韋宇非　 古　員王權員及員聲入寬　鼏籀
肙聲	鞙狂沇　睊於絢　剈烏玄　餶烏玄　圓似沇　䅌古玄　駽火玄　焆因悦
	悁於緣　鼏籀　涓古玄　捐与專　弲烏玄　絹吉掾　蜎在沇　埍古泫
	鋗火玄　䴋古玄
韋聲	葦于鬼　韙于鬼　愇籀　違羽非　諱許貴　𩏂羽非　椲于鬼　韡于鬼

	圍于非　韡于非　幃許歸　偉于鬼　禕許歸　煒于鬼　韋羽非　湋羽非
	闈羽非　媁羽非　緯云貴
員聲	䐃讀若遜穌本　䵅羽文　䒜或　圓讀若員王問　鄖羽文　㵝王問
	䮝讀若運王問　顚讀若隕于閔　磒于敏　愪王分　溳王分　霣于敏
	霣古　損穌本　䵣爲贇　隕于敏
圍聲	禮羽非　潿羽非
	位于備
	惠胡桂　蕙古
惠聲	䡴胡計　槥胡計　潓胡計　繐私鋭
	胃云貴
胃聲	喟丘貴　嘳或　謂于貴　渭云貴　媦云貴　緭云貴　闠王勿
胃省聲	彙于貴　蝟或
	褱鉉曰眔非聲户乖
褱聲	懷户乖　瀤户乖　壞下怪　𡋘古　𣀔籀
	鬼居偉　䰠古
鬼聲	瑰公回　餽俱位又音饋　槐户恢　瘣胡罪　傀公回　瓌或　褢户乖
	䫥口猥　嵬五灰　騩居位　媿俱位　愧或　螝讀若潰胡罪　魁苦回
	隗五皋
	夔渠追
	癸居誄　𤼽籀

[illegible]聲	[illegible]彊惟
癸聲	睽苦圭　楑求癸　鄈揆唯　傒其季　騤渠追　湀求癸　闋傾雪　揆求癸
	戣渠追
闋聲	闋五滑
	蕢从貴聲求位　臾古
臾聲	貴居胃
貴聲	遺以追　讃胡對　鞼求位　殨胡對　[illegible]丘媿　饋求位　樻求位
	僓吐猥魚罪二切　穨杜回　[illegible]丘媿　憒胡對　潰胡對　闠胡對　瞶五怪
	[illegible]或　匱求位　繢胡對　隤杜回
	皆古諧
皆聲	瑎讀若諧户皆　喈古諧　龤户皆　諧户皆　[illegible]古諧　楷苦駭　稭古黠
	偕古諧　[illegible]户皆　湝古諧　[illegible]口皆　鍇苦駭　階古諧
	卟古兮
	禾古兮
	幾居衣
幾聲	璣居衣　嘰居衣　趨居衣　譏居衣　[illegible]讀若畿居衣　齸渠稀　鎜渠希
	饑居衣　機居衣　穖居狶　僟巨衣　鼚居衣　蟣居狶
幾省聲	譏居衣
	几居履
几聲	肌居夷　飢居夷　机居履　邔居履　屼居履

	蔽从㕯聲而説文無㕯字苦怪
蔽省聲	郙苦怪
	開苦哀　𨳡古
	凷苦對　塊或
凷聲	届古拜
	启康礼
启聲	啟康礼
啟省聲	⿱啓目苦系　棨康礼　晵康礼　綮康礼
	危魚爲
危聲	祪過委　跪去委　詭過委　觤過委　桅過委　頠語委　恑過委　洈過委
	姽過委　蛫過委　垝過委　陒或　⿰金危讀若跛行過委
	厃魚毀
	𠂤都回
𠂤聲	歸舉韋　⿰𠂤帚籒　追陟隹
歸聲	蘬驅歸　⿱歸見渠追
追聲	槌直類　縋持僞
	沝之壘
	隹職追
隹聲	琟讀若維以追　萑職追　唯以水　趡千水　誰示隹　睢許惟　雖思允
	隼或鵻隼及隼聲入痕寬　脽示隹　椎直追　帷洧悲　⿷匚⿱隹土古　倠許惟 魋杜回

	崔都回　頧直追　㢈都回　碓都隊　騅直追　惟以追　淮户乖　推他回
	婎許惟　维以追　蜼余委　錐直追　陮都皐
唯聲	蓶以水　[口鵻]以沼　雖息遺
隼聲	鎨而尹　準之允
魋聲	譢杜回
淮聲	匯胡罪
推聲	蓷他回
維聲	濰以追
	夂讀若黹陟侈
	黹陟几
黹聲	[衤黹]豬几
	氐丁礼
氐聲	祇旨移　牴都礼　呧都礼　趆都礼　迡都礼　詆都礼　[氐隹]處脂　鴟或
	羝都兮　胝竹尼　柢都礼　邸都礼　衹都兮　[氐見]讀若迷莫兮　底都礼
	底職雉　砥或　[衣氐]讀若氐都兮　泜直尼　抵丁礼　紙都兮　蚳直尼
	[氐䖵]籒　[氐建]古（痕）　坻直尼　[氵又]或　[氵耆]或　軧丁礼　阺丁礼
泜聲	[艹泜]直宜　[泜皿]或
	[尸从]小徐[夂人]聲式脂　尸式脂
尸聲	[尸木]女履　柅或
	[艹囟]式視

	矢式視
矢聲	矤失匕　雉直几　[illegible]古　疾秦悉疾及疾聲字入屑　[illegible]古　[illegible]籀
	彘直例
雉聲	薙他計
疾聲	㑵秦悉　嫉或
彘聲	璏直例
	豕讀与豨同式視　古
豕聲	㒸徐醉　𧕯今說文正篆誤作蠡与古文重茲依嚴可均說改作𧕯从豕聲盧啟
	蠡古
㒸聲	遂徐醉　𨗨古　檖徐醉　顡五怪　䃍徒對　憞徐醉　隊徒對
遂聲	旞徐醉　𣄰或　穟徐醉　蓫或　邃雖遂　襚徐醉　[illegible]徐醉　[illegible]篆
隊聲	墜徒對　鐆徐醉
蠡聲	欚盧啟　[illegible]盧啟
	水式軌
水聲	[illegible]讀若悸求癸
	弟特計　古文从厂聲
弟聲	睇特計　梯土雞　鬀他計　涕他礼　鮷杜兮　娣徒礼　綈杜兮　銻杜兮
稊聲	蕛大兮今說文無稊字而蕛从稊聲蓋脫
	夷以脂
夷聲	荑杜兮　咦以之　侇以脂　羠徐姊　鴺杜兮　鵜或　桋以脂　痍以脂

	洟他計　姨以脂
	㣇讀若弟羊至 籒 古
㣇聲	肄羊至 籒 篆
	采小徐爪聲徐醉　穗或
采聲	褎似又入蕭　袖俗褎
	二而至　弍古
二聲	次七四　𠕁古
弍聲	貳而至
貳聲	膩女利　樲而至　⿰扌貳直異
次聲	茨疾茲　咨卽夷　趑取私　⿰次欠咨四　餈疾資　⿰食齊或　粢或　資卽夷
	佽七四　⿱髟次七四　恣資四　姿卽夷　絘七四　垐疾資　堲古
咨聲	⿰木咨子結
資聲	薋疾茲　⿰禾資卽夷　澬水私卽夷二切
恣省聲	懿乙冀
	尒韵會引从入聲兒氏
尒聲	爾兒氏
爾聲	薾兒氏　邇兒氏　迩古今說文作⿺辶璽　⿵門爾奴礼　籋尼輒　檷讀若柅奴礼
	⿱髟爾讀若江南謂酢母爲⿱髟爾奴礼　镾武夷　瀰奴礼　⿱爾黽式支　璽斯氏　壐籒
璽聲	⿰犭璽息淺　⿰礻豕或⿰犭璽⿰礻豕並入寒　⿰弓璽斯氏　⿰糸璽式支
	靁韵會引畾聲魯回　⿱雨⿰口口古　⿱⿰回回⿰回回古　⿱雨⿰畾畾籒

畾聲	瓃从畾聲而説文無畾蓋从靁省聲象回轉之形餘並同此魯回　藟力軌 鸓力軌　𩆩籀
	櫑魯回　罍或　𥁮或　𦉪籀　儡讀若雷魯回　纍力追　壘力委
	⿰畾力卢對
藟聲	蘽力軌　⿱畾⿰木畾籀
纍聲	欙力追　儽落猥　灅力追
纍省聲	讄小徐畾聲力軌　⿰言纍或
壘聲	灅力軌　鑸落猥
	磊落猥
	耒卢對
耒聲	⿱艹耒卢對　誄力軌　⿰耒阝卢對
	頛讀若春秋陳夏齧(咼)小徐耒聲盧對　頛盧對
頛聲	類力遂　纇盧對
類聲	禷力遂
	戾郎計
戾聲	⿱艹戾郎計　綟郎計
	盭讀若戾郎計
	利力至　𥝢古
利聲	⿸厂利讀若栗(屑)力質
𥝢聲	棃力脂　犂郎奚
𥝢省聲	黎郎奚

⿰黎力聲	⿱艹⿰黎力郎奚　⿰黎牛郎奚　⿺辶⿰黎力郎奚　⿰黎隹郎兮　⿱⿰黎力心郎尸　⿰金⿰黎力郎兮
	履一曰尸聲良止　⿰黎頁古
	豊讀与禮同卢啟
豊聲	禮靈啟　礼古　體他礼　澧盧啟　鱧卢啟　醴卢啟
	厽力几
	𠂔卽里
𠂔聲	趀讀若資取私　迊讀若拾合又若郅（屑）北末　笫阻史　柹鉏里　秭將几　⿸疒𠂔側史
	⿰𠂔見七四　泲子礼　姊將几　⿰金𠂔讀若齊徂奚
次𠂔皆聲	⿰𠂔⿱次皆祖雞　⿱次⿱𠂔皆或
	妻七稽　𡜌古
妻聲	萋七稽　郪七稽　⿱齊妻徂兮　悽七稽　淒七稽　霋七稽　緀七稽
	夊楚危
	齊徂兮
齊聲	薺疾資徂礼二切　嚌在詣　躋祖雞　齏徂兮　劑在詣　齍卽夷　櫅祖雞
	齎祖雞　⿸齊米卽夷　秶或　穧在詣　儕仕皆　⿸齊衣卽夷　齌在詣　濟子礼
	霽子計　擠子計　⿸齊夗祖雞　⿱齊虫徂兮
齊省聲	齋側皆　[illegible]籀
	罪徂賄
	辠徂賄
辠聲	⿱宀辠徂賄　⿰氵辠七辠

	崔胙回
崔聲	催倉回　漼七罪　摧回昨　縗穌對
	綏从妥而説文無妥字小徐以爲當從爪從安省息遺
綏省聲	桵從妥聲大徐以爲當從綏省儒隹
	奞讀若睢息遺
	師疏夷　𡙇古
	厶息夷
厶聲	玜讀与私同息夷　私息夷
私聲	菘息夷
	𡚱息姊　古
	𦃇息利　古
	衰穌禾古入戈灰二部　古
衰聲	榱所追　瘊楚追　縗倉回
	飛甫微
	騛甫微
	非今説文作𩇧甫微
非聲	菲芳尾　𩇟讀若匪非尾　𨂜讀若匪扶味　誹敷尾　𣇮芳微　翡房味
	腓符飛　𩚓非尾　棐敷尾　𧯿薄回　𤷵蒲罪　俳步皆　裵薄回　𩇪甫微
	屝扶沸　斐敷尾　厞扶沸　騑甫微　悲府眉　扉甫微　排步皆　婓芳非
	匪非尾　𧖴房未　蜚或　𩇳房未　輩補妹

匪聲	篚敷尾
	匕卑履
匕聲	牝毗忍　旨職雉　𠮛古　疕卑履　⿰巾匕卑履　尼女夷
旨聲	詣五計　⿰革旨脂利　鴲旨夷　脂旨夷　稽古兮　耆渠脂　⿸尸旨詰利　⿰旨首康禮
	⿸广⿱旨月居履　⿸鹿旨或　恉職雉　鮨旨夷　指職雉
尼聲	柅女履　秜里之　⿸尼毛武夷　泥奴低
耆聲	蓍式脂　嗜常利　榰章移
泥省聲	⿰北尼奴低　[illegible]符未
	比毗至　[illegible]古
比聲	⿰礻比卑履　玭步因玭蠙入先　蠙夏書玭作蠙　芘房脂　枇房脂　秕卑履
	仳芳比　⿰比阝毗必　庇必至　⿰囟比房脂　妣卑履　⿰女匕籒
	紕讀若禹貢玭珠之玭卑履
	坒毗至
⿰囟比聲	⿱艹⿰囟比房脂　膍房脂　肶或　⿰木⿰囟比讀若枇杷房脂　貔房脂　豼或　⿰扌⿰囟比匹齊
	媲匹計　螕邊兮　⿱⿰囟比䖵房脂　蚍或
坒聲	陛旁礼
陛省聲	梐韵會引坒聲邊兮　⿰阝坒邊兮
	肥符非
肥聲	萉房未　⿸广肥或　⿱山⿸广肥符鄙　蜰符非
	枚莫桮　眉武悲

眉聲	瑂武悲　楣武悲　郿武悲　湄武悲　媚美祕
	散從豈省聲鉉案豈字從散省散不應從豈省蓋傳寫之誤疑從耑省耑物初生之題尚散也無非切
散聲	微無非　溦無非
散省聲	豈驅喜
微聲	薇無非　蘶籀　癥無非　籢籀　贚無非
微省聲	徵許歸　黴武悲　徽許歸
豈聲	萓驅喜　齸五來　敳讀若豤（痕）五來　殪五來　剴五來　愷苦亥　饋五困
	皚五來　覬几利　顗魚豈　磑五對　愷苦亥　闓苦亥　螘魚綺
	塏苦亥　鎧苦亥
	美無鄙
美聲	媄無鄙
	尾無斐
尾省聲	犀先稽
尾聲	焜許偉　娓讀若媚無匪
犀聲	遲直尼　迡或　遟籀　徲讀若遲杜兮　墀直泥
	米莫礼
米聲	迷莫兮　鬻武悲俗之六　敉讀若弭咍緜婢　侎或　眯莫禮　寐莫禮
	罙武移　宷或　麋武悲　絲莫禮
宷聲	敹洛蕭
麋聲	蘼靡爲

没部	
	𩰪迂勿
𩰪聲	鬱迂弗　曶呼骨　曶籀
曶聲	⿰木曶呼骨　⿱曶𡘲呼骨　⿷匚曶呼骨
⿱刀曶聲	⿰氵⿱刀曶說文無⿱刀曶字蓋即曶之異體呼骨
	⿸疒言讀若忽火滑
	⿱日叏讀若䫿火劣
	芔許偉
卉聲	賁彼義賁及賁聲賁省聲字入𡈼　𠦒呼骨
賁聲	蕡浮分　噴普𡈼　膹符分　幩符分　僨匹問　歕普魂　豶符分　憤房吻
	濆符分　墳符分　鐼讀若熏火運　轒符分
賁省聲	鼖符分　⿰革賁或　奔小徐卉聲博昆
𠦒聲	⿰食𠦒府文𠦒聲入𡈼　饙或　餴或
	屓小徐自聲許介
	骨古忽
骨聲	⿰齒骨户八　鶻古忽　歄烏八　⿰骨頁讀若魁苦骨　⿰彳骨户骨　滑户八　搰户骨
	縎古忽
	計古詣
	繼韵會引㡭聲而說文無㡭字一曰反㡭爲繼古詣
繼省聲	檵古詣

	旡居未　兂古
旡聲	旣居未
旣聲	蔇居味　嘅苦蓋　槩工代　曁其異　穊几利　慨古溉　溉古代　摡古代
	墍其冀
兂聲	㤅烏代　𢟪古
㤅聲	愛烏代
愛聲	⿱竹愛烏代　僾烏代
	圣讀若兔窟苦骨
圣聲	⿱夂圣苦回　怪古壞
	气去旣
气聲	芞去訖　吃居乙　⿺走气魚訖　齕户骨　訖居迄　刉古外又讀若⿰女豈　⿹气虎魚迄
	麧乎没　杚古没　秔居气　氣許旣　槩或　餼或　仡魚訖　⿰气欠居气
	⿰气頁苦骨　忥許旣　汔許訖　紇下没　圪魚迄　釳許訖
氣聲	愾許旣　鎎許旣
	器去冀
	棄詰利　弃古　棄籀
	刖讀若兀五忽
	兀讀若敻（寒）五忽
兀聲	髡苦昆髡髡入竃　髡或　扤五忽　虺許偉　阢五忽
	窋丁滑

	對都隊　對或
對聲	⿰亻對都隊　懟丈淚　轛追萃
	云他骨　㐬或即易突字
	出尺律
出聲	茁鄒滑　咄當没　趉讀若無尾之屈瞿勿　⿰齒出仕乙　詘区勿　⿰言屈或
	柮讀若爾雅貀無前足之貀女滑切　⿸疒出五忽　屈九勿　欪讀若卉丑律
	⿰出頁之出讀又若骨　貀女滑　炪讀若巧拙之拙職説　黜丑律 泏讀若窋竹律又口兀
	聉讀若孼五滑　拙职说　絀丑律　⿰虫出区勿
屈聲	⿱艹屈區勿　鶌九勿　⿰屈刂九勿　崛衢勿　淈古忽　掘衢勿　堀苦骨
屈省聲	堀苦骨　復他内　⿰彳内或　退古
	丨引而下行讀若復古本
	突徒骨
	秫食聿　朮或
朮聲	⿱艹朮直律　述食聿　⿺辶術籒　術食聿　訹思律　⿰犭朮讀若欻食聿　怵丑律
	沭食聿　⿸厂朮翾聿　鉥食聿
述聲	蒁食聿
	矞小徐冏聲余律
矞聲	噊余律　⿺走矞余律　遹余律　譎古穴　鷸余律　⿺辶鷸或　劀古鎋　橘居聿
	⿱穴矞呼決　驈食聿　憰古穴　潏古穴　繘余聿　⿰絲矞古　⿰⿱矞絲籒　⿰虫矞余律
	⿰酉矞居律

	[illegible]徐姊　兕古
	示神至　[illegible]古
示聲	祋丁外　柰奴带　祁巨支　狋語其讀若銀（痕）
柰聲	隸郎計　隸篆　渿奴带
隸聲	欞郎計
	視小徐示聲神至　[illegible]古　眡古
	隶徒耐
隶聲	逮徒耐　隸讀若虺許介　殔羊至　棣特計　肆息利　鬒或　㥛他骨
肆聲	蕼息利
	内奴对
内聲	芮讀若汭而鋭　笍陟衛　肭女六　汭而鋭　納奴荅納軜䲅並入怗　軜奴荅
芮聲	蜹而鋭
納聲	䲅奴荅
	㕯小徐内聲女滑
㕯聲	巂从㕯聲巂及巂聲字並入齊
巂聲	讗讀若畫（錫）呼麥　鞪山垂　觿户圭　酅户圭　瓗以水　儶户圭　㩗户圭 攜户圭　孈讀若隓（戈）式吹　纗户圭　蠵户圭　蝬司馬相如説從夐（寒） 鑴户圭
	裔余制（齊）　㒽古
	訥内骨
	逮小徐隶聲力至

	卒臧没
卒聲	萃讀若瘁秦醉　啐七外　⿰齒卒昨没　踤昨没　誶雖遂　翠七醉　⿰女卒子聿
	粹雖遂　窣蘇骨　顇秦醉　崒醉绥　碎苏对　猝麤没　焠七内
	悴讀与易萃卦同秦醉　淬七内　捽昨没　⿰卒瓦蘇對
翠聲	濢遵誄
綷省聲	⿰粹卒説文無綷字子對　醉將遂
	自疾二　⿱一自古
自聲	詯讀若反目相睞之睞（咍）荒内　郋讀若奚胡雞　臮其冀　臬古　洎其冀
	垍讀若臮其冀
臮聲	⿰氵臮其冀
	⿴凵一此亦自字疾二
⿴凵一聲	⿱立⿴凵一他计　普或　替或
	率所律
率聲	⿰口率讀若㕞所劣　⿺辶率疏密　⿴行率所律　⿰率率所律
	帥小徐𠂤聲所律　帨或小徐兑聲又音税（末）
帥聲	⿱帥月吕戍　膟或　⿱帥虫所律
	四息利　⿰丌丌古　亖籀
四聲	牭息利　⿰牛亖籀　呬虚器　柶息利　駟息利　泗息利
	祟小徐出聲雖遂　⿰祟夒籀
祟聲	⿰祟又讀若贅（末）之芮　⿰祟鳥辛聿

𣪊聲	𧂇麤最　𥨍讀若虞書𥨍三苗之𥨍（末）麤最　𢟪讀若𤚥（末）此芮　𩮨租外
	㇏讀與弗同分勿
㇏聲	𡯁讀若輟（末）子結
	弗分勿
弗聲	茀分勿　咈符弗　𨂃敷勿　昲普未　刜分勿　柫敷勿　費房未　佛敷勿
	髴敷勿　艴蒲没　笰敷勿　炥普活　𢐀讀若予違汝弼房密　怫符弗
	沸分勿又方未　拂敷物　紼分勿
費聲	櫠房未
笰聲	趙敷勿
沸聲	𩱧芳未
	轡兵媚
	閉博計
	筆鄙密
	甶敷勿
甶聲	畀必至
畀聲	箅必至　𧶬于貴　痹必至　淠匹備又匹制
	胐小徐出聲普乃又芳尾
	𧰨讀若虙羲氏之虙小徐豕聲豕籀文𩲡字房六
	孛蒲妹
孛聲	誖蒲没　悖或　𢡟籀　𩱿蒲没　郣蒲没　勃蒲没

𤍽聲	觱卑吉　⿱𤍽夊敷勿　鼻父二
鼻聲	濞匹備
	奰讀若易宓羲氏之宓平祕
奰聲	⿰丬奰平祕
	丿房密
	𠬛讀若沫莫勃
𠬛聲	⿰王𠬛讀若没莫悖　⿰𠬛頁烏没
	⿰氵𠬛小徐𠬛聲莫勃
	勿文弗　𣃗或
勿聲	芴文弗　物文弗　吻武粉吻脗入黽　脗或　昒莫佩　歾莫勃　⿰歹𠬛或
	昒呼骨　忽呼骨
忽聲	⿰風忽呼骨
	未無沸
未聲	味無沸　眛莫佩　昧莫佩　㾕密二　沬荒内　頪古　妹莫佩
味聲	菋無沸
	鬽密祕　魅或　[illegible]古　[illegible]今説文説解云籀文從彖首從尾省聲知古籀互易也
[illegible]聲	[illegible]芳未

整理者趙曉梅、趙曉冬注：先祖父此部分遺稿定稿眷正後，他又在没部中爲“𢊁”字加了眉批（十五字），并於该部末爲其他𢊁聲字作了補叙（六十七字）。我們製作電子版時認真研讀了這些眉批和補叙，并一一并入了没部正文。

痕部	
	殷於身
殷聲	慇於巾
	𢀞讀与隱同於謹
𢀞聲	㥯於靳
㥯聲	䥆烏困　檼於靳　濦於謹　隱於謹
隱省聲	檃於謹
	乚讀若隱於謹
	筋居銀　巾居銀
	斤舉欣
斤聲	祈渠稀祈蚚入灰　芹巨巾　听宜引　赾讀若菫丘菫　近渠遴　岓古
	齗語斤　訢許斤　靳居近　虒語斤　昕讀若希（灰）許斤　旂渠希 欣許斤
	犷語斤　忻許斤　沂魚衣集韵魚斤　蚚巨衣
近聲	菦巨巾
欣聲	掀虛言
犷聲	𧆞語斤　蘄今說文此字從艸蘄聲而無蘄字茲依鉉語改爲𧆞之重文渠支（灰）
沂聲	𨑫魚僅
	𡎸巨斤　𡉚古　𦱤古
堇聲	瑾居隱　堇居隱　謹居隱 𪄻那干𪄻暵及𪄻聲𪄻省聲難聲難省聲歎省聲漢省聲之字並入寒
	難或　𩀟古　𩁷古　䧺古　殣渠吝　饉渠吝　鄞語巾　暵呼旰

	瘽巨巾 僅渠吝 覲渠吝 廑巨巾 㨷居焮 螼棄忍 墐渠吝 勤巨巾
鷬聲	蘸呼旰
鷬省聲	歎他案 鸂籀 灘呼旰又他干 灘俗
難聲	蘸如延 戁奴案 儺諾何儺䰉入歌 戁女版
難省聲	䰉讀若詩受福不儺諾何 漢呼旰 㵹古
歎省聲	嘆他案
漢省聲	熯人善
	艮古恨
艮聲	珢語巾 很胡懇 齦康很 跟古痕 峎或 詪胡懇 鞎户恩 眼五限
	根古痕 痕户恩 𩒱古恨 豤康很 狠五還 恨胡艮 垠語斤
	圻或
	艱古閑 囏籀（哈） 銀語巾 限呼簡
	犾語斤
	嚚語巾
	釿宜引
	㐱之忍
㐱聲	駗張人
	典多殄 䈇古
典聲	琠多殄 敟多殄 腆他典 [illegible]古 悿他典 錪他典
	辰从厂聲鉉曰厂非聲疑亦象物之出植鄰 𠩺古

辰聲	祳時忍　㖘側鄰　踬側鄰　晨食鄰　脣食倫　𩑶古　𦥾植鄰
	賑之忍　曟植鄰　晨或　宸植鄰　屒珍忍　㰮讀若蜃時忍　麎植鄰
	震章刃　𩆂籒　振章刃　娠失人　蜃時忍　陙食倫
脣聲	漘常倫
晨聲	鷐植鄰
	刃而振
刃聲	牣而震　訒而振　杒而震　㠊而振　仞而震　忍而軫　汈乃見　紉女鄰
	軔而振
忍聲	荵而軫
	薦作甸
薦聲	鑳作甸　瀳在甸讀若尊（黿）
	齔小徐七聲初堇
	先穌前
先聲	跣穌典　詵所臻　侁所臻　毨讀若選（桓）穌典　駪所臻　洗穌典　姺所臻
	銑穌典　𤘍所臻
	𠧧先稽　棲或　卤古　卥籒
西聲	茜倉見　洒先礼　垔於真　𡋦古　陻或
垔聲	禋於真　𥛷籒　𢹂烏閑　鄄吉掾　煙烏前　烟或　𡪞古　𩃯籒
	湮於真　闉於真　𦣝於進　甄居延
甄聲	𦺢側鄰

魂部

	昷烏渾
昷聲	唱烏没　殟烏没　熅於云　愠於問　溫烏竃　搵烏困　媪讀若奥（蕭）烏皓
	緼於云　轀烏竃　醖於問
溫聲	薀於粉
	壼於云
	熏許云
熏聲	薰許云　纁許云　壎況袁　勳許云　勛古　醺許云
	昏氐省一曰民聲呼昆
昏聲	䳰武巾　顝莫奔　惛呼昆　閽呼昆　捪武巾　婚呼昆　䎽籒　緍武巾
	錉武巾
昬聲	敯眉殞 殙呼昆案昬昏當是重文唐人避諱闕昬字其偏旁亦例改從氏唯腤𪇰殙𧓸四字 则改之未盡者也
敯聲	𩭌案敯聲卽敯聲也武巾
䎽聲	𨎗讀若閔眉殞
	圂胡困
圂聲	棞胡昆　橐胡本　慁胡困　溷胡困　搰户骨
	雲王分　云古　古
雲聲	澐王分
云聲	芸王分　囩羽巾　䢵讀若春秋傳曰宋皇鄖羽文　魂户昆　妘魚吻

	沄讀若混王分　抎于敏　妘王分　䵚籀
	蚰讀若昆古黿　昆小余比聲古渾
昆聲	琨古渾　瑻或（棍）　焜孤本　混胡本　掍古本　緄古本　輥古本
	䵪古黿
䵪聲	蔂古渾
	君舉云　[illegible]古
君聲	莙讀若威（灰）渠殞　羣渠云　郡渠運　宭渠云　窘渠殞　帬渠云　裠或
	頵於倫　涒他昆　輑讀若帬又讀若褌牛尹
羣聲	䜭渠云
	軍舉云
軍聲	葷許云　喗牛殞　運王問　齳魚吻　韗讀若運王問　韗或　暉古鈍
	翬許歸入灰　鶤讀若運古渾　餫王問　楎讀若渾天之渾户昆　鄆王問
	暉許歸入灰　幝古渾　褌或　倱吾昆　鼲乎昆　煇許韋集韵許云切
	惲於粉　渾户昆　揮許歸集韵胡昆切　緷王問　鞾户昆　輝乎昆
	丨古本
	睔古本　坤苦昆
	壼苦本
	困苦悶　朱古
困聲	梱苦本　悃苦本
	囷去倫

困聲	菌渠殞　趣丘忿　踊苦本　箘渠隕　稛韵會引困聲苦本
	頵玉篇廣韵集韵類篇皆從囷作頵苦昆
囷省聲	麇居筠　麕籒
聲麇	攟居運
	屯陟倫
屯聲	萅昌純　肫章倫　笹徒損　杶敕倫　櫄或　杻古　邨此尊　窀陟倫
	頓都困　庉徒損　黗他衮　奄讀若鶉常倫
	純常倫　鈍徒困　軘徒魂
萅聲	僢尺允　蠢舒閏　惷尺允　蠶尺尹　蟄古
	穿昌緣
	川昌緣
川聲	巡詳遵　訓許運　馴詳遵　紃詳遵　軓敕倫
	舛昌兖　蹖揚雄
舛聲	舜舒閏　叁古
舜聲	蕣舒閏
	豚徒魂　豚篆
	遯小徐豚聲徒困
	屍徒魂　脽或　臀或
屍聲	殿堂練
殿聲	簸徒魂　澱堂練

殿省聲	黶堂練
	盾食閏
盾聲	遁徒困　循詳遵　腯他骨　楯食允　㡒讀若易屯卦之屯陟倫　揗食尹
	順小徐川聲食閏
	臺讀若純常倫　臺篆
臺聲	犉如吻　啍他昆　諄讀若庉章倫　孰殊六入蕭　敦都昆又丁回　䐇之閏
	䨻常倫　焞他昆　䵍丁罪　惇都昆　淳常倫　弴都昆　埻讀若準之允
	錞徒對　醇常倫
敦聲	黺度官　憝徒對　鐜都回
	尹余準　古
尹聲	笋羊捶入戈　䪾余準
	㕣以轉　容古
㕣聲	沿与專　鉛与專
鉛省聲	船食川
	侖力屯　龠籀
侖聲	論盧昆　棆讀若易卦屯陟倫　倫力屯　惀盧昆　淪力迍　掄盧昆　綸古還
	蜦讀若戾艸入灰力屯　蜧或　輪力屯　陯盧昆
	䢖祖昆　尊或
尊聲	壿慈損　蕁慈損　噂子損　遵將倫　蹲徂尊　劗慈損　僔慈損　鱒慈損
	繜子昆　鐏徂寸

	寸倉困
寸聲	刌倉本
	孫思寬
孫聲	遜蘇困　愻蘇困
	飧思寬
	豩伯貧又呼関
豩聲	燹穌典
燹聲	𨷲撫文
	本布忖　楍古
本聲	笨布忖
	分甫文
分聲	氛符分　雰或　芬撫文　芬或　釁虛振　攽讀与彬同布還　盼匹莧
	羒符分　鳻甫文　盆步奔　枌扶分　棼符分　貧符巾　⿱穴分古　邠補巾
	豳或韵會引豩聲　粉方吻　⿱分巾撫文　份府巾　彬古從焚省聲　衯撫文
	頒布還　鼢芳吻　蚡或　忿粉敷　汾符分　魵符分　扮讀若粉房吻
	紛撫文　坋房吻
芬聲	梤撫文
釁聲	虋莫奔
彬聲	斌布還
	黺方吻

	奮方問
奮聲	幩方吻
	𢿝方問
𢿝聲	𥣬讀若靡(戈)扶沸　濆方問
	門莫奔
門聲	問亡運　誾語巾　闅無分　悶莫困　聞無分　䎽古　捫莫奔　閩武巾
	文無分
文聲	玟莫桮　吝良忍　䰚古　虔讀若矜渠焉虔及虔聲入寒　旻武巾　駇無分
	忞讀若旻武巾　汶亡運　閔眉殞　𣌭古　紊亡運
吝聲	麐力珍
虔聲	䞴讀若愆去虔　鄺渠焉　掮巨言
閔聲	潣眉殞
	彣無分
	免説文無免字案逸下説解云免謾訑善逃也因知解免字正作免以爲毚免字則入模以爲解免字則入寃耳莫辯
免聲	鞔母官　晩武限　晚無遠　冕亡辨　絻或　浼武辠　鮸亡辨
	𪕽小徐又讀若幡芳萬　勉亡辨　輓無遠

齊部	齊
	醯呼雞　兮胡雞
兮聲	盻胡計
	匸讀与徯同胡礼
	支章移　古
支聲	芰奇寄　茤杜林芰字入歌　翅巨之　跂巨支　䡹魚綺　豭施智　翄或
	⿰支隹章移　枝章移　⿰支阝巨支　岐或　格古　技是義　豉俗　伎渠綺
	攱去智　屐奇逆　頍丘弭　鬾奇寄　䞸去其　馶章移　忮之義　汥章移
	技渠綺　妓讀若跂行渠綺　蚑巨支
豭省聲	扇式戰扇及扇聲字並入寒
扇聲	傓式戰　⿰虫扇式戰
枝聲	⿰貝桼讀若規己恚
	巵章移
	知陟离　⿰知亏知義　⿸知亏古
⿰知亏聲	⿰氵⿰知亏讀若⿰米啻（錫）竹隻
⿰知亏省聲	⿰知見才的　⿸知黽陟离　⿸知虫或　⿸知日陟离
	只諸氏
只聲	迟綺戟　齞研繭　胑章移　肢或　枳諸氏　積職雉　疻諸氏　伿以豉
	咫諸氏
	抧讀若抵掌之抵諸氏　軹諸氏

伿聲	𥄂讀若醫（寒）胡礼
	是承旨　昰籀
是聲	禔市支　蒠是支　趧都兮　徥是支　踶特計　諟承旨　鞮都兮
	瑅讀若耳瑱之瑱入先他計　䮛俱豉　篡是支　寔常隻　匙是支　禔杜兮
	䶏杜兮　題杜兮　騠杜兮　偍都兮　湜常職　提杜兮　媞承旨　緹他礼
	祇或　堤丁礼　隄都兮
	謚神至
	厂余制
厂聲	延以然延及延聲字並入寒　虒息移　身失人韵會引昌省聲身傳入先 㕯讀若移（歌）以支
	戹五果戹姬入戈　系胡計　蠶或　𦃃籀　曳余制
延聲	唌夕連　誕徒旱　㢟籀　筵以然　梴丑連　郔以然　裖式連　碮尺戰
	挻式連　鋋市連
虒聲	褫息移　嗁杜兮　𧽯讀若池（歌）直离　遞特計　蹏杜兮　鷈直离　篪或
	䮬土雞　䚦敕豕　榹息移　褫讀若池（歌）直离　歋以支　𪊨息移
	㔸讀若移（歌）移尔　㴲息移　縸都兮　鍦杜兮
身聲	傳失人
戹聲	姬五果
系聲	係胡計　鯀古本鯀鰥入寬
鯀聲	𪍓胡本
𦃃省聲	奚胡雞

奚聲	傒胡計　蹊或　謑胡禮　謑或　鞵户佳　雞古兮　鷄籀　膎户皆
	豯胡雞　騱胡雞　鼷胡雞　谿苦兮　⿰女奚胡雞　螇胡雞　⿰奚黽胡雞
曳聲	⿰王曳余制　⿰忄曳余制
	兒汝移
兒聲	齯五雞　誽女家　⿰兒攴五計　睨研計　鶃五歷　鷊或　⿰赤鳥司馬相如鶃字
	觬研啟　郳五雞　倪五雞　⿰兒見五計　屔五歷　麑五雞　霓五雞　鯢五雞
	婗五雞　蜺五雞　輗五雞　⿰車宜或（歌）　棿或
	呰將此
	此雌氏
此聲	祡仕皆　褃古（戈）　玼千礼　茈將此　呰將此　⿺走此側氏　訾將此　眥在詣
	雌此移　⿱此韭此思　鴜即夷　骴資四　⿰月此或從肉轉寫脱據説解補　觜遵爲
	柴士佳　貲即夷　疵疾咨　㰣前智　⿺辶訾即移　⿰此馬雌氏　⿱此鼠即移　⿱大此火戒
	泚千礼　⿱此黑祖礼　⿰扌此側氏　⿱此羊前智　姕即移　紫將此　鈭即移
柴省聲	齜讀若柴仕街

齊部	撮
	圭古畦　珪古
圭聲	茥苦圭　哇讀若醫（咍）於佳　趌讀若跬同丘弭　街古膎　卦古壞 䆨苦圭　刲苦圭
	䅅古携　觟下瓦　桂古恵　邽古畦　窐烏瓜　佳古膎　崖五佳　䴚古携
	烓讀若同口迥烓耿褧入青　奎苦圭　奊胡結　恚於避　洼一佳又於瓜切 ⿱黽土户圭
	闺古携　挂古賣　娃於佳　絓胡卦　⿱圭虫烏蝸　鼃烏蝸　畦户圭　鞋户圭
佳省聲	詿小徐圭聲古賣
窐聲	溛一頛又屋瓜切
烓省聲	耿古杏
耿聲	褧去頛
恚聲	娡於避
鞋聲	蘳讀若壞（灰）乎瓦
	規小徐見聲居随
規聲	鬹讀若媯（戈）居随　嫢讀若癸（灰）居随　窺去隓　闚去隓
	乖古懐
	巫讀若乖古懐
	𦫳讀若乖工瓦
	卑補移
卑聲	萆扶歷　鞞并頂　䡟辟米　⿰門卑讀若罷（戈）府移　髀并弭　踋古　脾符支
	箄并弭　鼙部迷　錍符支　椑部迷　郫符支　稗旁卦　䵗并弭　粺旁卦

	俾并弭　裨府移　顛匹米　䙖府移　庳便俾或讀若逋入模　碑府眉　猈薄蟹
	郫傍下　鼙符真入先　捭北買　婢便俾　甈部迷　蠯匹標　蜱或
	埤符支　錍府移　陴符支　鞞籒
箄聲	潷匹卦
庳聲	廳莆猛
	𦍒縣婢

錫部	齊
	益伊昔
益聲	嗌伊昔　𦍌籀　齸伊昔又呼狄切　謚伊昔　⿰鼠益於革　貖或　溢夷質
	搤於革　縊於賜　蠲古玄
𦍌聲	𨺎烏懈　隘籀
	鬩許激
	覡胡狄
	毄古歷
毄聲	⿰王毄讀若鬲郎擊　⿱艹毄古歷　⿰毄虎讀若鬲古覈　罊苦計　檕古詣　⿰毄欠許壁
	礊楷革　⿱毄心苦計　擊古歷　⿱毄女苦賣　繫古詣　墼古歷　⿱毄鬲古歷
繫聲	蘻古詣
	解佳買又戶賣切
解聲	薢胡買　懈古隘　澥胡買　蟹胡買　䲒或　⿰阝解胡買
	彳丑亦
	易羊益
易聲	舓神旨　䑛或（歌）　敡以豉　睗施隻　⿰骨易讀若易曰夕惕若厲他歷
	餳徐盈入青　賜斯義　暘羊益　⿰犭易羊益　偒以豉　禓先擊　鬄先彳又大計切
	髢或（歌）　⿰鬄刂他計　⿰犭易陟革　惕他歷　惖或　緆先擊　⿸厂易或　錫先擊
賜聲	⿱艹賜斯義
	豸池爾

	廌宅買
	秝郎擊
秝聲	厤郎擊
厤聲	歷郎擊　曆郎擊
歷聲	櫪郎擊　⿸厂瀝郎擊　瀝郎擊
	鬲郎激　⿰鬲瓦或　⿸厂⿰秝瓦漢令鬲从厤聲
鬲聲	蒚力的　翮下革　槅古覈　䰙讀若擊楷革　⿰石鬲下革　搹於革　扼或
	隔古覈　⿰酉鬲郎擊
	⿲弓鬲弓古文　鬲郎激
	⿱朿鬲資昔
⿱朿鬲聲	蹐資昔　膌資昔　⿸疒朿古　鰿資昔
	冊楚革　笧古
冊聲	⿱冊曰楚革　柵楚革
	朿七賜
朿聲	帝都計　帝古　茦楚革　趚資昔　⿱此朿遵誄　誎七賜　⿰朿攵楚革
	刺七賜　策楚革　責側革　洓所責
帝聲	禘特計　啻讀若鞮（齊）施智　諦都計　締特計
啻聲	適施隻　謫陟革　敵徒歷　⿰黹啻直隻　樀讀若滴都歷　⿰衤啇他計　滴都歷
	摘他歷又竹戹切　嫡都歷　鏑都歷
適聲	擿直隻

適省聲	蹢小徐啻聲直隻　鷉小徐啻聲都歷
敕聲	蔌楚革
刺聲	莿七賜
責聲	嘖士革　謮或　齰士革　積子賜　簀阻厄　積則歷　幘側革　磧七迹
	漬前智　嫧側革　績則歷
	析小徐斤聲先激
析聲	晳先擊　淅先擊　蜥先擊

錫部	擫
	畫胡麥　𦘸古　劃古
畫聲	䌩呼麥　嫿呼麥
	狊古闃小徐目聲
狊聲	鶪古闃　䳟或　郹古闃
鶪聲	虉五狄
	役營隻　伇古
役聲	柀与辟
役省聲	疫營隻　殺營隻　投營隻
	辟必益
	𣏟匹卦
	𠂢讀若稗匹卦
𠂢聲	脈莫獲　派匹賣　𥿯匹卦
	辟父益
辟聲	璧比激　薜蒲計　躄必益　避毗義　譬匹至　𩥭普擊　臂卑義　劈普擊
	檗博戹　糪博戹　幦莫狄　僻普擊　襞必益　廦比激　𠩥普擊　闢房益
	𨳈虞書作　擘博戹　嬖博計　甓扶歷　繴博戹　壁比激
	冖莫狄
冖聲	冟讀若適施隻　鼏莫狄
鼏聲	蠠彌必　蜜或（屑）

	糸讀若覛莫狄  古
糸聲	縈如壘
	買小徐貝聲莫蟹
買聲	䁹莫佳 𣸏莫蟹
	賣莫邂
	覛莫狄 䚔籀 衇莫獲 脈或 𧖴籀
脈聲	霢莫獲

青部	齊
	賏烏莖
賏聲	䁝烏莖　罌烏莖　嬰於盈
嬰聲	嚶烏莖　鸚烏莖　郹於郢　癭於郢　瘿於郢　纓於盈
	𢍰胡耿
𢍰聲	婞胡頂　緈讀若陘胡頂
	敬居慶
敬聲	璥居領　警己皿　檠巨京　儆居影　驚舉卿　憼居影
	磬苦定　殸籀　硜古
殸聲	謦去挺　罄苦定　馨呼形　漀去挺　聲書盈　䡖口莖
	丁當經
丁聲	玎當經　艼天經　訂他頂　靪當經　亭特丁　朾宅耕　頂都挺　𩠐或
	𩕄籀　汀他丁　𣲷或　町他頂　釘當經　𨸝當經　成氏征　𢦩古
成聲	誠氏征　盛氏征　郕氏征　宬氏征　城氏征　𩫨籀
	鼎籀文以鼎爲貞字都挺
	貞一曰鼎省聲京房説陟盈
貞聲	禎陟盈　楨陟盈　湞陟盈　隕陟盈
	正之盛　𤴓古　𤴔古
正聲	𨑹諸盈　征或　延諸盈　証之盛　整之郢　政之盛　竀救貞　䋊諸盈
	鉦諸盈

	壬他鼎
壬聲	呈直貞　廷特丁　聽他定
壬省聲	巠古灵　垩古
呈聲	逞丑郢　徎丑郢　桯他丁　郢以整　𨛍或　程直貞　裎丑郢　聖式正
	戜徒結戜及戜聲㦽聲入屑　酲直貞
廷聲	珽他鼎　莛特丁　筳特丁　梃徒頂　侹徒頂　頲他鼎　庭特丁　霆特丁
	挺徒鼎　娗徒鼎　綎他丁　蜓徒典　鋌徒鼎
巠聲	莖户耕　牼口莖　徑居正　羥口莖　脛胡定　剄古零　桱古零　窒去徑
	痙其頸　頸居郢　巠户經　䋁敕貞　䞓或　赬或　浾或　泟或
	悙胡頂　涇古靈　鯉仇成　娙五莖　經九丁　蛵户經　勁吉正　鋞户經
	輕去盈　陘户經
輕聲	鑋讀若春秋傳曰鑋而乘它車苦定
聖聲	檉敕貞
戜聲	㦽讀若詩㦽㦽大猷直質
㦽聲	䟄讀若詩威儀秩秩直質　驖他結
	鐵天結
	銕或
	銕古（灰）
	定徒徑
定聲	錠丁定

	盈以成
盈聲	楹以成　𦁜讀与聽同他丁　䋼或
	寍奴丁
寍聲	薴女庚　寧奴丁　[illegible]奴丁
寧聲	濘乃定
寧省聲	甯乃定
	霝郎丁
霝聲	靈郎丁　靈或　蘦郎丁　鑩郎丁　欞郎丁　酃郎丁　䨼郎丁　麢郎丁
	龗郎丁　孁郎丁　𧕅郎丁
	晶子盈
	井子郢
井聲	[illegible]疾正　耕古莖　阱疾正　穽或　[illegible]古　刑户經　邢户經　妌疾正
刑聲	型户經　鉶户經
	爭側莖
爭聲	琤楚耕　䔳側莖　諍側迸　箏側莖　靜疾郢　䫀疾正　竫疾郢
	淨士耕又才性切　䋊讀若旌側莖　埩疾郢　錚側莖
靜聲	瀞疾正
	青倉經　古
青聲	菁子盈　請七井　䯁子盈　精子盈　倩倉見　靚疾正　𢒈疾郢　崝七耕
	猜倉才切入咍部　靖疾郢　情疾盈　清七情　凊七正　婧七正　綪倉絢

	蜻子盈
靚聲	瀞七定
	觲息營讀若詩弲弲角弓則入桓
觲省聲	垟息營
	生所庚
生聲	牲所庚　眚所景　胜桑經　笙所庚　旌子盈　曐桑經　[illegible]古　星或
	殅疾盈　性息正　鮏桑經　姓息正　甥所更
星聲	腥穌佞　猩桑經
	省所景　㞦古
聲省	梢讀若驪駕桉漢平紀立軺併馬服虔曰併馬驪駕也蓋言讀若驪駕之併所綆 渻息井　媘所景
	蛸息正

青部	撮
	熒户扃
熒省聲	瑩烏定　謍余傾　褮烏莖　榮永兵　禜户扃　營余傾
	袋讀若詩曰葛藟縈之一曰若靜女其袾（㑀）於營　滎户扃　嫈烏莖　縈於營 塋於傾　鎣讀若銑（痕）烏定
	鞶讀若𦨇張營　醟爲命
瑩省聲	棥烏迥
榮聲	蘖於營　嶸户萌
榮省聲	營户扃　鶯烏莖
營省聲	禜爲命　𦨇渠營
	炅古迥
	冂古熒　冋古　坰或
冂聲	冥莫經
	鼏今説文此字但有説解無篆體古熒
冋聲	迥户穎　詗朽正　高去潁　廎或　駉古熒　炯古迥　泂户褧　扃古熒
	絅古熒
冥聲	蓂莫歷　瞑武延　鄍莫經　幎莫狄　覭莫經　溟莫經　嫇莫經　螟莫經
冥省聲	汨莫狄
	頃去營
頃聲	穎余頃　傾去營　熲古迥　潁余頃　隕去營
	檾小徐熒省聲去穎

	甹普丁
甹聲	鴨讀若馨呼形　梬以整　俜普丁　騁丑郢　聘匹正　娉匹正
甹省聲	甹讀若亭特丁
諤聲	德說文無諤字普丁
	平符兵　𠀭古
平聲	苹符兵　抨普耕　枰蒲兵　鮃薄經　泙符兵　抨普耕　坪皮命
苹聲	萍薄經
	名武并
	鳴武兵

模部

	烏哀都  古  象古文烏省
烏聲	瑦安古 鰞讀若鄔安古 鄔安古 歍哀都 隖安古
聲	菸央居 瘀依倨 淤依據 閼烏割入曷
	亞衣駕
亞聲	啞於革 𧩙宛古 惡烏各 蝁烏各 堊烏各 錏烏牙
	晉衣駕
	虍荒烏
虍聲	鬳牛建入寒唐本從虔省聲 雐荒烏 䖒許羈 虜郎古 虛丘如又朽居切 慮良據
	𠚑讀若盧洛乎  篆 鑪籀
鬳聲	獻許建獻甗入寒 甗讀若言魚蹇
獻聲	瓛胡官入桓其餘獻聲字及𣟄並入曷 齾五鎋 𣟄五葛 櫱或  古  古
𣟄省聲	𨏒小徐獻聲五葛
雐聲	虧去爲虧虧入戈 虧或
䖒聲	戲香義
虜聲	𢊍讀若鹵郎古 [illegible]郎古 鑥郎古
虛聲	噓朽居 歔朽居 魖朽居
慮聲	勴良倨 鑢良據
𠚑聲	盧洛乎 [illegible]籀
盧聲	蘆落乎 驢洛乎 臚力居 膚籀 籚洛乎 櫨落胡 艫洛乎 顱洛乎

	𩯀洛乎　廬力居　驢力居　黸洛乎　攎洛乎　纑洛乎　壚洛乎　鑪洛故
	虎呼古　古　古
虎聲	琥呼古　虤虎烏
	襾讀若晋呼訝
襾聲	賈公户
賈聲	檟古雅
	乎户吴
乎聲	呼荒烏　評荒烏　虖荒烏　枰他乎
虖聲	嘑荒烏　謼荒故　罅呼迓　樗丑居　鄠呼古　歑虎烏　罅呼訝　隭或
	壺户吴
	户矦古　戽古
户聲	雇矦古　鶚或　鳸籀　扈胡古　岵古（添）　妒當故
	索讀若阡陌之陌（鐸）亡百　所疏舉
雇聲	顧古慕
所聲	齭讀若楚創舉
	笠胡誤　互或
互聲	枑胡誤　罡胡誤
	亏羽俱
于聲	玗羽俱　芋王遇　吁況于　迂億俱　訏況于　靬羽俱　盱況于　竽羽俱
	盂羽俱　杅哀都　雩況于　荂或　邘況于又讀若區（侯）　宇王榘

	寓籀 衧羽俱 夸苦瓜 㣃乙于 忓讀若吁況于 汙烏故 雩羽俱
	𦐤或 扜億俱 弙哀都 紆億俱
荂聲	𨂮苦化
夸聲	跨苦化 誇苦瓜 胯苦故 刳苦孤 瓠胡誤 侉苦瓜 匏薄交 洿哀都
	絝苦故
汙聲	㚥胡古
雩聲	謣羽俱 𧪂或 樗讀若華乎化 檴或 鄠胡古
	雨王矩 𠕲古
雨省聲	黍舒呂
	羽王矩
羽聲	詡況羽 栩況羽 𨛫王榘 䨒王矩
	禹王矩 𠖓古
禹聲	瑀王矩 萭王矩 𤞤區禹 齲或 踽區主 楀王矩 鄅讀若規榘之榘王榘
	䨞王矩 聥王矩
	下胡雅胡駕二切 下篆
下聲	苄矦古
	夏胡雅 𡕾古
	𣐿互瓜 釫或
	叚乎加
	蕐戶瓜

蕐聲	譁呼瓜
蕐省聲	崋胡化
	夃古乎
	古公户　𠖠古
古聲	祜候古　苦康杜　詁公户　鬍户吴　故古慕　𣧘苦孤
	敢古覽敢及𣪊聲厰聲嚴聲字並入添　𣪊籀　𢽤古　胡户孤　𥂳公户　枯苦孤
	固古慕　黏户吴　粘或　𤵸古慕　罟公户　岵侯古　居侯古　怙侯古
	沽古胡　盬公户　姑古胡　蛄古乎　辜古乎　𦨶古　酤古乎
苦聲	楛侯古
𣪊聲	譀下闞　誌俗　厰魚音　㺖荒檻　黤於檻　闞苦濫
厰聲	嚴語杴　𡆢古
嚴聲	𡆇五銜　𥷍語杴　儼魚儉　巖五緘　礹五銜
胡聲	瑚户吴　餬户吴　鶘户吴　湖户吴
固聲	𦯬古慕　箇古賀　棝古慕　涸讀若狐貈之貈（蕭）下各切　𣾰亦　婟胡誤
	錮古慕
辜聲	嫴古胡
酤聲	𦸗苦步　蠱公户
	[illegible]讀若瞽公户
	鼓公户　𪔜籀
鼓聲	瞽公户

	居九魚　踞俗小徐作屋
居聲	琚九魚　踞居御　腒九魚　椐九魚　倨居御　裾讀与居同九魚　涺九魚
	据九魚　鋸居御　凥九魚
	䀠讀若拘（矦）又讀若良士瞿瞿九遇切
䀠聲	𥄉舉朱　瞿九遇
瞿聲	䀠古罵　瞿讀若章句之句九遇切又音衢
瞿聲	趯讀若劬其俱　𧾷其俱　衢其俱　躣其俱　臞其俱　懼其遇　䀠古
	灈其俱　鸜九遇　擢居玉
	䀠舉朱
	瓜古華
瓜聲	苽古胡　呱古乎　觚古乎　柧古胡　窊烏瓜　罛古胡　狐户吴　㼌烏瓜
	泒古胡　弧户吴　孤古乎
狐聲	菰此字説解与菥字同古狐
孤聲	箛古乎
	寡古瓦
	叚古雅　徦古　叚譚長説
叚聲	瑕乎加　葭古牙　假古雅　蝦乎加　嘏古雅　鞎乎加　椵讀若賈古雅
	暇胡嫁　瘕乎加　假古疋又古頷切　碬乎加此字段改作碬入寒　豭古牙 騢乎加
	麚古牙　鰕乎加　蝦乎加　鍜乎加
豭省聲	家古牙　[illegible]古

家聲	稼古訝　幏古訝　嫁古訝
	斝古雅
	巨其吕　榘或　𢀜古
巨聲	苣其吕　歫其吕　𪗋區主　距其吕　柜其吕　䵦強魚　鉅其吕
榘省聲	𥴞其吕　秬或　渠小徐榘聲彊魚
渠聲	𩧰強魚
	豦讀若蘮蒘草之蘮強魚
豦聲	藘彊魚　噱其虐　遽其倨　簴居許　據居御　勮其據　𧇡昨誤
	醵其虐　𨠥或
遽聲	蘧彊魚　籧彊魚
	虡其吕　鐻或　𧇊篆
	庫苦故
	凵去魚　𥬀或
凵聲	夻丘據
去聲	胠去劫　䖪呼濫䖪㹤怯並入帖　麮丘據　𣏌去魚　祛去魚　㹤去劫
	怯杜林說㹤从心　魼去魚　阹去魚
	吳五乎　𡗿古
吳聲	誤五古　虞五俱　俁魚禹　娛噳俱
虞聲	噳魚矩
	五疑古　㐅古

五聲	吾五乎
吾聲	菩五乎　衙魚舉又音牙　齬魚舉　語魚舉　敔魚舉　梧五胡　圄魚舉
	郚五乎　晤五故　⿱宀吾五故　⿸疒吾五故　⿱宀⿸疒吾籀　⿱魚吾讀若寫司夜　悟五故
	⿱彐丞古　浯五乎　铻五故
	伍小徐五聲疑古
	午疑古
午聲	許虛吕　杵昌与　汻呼古
	魚語居
魚聲	穌素孤
穌聲	蘇素孤
	𩺰語居
	𤅩語居　漁篆
	圉魚舉
	御牛據　馭古
御聲	禦魚舉　篽魚舉　⿰魚又或　⿰金御魚舉　鋙或
	牙五加　𤘗古
牙聲	芽五加　訝吾駕　迓或　雅五下又烏加切　枒五加　邪以遮　衺似嗟
	庌五下　釾以遮
邪聲	⿱艹邪以遮
	土他魯

土聲	牡莫厚　吐他魯　徒同都　杜徒古
	兔湯故
	鼠書吕
	庶商署
庶聲	蔗之夜　嗻之夜　遮止車　蹠之石　樜之夜　蟅之夜
庶省聲	度徒故
度聲	𢾭徒古　剫刀部已有此剫或体　剫徒洛　渡徒故
	処昌与　處或
	車尺遮　𨏥籀
	舍始夜
舍聲	𨛜式車　涻始夜　捨書冶
舍省聲	余以諸
余聲	荼同都　悇讀若塗同都切　徐似魚　敘徐吕　筡讀若絮同都切　餘以諸
	賒式車　郐讀若塗同都切　稌徒古　俆似魚　𥁞同都　駼同都　悆羊茹
	涂同都　捈同都　畬以諸　斜讀若茶似嗟切　除直魚　酴讀若廬同都切
除聲	蒢直魚　篨直魚
	[illegible]讀与余同以諸
	舁讀若余以諸切
舁聲	與以諸
與聲	舉以諸

	圖同都
	与余吕此与與同
	與余吕 [illegible]古
與聲	璵以諸 趣余吕 譽羊茹 鸒羊茹 旟以諸 歟以諸 礜羊茹 鷽羊茹
	悪余吕 鱮徐吕 舉居許 嬩讀若余以諸
旟聲	瀩以諸
	予余吕
予聲	芧直吕 舒傷魚 柔讀若杼直吕 杼直吕 伃以諸 屖徐吕 序徐吕
	豫羊茹 [illegible]古 抒神與 紓傷魚 野羊者 壄古 社常者切 女尼吕
女聲	寱依倨 汝人渚
	奴乃都 伖古
奴聲	呶女交 䎡人諸 駑或 笯乃故 帑乃都 袈女加 砮乃都 怓女交
	怒乃故 拏女加 弩奴古 絮女余
	如人諸
如聲	茹人庶 鄏人諸 帤女余 恕商署 忞古 挐女加 絮息據
挐聲	澤人庶
	鹵郎古
	吕力舉 膂篆小徐旅聲
吕聲	莒居許 筥居許 梠力舉 閭力居
	旅力舉 [illegible]古 [illegible]白部者下説解云[illegible]古旅字而説文誤脱

𣥂聲	者之也
者聲	諸章魚　𩱼章与　煮或　𩰫或　書商魚　睹當古　覩古　翥章庶
	觰陟加　箸陟慮　楮丑吕　杼或　都當孤　暏當古　暑舒吕　瘏同都
	署常恕　褚丑吕　屠同都　豬陟魚　赭之也　奢式車　奓籀（歌）
	渚章与　闍當孤　緒徐吕　堵當古　𩏩籀　陼當古
諸聲	藷章魚　儲直魚
箸聲	櫡張略　𥗍張略
屠聲	躇直魚　𨝴同都
豬聲	藸直魚
奢聲	譇陟加
	且子余又千也切
且聲	祖則古　珇則古　苴子余　咀慈吕　趄七余　𨑳全徒　徂或　𨘲籀
	詛莊助　鴡七余　殂昨胡　𣧑古（鋒）　胆七余　虘讀若𨞼昨何切　柤側加
	𨚮子余　租則吾　粗徂古　疽七余　罝子邪　𦋡或　䍦籀　伹似魚
	袓才与　岨七余　𢇁子余　𧳜疾余　駔子朗入唐　狙親去
	怚子去
	沮子余　担讀若樝梨之樝側加　姐兹也　組則古　坥七余　助牀倨 鉏士魚
	阻側吕
祖聲	蒩則古
虘聲	齇側加　謯側加　䖪側加　樝側加　𨞼昨何　𪍑創舉　覻七句　𣽂側加

	爐將預
租聲	葙子余
沮聲	菹側魚　蒩或　藴或
菹聲	蒩側余　藴或
助聲	耡牀倨
	俎側吕
	初楚居
	麤倉胡
麤聲	蘼倉胡
	疋所菹古文以詩大疋字亦以爲足字或曰胥字
疋聲	𨙻讀若疏所菹　延所菹　胥相居　楚創舉　䟽讀若所疏擧切　疏所菹
胥聲	祔私吕　壻讀與細同穌計　婿或　諝私吕　楈讀若芟刈之芟私閭　糈私吕
	惰私吕　湑私吕　鱈相居　揟相居　蝑相居
疏省聲	梳所菹　素桑故
	卸讀若汝南人寫書之寫司夜切
	夫甫無
夫聲	麩甫無　麱或　枎防無　邦甫無　袂甫無　鈇甫無　扶防無　䧵古
	蚨房無　鈇甫無
	巴伯加
巴聲	靶必駕　杷蒲巴　肥普巴　豝伯加　把搏下　鈀伯加　祀博下

	諳小徐竝聲滂古
	步薄故
步聲	荹薄故　踄旁各又音步
	父扶雨
父聲	甫方矩　布博故　斧方矩
甫聲	莆方矩　哺薄故　逋薄孤　逋籀　誧讀若逋博孤　鬴扶雨　釜或
	尃芳無　脯方武　簠方矩　医古　餔博孤　盙籀　圃博古　郙方矩
	痡普胡　黼方榘　俌讀若撫芳武　補博古　䩉符遇　匍薄乎
	㡏讀若敷芳無　豧芳無　悑普故　怖或　浦滂古　捕薄故　鋪普胡
	輔扶雨　酺薄乎
尃聲	嚩補各　鞲補各　敷芳無　髆補各　膊匹各　轉匹各　榑防無　傅方遇
	溥滂古　搏補各　縛符钁　鎛補各
傅聲	薄讀若傅方遇
溥聲	薄旁各
薄聲	鑮匹各
薄省聲	欂弼戟
浦聲	蒲薄胡
布聲	抪普胡
	莫小徐茻聲莫故又慕各切
莫聲	嗼莫各　謨莫胡　暮古　摹莫各　膜慕各　模讀若嫫母之嫫莫胡 鄚慕各

	[illegible]莫白　瘼慕各　幕慕各　鬕莫駕　貘莫白　驀莫白　慔莫故　慕莫故
	漠慕各　摹莫胡　嫫莫胡　蟆莫遐　墓莫故　募莫故　鏌慕各
	毋武扶
	巫武扶　[illegible]古
巫聲	誣武扶
	[illegible]文甫
無聲	璑武扶　蕪武扶　瞴莫浮　膴讀若謨荒烏　舞文撫　[illegible]古小徐亡聲（唐）
	[illegible]讀若許虛呂切　幠荒烏　廡文甫　[illegible]籀　憮文甫　撫芳武　[illegible]古（唐）
	嫵文甫　[illegible]武扶　无奇字　[illegible]武扶
聲舞	[illegible]文甫
	武文甫
武聲	賦方遇　陚方遇
	馬莫下　古　籀按今說文古籀皆作無別
馬聲	禡莫駕　鄢莫駕　瘍莫駕　罵莫駕

鐸部	開
	叡讀若郝呼各　壑或
	赫呼格
	各古洛
各聲	茖古額　詻五陌　⿰革各盧各　略盧各　雒盧各　鵅盧各　骼古覈　胳古洛
	⿰禾各古百　⿰舟各古百　笿盧各　格古百　賂洛故　客苦格　頟五陌　貉莫白
	駱盧各　⿰谷各下各　洛盧各　䨼盧各　鮥盧各　閣古洛　挌古覈　絡盧各
	垎胡格　略烏約　鉻盧各　輅洛故
客聲	愙苦各
洛聲	落盧各
	丮讀若戟几劇
	戟小徐倝聲大徐從榦省讀若棘紀逆
	谷其虐　⿰口卻或　臄或從豦聲
谷聲	谻其虐　郤綺戟　卻去約　綌綺戟　⿰忄谷或
郤聲	⿰木郤其逆
卻聲	腳居勺　⿰亻卻其虛今改其虐　⿰忄卻其虐　⿰虫卻其虐
	㡿起戟
㡿聲	虩許隙　⿰虫㡿離灼　隙綺戟
㡿省聲	㣎莫卜㣎穆二字入蕭
㣎聲	穆莫卜

	屰魚戟
屰聲	咢五各　逆宜戟　𪀦与專段改五各　朔所角　𦤎讀若膊匹各切　㡿昌石
	𧉚吾各
咢聲	遻五各　𠟑五各　諤籀　鄂五各
逆聲	縌宜戟
㡿聲	𧺆車者𧺆𧦝二字今説文誤作趚訴
	𧦝桑故　𧧒或　愬或　㯮他各　𣲖桑故　遡或　𡍯丑格
	隻之石
	炙之石　𤋳籀
炙聲	䃴所責
	乇陟格
乇聲	吒陟駕　託他各　亳旁各　秅宅加　宅場伯　𡧒古　𢇇古
	𩑛徒谷今改徒各　魠他各　奼坼下
託聲	詫當故
秅聲	𢈲宅加
𢇇聲	侂他各
	𤴔讀若春秋公羊傳曰辵階而走丑略
	尺昌石
	赤昌石　烾古
赤聲	赦始夜　𢻎或　郝呼各　捇呼麥

赦聲	螫施隻
	䠶食夜　射篆
䠶聲	謝辝夜　麝神夜
	石常隻
石聲	祏常隻　跖之石　磔陟格　柘之夜　橐他各　𥝩常隻　袥他各 碩常隻
	鼫常隻　拓從石今改之石　摭或　斫之若
橐聲	槖他各　蠹當故　螙或
	亦羊益
亦聲	迹資昔迹与狄及狄聲之字入錫　蹟或　速籀　弈羊益　奕羊益
亦省聲	夜羊謝　狄徒歷
夜聲	液羊益　掖羊益
狄聲	逖他歷　逿古
	睪羊益
睪聲	釋賞職　譯羊昔　𢍉羊益　斁羊益　嬕當故　圛讀若驛羊益　釋施隻
	襗徒各　嶧羊益　驛羊益　澤丈伯　擇丈伯　繹羊益　鐸徒洛
擇聲	蘀他各
	席小徐庶省聲祥易切　𠩄古
席聲	蓆祥易
	夕祥易
夕聲	穸詞亦

	若而灼
若聲	諾奴各　箬而勺　婼丑略 匿讀若羊騶箠女力切按笍羊車騶箠也蓋言讀若笍笍在沒匿入德
若聲省	蠚呼各
匿聲	暱尼質今改魚力　昵或暱昵並入德
	叒而灼　[illegible]籀
	路小徐各聲洛故
路聲	璐洛故　鷺洛故　簬洛故　簵古　潞洛故　露洛故
	作小徐乍聲則洛
聲作	詐鉏駕　筰在各
作省聲	迮阻革　怍韵會引乍聲在各切
	舃七雀　䧿篆
舃聲	寫悉也　獡讀若愬式略
	乍鉏駕
乍聲	詐側駕　胙昨誤　笮阻厄　飵在各　柞在各　昨在各　秨讀若昨在各切
	阼昨誤　酢倉故俗在各切
	索小徐糸聲蘇各
索聲	索所責
	筡思積　[illegible]籀
昔聲	趞七雀　逪倉各　齰側革　齚或　踖資昔　諎讀若笮壯革切　唶或
	耤秦昔　借資昔　厝倉各又七玄切　[illegible]七雀　惜思積　[illegible]所責　措倉故

	蜡鉏駕　錯倉各　斮側略　矠讀若笮士革切　醋在各
昔省聲	皵讀若鼏（錫）莫狄
耤聲	藉慈夜又秦悉切　籍秦昔　䣢秦昔
籍省聲	䈾士革

鐸部	合
	蒦乙虢 韄或
蒦聲	護胡故 韄乙白 矆許縛 籰王縛
	觸或（寒） 臒讀若隺烏郭 穫胡郭 獲胡伯
	濩胡郭 鑊胡化 擭一虢 蠖烏郭 鑊胡郭
	霍呼郭
霍聲	藿虛郭 籗竹角 篧或
	𩫏古博
𩫏聲	槨古博 郭古博 崞古博
郭聲	鞹苦郭 漷苦郭 霩苦郭
	矍讀若詩云穬彼淮夷之穬九縛
矍聲	趯丘縛 躩丘縛 玃王縛 玃俱縛 攫居縛 彏許縛 钁居縛
	百博陌 百古
百聲	拍普百
	佰小徐百聲博陌
	博補各
博聲	簙補各
博省聲	䶈補各
	䨣讀若膊匹各切
䨣聲	霸普伯俗必駕切 䨣古

	白旁陌　[illegible]古
白聲	碧兵尺　迫博陌　敀博陌　柏博陌　帛旁陌　伯博陌　魄普百
	狛讀若蘗（檗）甯嚴讀之若浅泊匹各切　怕匹白 泊今説文作洦從水百聲段玉裁云説文有脱誤當言泊淺水貌從水白聲洦古文泊字也按段説是當從之
	洦古　鮊旁陌

古韵二十八部（下）

唐部

	央於良
央聲	英於京　詇於亮　鞅於兩　鴦於良　殃於良　盎烏浪　瓷或　柍於京
	秧於良　怏於亮　泱於良　抰於兩　姎烏浪　紻於兩　坱於亮
英聲	瑛於京
盎聲	醠烏浪
	皀許良
皀聲	鴟彼及　鄉許良　卿去京　炮都歷
鄉聲	響許兩　饗許兩　鄬許兩　闢許亮　蠁許兩　蚼司馬相如
鄬省聲	量呂張　量古
量聲	糧呂張
	香許良
	亯許兩　亯篆
	向許諒　珦許亮　尚時亮　餉式亮
尚聲	党丑庚　敞昌兩　嘗市羊　棠徒郎　賞書兩　鄗多朗　常市羊　裳或
	黨多朗　掌諸兩　黨丁浪　堂徒郎　坣古　臺籀　當都郎
嘗聲	鱨市羊
賞聲	償食章
黨聲	曭他朗　攩多朗
堂聲	鼞土郎　樘丑庚　闛徒郎　鏜土郎

臺聲	鄌徒郎
當聲	蟷都郎　鐺都郎
	行户庚
行聲	珩户庚　胻户庚　衡户庚　奧古　洐户庚
	[illegible]古行　[illegible]或　[illegible]或　羹篆
	竟居慶
竟聲	滰其兩　摬一敬　鏡居慶
	庚古行
庚聲	唐徒郎　啺古　穅苦岡　康或　賡續古文似足
唐聲	鎕徒郎
康聲	槺苦岡　[illegible]苦岡　漮苦岡
	京舉卿
京聲	[illegible]呂張　諒力讓　椋呂張　景居影　倞渠竟　[illegible]力讓　黥渠京　剠或
	凉呂張　勍渠京　輬呂張　[illegible]力讓
景聲	憬俱永
凉聲	[illegible]呂張
	亢古郎　頏或
亢聲	迒胡郎　䟘或　笐古郎　邟苦浪　秔古行　稉或　伉苦浪　斻胡郎
	犺苦浪　炕苦浪　[illegible]岡朗　忼苦浪　沆胡朗　魧古郎　抗苦浪　杭或
	䀪古郎　阬客庚

	畕居良
畕聲	畺居良　疆或
畺聲	犟居良　橿居良　僵居良　麠舉卿　麖或　䲔渠京　鯨或　彊巨良
	繮居良
彊聲	薑居良
	誩渠慶
	競渠慶
	弜其兩
	慶丘竟
	𠨍去京
	卬伍岡
卬聲	茚五岡　迎語京　䩕五岡　枊吾浪　仰魚兩　䭹吾浪
	章諸良
章聲	璋諸良　蔁諸良　鄣諸良　彰諸良　麞諸良　漳諸良　墇之亮　障之亮
	商式陽　𠅃古　𠅃古　𧆸籀
商省聲	𧶠市陽
	爪諸兩
	鬯丑諒
	昌尺良　昌籀
昌聲	唱尺亮　倡尺亮　閶尺量

	丄時掌　上篆
	丈直兩
丈聲	杖直兩
	羊與章
羊聲	祥似羊　詳似羊　鬺式羊　翔似羊　羌去羊　𢀓古　養余兩　𢼊古
	痒似陽　庠似陽　恙余亮　洋似羊　羕余亮　姜居良　蛘余兩
羌聲	唴丘尚
羕聲	樣徐兩　漾余亮　瀁古
	昜與章
昜聲	禓與章　瑒丑亮　𦸗褚羊　踼徒郎　腸直良　簜徒朗　𥏫式陽　楊與章
	暘與章　瘍與章　崵與章　碭徒浪　煬余亮　𪐏餘亮　愓徒朗　湯土郎
	揚與章　敭古　颺與章　場直良　暢丑亮　陽與章
𦸗聲	蕩徒朗
𥏫聲	觴式陽　𧤗籀　傷少羊
傷聲	殤式陽
殤省聲	慯式亮
碭省聲	宕徒浪
湯聲	盪徒朗　璗徒朗　蕩徒朗
暢聲	𦾴丑亮
陽聲	鐊與章

	象徐兩
象聲	⿰飠象書兩　餳或　像徐兩　襐徐兩　⿰忄象徒朗　潒徒朗　勨余兩
	𤕦女庚　⿱吅⿰工及籀
𤕦聲	⿱艹𤕦女庚　囊奴當　襄息良　[illegible]古
襄聲	⿰衤襄汝羊　蘘汝羊　讓人漾　⿰月襄如兩　⿱竹襄如兩　饟人漾　⿰襄阝汝羊　曩奴朗
	穰汝羊　驤息良　攘汝羊　孃女良　纕汝羊　蠰汝羊　壤如兩　鑲汝羊
	釀女亮
釀聲	⿱艹釀女亮
	㒳良獎
㒳聲	网良獎
网聲	兩良獎
兩聲	脼良獎　緉力讓　蜽良獎
	刅楚良　創或
刅聲	⿰扌刅初亮　梁呂張　⿰氵⿱刅木古
梁聲	粱呂張
	倉七岡　仺奇字
倉聲	瑲七羊　蒼七岡　蹌七羊　鶬七岡　⿰倉隹或　槍七羊　愴初亮　滄七岡
	凔初亮　⿷匚倉七岡　鎗楚庚
	爿疾羊原女戹切又仕莊切
爿聲	壯側亮　牂則郎　⿰爿角士角　⿰爿倉七羊　牆才良　⿰爿⿱來回籀　⿰爿⿱來㐭籀　牀仕莊

	狀鋤亮　⿰爿手七良　⿰爿攵側羊　戕士良　斨七羊　醬即亮　⿰爿眉古　⿰爿⿱酉皿籀
壯聲	莊側羊　⿰爿⿱艹亨古　裝側羊　奘徂朗　奘徂朗
牆聲	蘠賤羊
戕聲	臧則郎　⿱臧土籀　⿰爿戎慈良
醬聲	將即諒
將聲	蔣子良　⿱將足七羊　⿱𥫗將即兩　獎即兩　⿰爿象即良　⿰爿水古
	匠疾亮
匠聲	⿺走匠疾亮
	相息良
相聲	箱息良　想息兩　湘息良　霜所莊
	桑息郎
桑聲	顙蘇朗
	爽疏兩　爽篆
爽聲	鷞所莊　⿰爽瓦初兩
	尣烏光　⿺尣生古
	兄許榮
兄聲	況許訪
況聲	怳許往
	王雨方　⿱一⿵凵土古
王聲	迋于放　㞷胡光

	皇胡光
皇聲	瑝乎光 喤乎光 篁户光 程户光 煌胡光 惶胡光 湟乎光 蝗乎光
	鍠乎光 隍乎光
	㞷户光
㞷聲	往于兩 迬古 𢼸迂往 黊户光 𦱇或 枉迂往 狂巨王 㤮古
	汪烏光 匡去王 筐或 軖巨王
往聲	暀于放
狂聲	誑居況 俇居況 䞉居況
匡聲	邼去王 恇去王 洭去王 軭巨王
	永于景
永聲	詠爲命 咏或 泳爲命
	光古皇 𤎫古 炗古
光聲	桄古曠 晄胡廣 侊古横 駫古熒 洸古黄
炗聲	黄乎光 𤎫古
黄聲	璜户光 觵古横 觥俗 簧户光 横户盲 廣古晃 礦古猛 卝古
	潢乎光 彉苦郭 蟥乎光
横聲	澋户孟
廣聲	櫎胡廣 曠苦謗 穬古猛 獷古猛 懬苦謗 纊苦謗 絖或 壙苦謗
	䜌居況
䜌聲	㔙具往

	囧俱永
囧聲	朙武兵　明古　盟武兵　盟篆　盟古
朙聲	萌武庚　莔武庚　兵補明　[illegible]古　[illegible]籀
	秉兵永
	丙兵永
丙聲	更古孟　柄陂病　棅或　邴兵永　寎皮命　病皮命　炳兵永　怲兵永
	鈵兵永　㔷盧候
更聲	哽古杏　骾古杏　梗古杏　郠古杏　鯁古杏　綆古杏　埂古杏
㔷聲	陋盧候
	方府良　汸或
方聲	旁步光　𣄴古　㫄古　雱籀　芳敷方　趽薄庚　訪敷亮　旊府良
	髣分兩　放甫妄　肪府良　枋府良　邡府良　仿妃罔　俩籀　舫甫妄
	魴符方　鰟或　房符方　妨敷方　瓬分兩　紡妃兩　鈁府良　防符方
	埅或
旁聲	嗙補盲　徬蒲浪　謗補浪　膀步光　髈或　榜補盲　䣊步光　䅭蒲庚
	傍步光　騯薄庚　滂普郎　搒北孟　[illegible]普郎
	匚府良　[illegible]籀
	彭從彡聲彭及彭聲字併覃薄庚
彭聲	[illegible]補盲　祊或
	並蒲迥

並聲	髶蒲浪　普滂古入模　茻模朗
茻聲	莫莫故　莽謀朗　葬則浪
莫聲	嗼莫各　謨莫胡　暮古　摹莫各　膜慕各　模莫胡　鄚慕各　募莫白
	瘼慕各　幕慕各　鬕莫駕　貘莫白　驀莫白　慔莫故　慕莫故　漠慕故
	摹莫胡　嫫莫胡　蟆莫遐　墓莫故　募莫故　鏌慕各
	皿武永
皿聲	盌武永　孟莫更　[illegible]古
孟聲	猛莫杏
	网文紡　罔或　[illegible]或　[illegible]古　[illegible]籀
网聲	岡古郎　蛧文兩
岡聲	犅古郎　剛古郎　[illegible]古　綱古郎　[illegible]古　朢無放　[illegible]古
朢聲	譠巫放　望巫放
	亡武方
亡聲	芒武方　喪息郎　[illegible]讀若撫入模芳武　盲武庚　肓呼光　𠥍呼光 良呂張
	[illegible]古　[illegible]古　[illegible]古　宋武方　邙莫郎　㡆呼光　長直良　[illegible]古
	[illegible]古　忘武方　[illegible]呼光　妄巫放　氓武庚　𧊿武庚　甿武庚
良聲	琅魯當　莨魯當　眼力讓　筤盧黨　桹魯當　郎魯當　朖盧黨　𡧖呂張
	硠魯當　狼魯當　浪來宕　閬來宕　蜋魯當　鋃魯當　狠魯當　朗來可
郎聲	蓢魯當　稂或

長聲	萇直良　韔丑亮　棖宅耕　帳知諒　倀楮羊　悵丑亮　張陟良
忘聲	莣武方
㠩聲	荒呼光　謊呼光　幌呼光　駴呼光　䲵武登　絖呼光
荒聲	穢呼光
	黽莫杏　籀
黽聲	鄳莫杏　鼆武庚

侯部	
	後胡口　逡古
後聲	𧯷空谷
	后胡口
后聲	茩胡口　詬呼寇　詾或　䞧大口又胡講切　郈胡口　㖃呼后　垢古厚
	𣆶胡口
	厚胡口　垕古
	侯乎溝　矦古
侯聲	喉乎鉤　猴乎溝　餱乎溝　鄇胡遘　候胡遘　猴乎溝　鯸乎鉤　緱古侯
	鍭乎鉤
	𠓜舉朱
𠓜聲	斞舉朱
	句古侯
句聲	玽讀若苟古厚　苟古厚　拘舉朱　笱古厚　鉤古侯　敂讀若扣苦候
	雊古候　㓡古侯　枸俱羽　昫火于又火句　痀其俱　佝苦候　耇古厚
	駒舉朱　狗古厚　姁況羽　約讀若鳩入蕭其俱　蚼古厚　斪其俱 軥古侯
	酗香遇
久聲	玖舉友或讀若句脊之句
昫聲	煦香句

	冓古候
冓聲	遘古候　講古項　篝古侯　韝古侯　構古后　購古候　覯古后　溝古侯
	媾古候　斠古丘
	口苦厚
口聲	訌苦后　叩苦后　扣丘后　釦苦厚
	具其遇
具聲	梮俱燭　俱舉朱　絭居玉　輂居玉
	寇苦候
寇聲	滱苦候叚苦侯切
	區豈俱
區聲	蓲去鳩　謳烏侯　毆烏后　驅烏侯　樞昌朱　傴於武　軀豈俱
	褔於武又於侯切　歐烏后　貙敕俱　驅豈俱　敺古　漚烏候　鰸豈俱
	摳口侯　嫗衣遇　甌烏侯　彄恪侯　嘔豈俱　醧依倨
于聲	邘又讀若區豈俱原況于
	禺牛具
禺聲	藕五厚　喁魚容入東　遇牛具　齵五婁　髃午口　耦五口　寓牛具
	庽或　偶五口　顒魚容入東　嵎噳俱　愚噳俱　愚蓋禺聲虞俱　湡噳俱
	鰅魚容入東　堣噳俱　隅噳俱
	鬥都豆
	晝陟救　書籀

	豈中句
豈聲	鼓小徐讀若屬公户　尌讀若駐常句　愷充尺世制
尌聲	樹常句　尌籒　廚直株　澍常句
	丶知庾
丶聲	主之庾
主聲	搗天口　柱直主　宔之庾　罜之庾　駐中句　麈之庾　狂讀若注之戍
	注之戍　妵天口
	朱章俱
朱聲	珠章俱　茱市朱　咮章俱　誅陟輸　殊市朱　筞陟輸　株陟輸　邾陟輸
	袾昌朱　洙市朱　姝昌朱　絑章俱　鼄陟輸　蛛或　銖市朱
熒聲	袋於營一曰讀若靜女其袾之袾昌朱
	兜當侯
兜聲	篼當侯
	斗當口
斗聲	枓小徐斗聲之庾
	戍傷遇
	咅從丕聲蓋誤段作丶亦聲天口　欧或
咅聲	腤薄口　剖蒲后原浦后切　䬨蒲候　棓步項　部蒲口　髻步矛　涪縛牟
	掊父溝　瓿蒲口　綹芳武
部聲	篰薄口

	[illegible]讀若樹常句
	几讀若殊市朱
几聲	殳市朱　鳧房無
殳聲	吺吺投小徐並殳聲當侯　杸蓋殳聲市朱　投度侯　[illegible]昌朱
	豆徒候　[illegible]古
豆聲	逗田候　[illegible]田候　豎臣庾　豎籀　[illegible]古文投如此度侯　脰徒候
	短都管入桓　梪蓋豆聲徒候　郖當侯　侸讀若樹常句　裋常句　頭徒侯
	[illegible]天口
	[illegible]大口　𧯛或
𧯛聲	[illegible]讀若兜當侯
	斲小徐𧯛聲竹角　[illegible]或
斲聲	鬭都豆　[illegible]竹角
	㼌讀若庾以主
㼌聲	窳以主
	俞羊朱
俞聲	瑜羊朱　逾羊朱　踰羊朱　諭羊戍　羭羊朱　榆羊朱　鄃式朱
	牏讀若俞一曰若紐度侯　[illegible]度侯　窬羊朱　瘉以主　[illegible]山樞　褕羊朱
	覦羊朱　貐以主　愉羊朱　渝羊朱　揄羊朱　媮託侯　匬度侯　緰度侯
	蝓羊朱　輸式朱　隃傷遇　[illegible]田候
	臾羊朱

臾聲	萸羊朱　諛羊朱　腴羊朱　楰羊朱　庾以主　斞以主
賣聲	藚似足　犢徒谷　讀徒谷　竇徒奏　續似足
	乳而主
乳聲	涊乃后
	扇盧后
扇聲	漏盧后
	丙盧候
丙聲	陋盧候
	婁洛侯　娶古　㜢籀
婁聲	蔞力朱　遱洛侯　謱洛侯　數所矩　髏洛侯　膢力俱　簍洛侯　樓洛侯
	鄾力朱　窶其榘　瘻力豆　僂力主　褸力主　屨九遇　廔洛侯　漊力主
	鞻洛侯　摟洛侯　縷力主　螻洛侯　塿洛侯　鏤盧候
數聲	藪蘇后　籔蘇后
	走子苟
	奏則候　古　古
奏聲	湊倉奏
	則候
	芻叉愚
芻聲	犓測愚　趨七逾　齺側鳩　鬻尺沼　雛士于　鶵籀　鄒側鳩　騶側鳩
	縐側救

	取七庾
取聲	菆側鳩　趣七句　鱖側鳩　諏子于　叢徂紅入東　棷側鳩　掫側鳩
	鯫側鳩　冣才句　聚才句　鯫士垢　掫子侯　娶七句　陬子侯
叢聲	藂徂紅入東
聚聲	驟徂又　埾小徐聚省聲才句
	須相俞
須聲	盨相庾　顉相俞　䜹或　頚相俞　顈相主
	需从而聲相俞
需聲	臑讀若襦那到　儒人朱　襦人朱　䰭奴豆　獳讀若槈奴豆又乃侯切
	愞人朱段改作愞從耎聲乃亂切　濡人朱　擩而主　嬬相俞　繻相俞 孺而遇
	醹而主
桒聲	桒讀若藪蘇后原山樞　付方遇
付聲	祔符遇　符防無　柎甫無　疛方榘　髮方遇　府方矩　駙符遇　怤甫無
	泭芳無　鮒符遇　拊芳武　紨防無　坿符遇　軵而隴讀若茸入東蓋從付聲
	附符又　粉稃或體芳無
府聲	腐扶雨
	頫從逃省聲韻會引兆聲方矩　俛或
	䨲芳遇
孚聲	筟芳無

每聲	侮文甫　㑄古
矛聲	敄亡遇
敄聲	⿱艹敄莫候　鞪莫卜　瞀莫候　⿱敄手讀若霚已遇切又亡遇切　鶩莫卜 ⿰木敄讀若髦莫候
	楘莫卜　⿰矛各讀若項莫卜　⿱髟敄亡牢　髳或　嵍亡遇　霚亡遇　雺籀
	婺亡遇　務亡遇　鍪莫浮　⿱敄酉莫候
瞀聲	霿莫弄
婺聲	⿱艹婺莫候
務聲	蓩亡老

屋部

	屋烏谷　屋籀　臺古
屋聲	喔於角　楃於角　偓於角　渥於角　握於角　[illegible]古
	珏古岳　瑴或
	角古岳
角聲	桷古岳　确胡角　㱿或　斛胡谷
	谷古禄
谷聲	鵒余蜀　䳜或　俗似足　裕羊孺　欲余蜀　猣余蜀　浴余蜀
	谾讀若浴余足　谹訟古文似用
欲聲	籞余足
	[illegible]居玉
収聲	桊居玉
	局渠緑
局聲	挶居玉
	[illegible]苦江
[illegible]聲	𣪊苦江
𣪊聲	設許角　㲉口豆　[illegible]讀若斛胡谷　[illegible]讀若箒莩苦候　䥛空谷　穀古
	轂步角　豰火屋　㲈苦角
	彀古候　縠胡俗原胡谷切　轂古禄　㝅古候
穀省聲	𣫃火沃

	曲丘玉　[illegible]古
	玉魚欲　[illegible]古
玉聲	頊許玉　玊丘玉
曲聲	苖邱玉
	獄魚欲
獄聲	哭苦屋　鸑五角　嶽五角　岳古
岳聲	[illegible]五角
	[illegible]讀若注之戍
	亍讀若畜丑玉
	束書玉
束聲	速桑谷　遬籒　[illegible]古　誎桑谷　敕恥力　楝丑錄　欶所角　涑速侯
	娕讀若謹敕數數測角
速聲	[illegible]桑谷　餗或　[illegible]桑谷
遬聲	藗桑谷
欶聲	樕桑谷　漱所右　鏉所右
	秃他谷
	豖丑六
豖聲	琢竹角　啄竹角　豛冬毒　[illegible]竹角　椓竹角　瘃陟玉　涿竹角　𣅿奇
	蜀市玉
蜀聲	噣陟救　[illegible]讀若燭之欲　躅直錄　斀竹角　髑徒谷　觸尺玉　韣之欲

	襡讀若蜀市玉　屬之欲　歜尺玉　獨徒谷　燭之欲　濁直角　鐲直角
	斣昌六
屬聲	欘陟玉　孎讀若人不孫爲孎之欲　斸職玉
	辱而蜀
辱聲	蓐而蜀　蓐籒　褥奴豆　鎒或　鄏而蜀　溽而蜀　縟而蜀
	彔盧谷
彔聲	祿盧谷　菉力玉　趢力玉　逯盧谷　睩讀若鹿盧谷　剝北角　卜刂或
	䚄力玉　娽力玉　綠力玉　錄力玉
	鹿盧谷
鹿聲	簏盧谷　箓或　麓盧谷　𣚚古　麗盧谷　漉盧谷　淥或　足卽玉
足聲	促七玉　浞士角　捉側角
	族昨木
族聲	蔟千木　嗾蘇奏　鷟士角　鏃作木
	粟相玉　𥻆籒
	卜博木　𠁽古
卜聲	卧方遇原芳遇切　攴普木　朴匹角　仆芳遇
仆聲	赴段從卜聲芳遇　㞐讀若僕皮卜　菐從収聲蒲沃
菐聲	僕蒲沃　蹼古　樸匹角　撲蒲角　墣匹角　圤或　轐博木
僕聲	樸博木　濮博木　纀博木
	木莫卜

木聲	沐莫卜
沐聲	霂莫卜

東部	
	邕於容　𡿪籀
邕聲	雝於容
雝聲	饔於容　罋烏貢　癰於容　廱於容　灉於容　擁於隴
	凶許容
凶聲	兇蓋凶聲當作許拱切　匈許容　胷或
兇聲	㚇子紅
㚇聲	葼子紅　鬷子紅　椶子紅　稯子紅　𥝩籀　艐子紅　𡩋子紅　堫子紅
匈聲	詾當作許容切　訩或　𧦝或　洶許拱
	𨛜胡绛　䢽胡绛　巷篆
夅聲	栙讀若鴻下江
	公古紅
公聲	訟似用　翁烏紅　舩古雙　松祥容　𡨵或　伀職茸　袞古本
	頌余封又似用　額籀　瓮烏貢
翁聲	篛烏紅　滃烏孔　鰯烏紅　螉烏紅
松聲	蜙息恭俗音古紅切　蚣或
	工古紅　𢒄古
工聲	玒户工　訌户工　巩居悚　𢀜或　攻古洪　䧆户工　鳿或　缸下江
	杠古雙　貢古送　邛渠容　粠户工　空苦紅　仜讀若紅户工　項胡講
	江古雙　扛古雙　瓨讀若洪古雙　紅户工　虹户工　𧈧籀　功古紅

	釭古雙
巩聲	鞏居竦 ⿱巩石居竦 恐丘隴 ⿱工心古 拲居竦 蛩渠容 銎曲恭
邛聲	桏渠容
空聲	椌苦江 涳苦江又哭工切 控苦貢
項聲	澒呼孔
江聲	鴻户工
	収居竦 ⿰手手揚雄説
	共渠用 [illegible]古
共聲	閧下降 供俱容 烘呼東 恭俱容 㤨户工又工恐切 洪户工 拱居竦
	拲居竦 桊或 輂居玉
	孔康董
	⿵門共渠容
禺聲	喁魚容 顒魚容 鰅魚容
	東得紅
東聲	棟多貢 重柱用 涷德紅 蝀多貢 凍多貢
重聲	⿰山重之隴 ⿰彳重之隴 踵之隴 腫之隴 種直容 ⿰忄重直隴 湩多貢
	緟直容 動徒總 ⿺辶重古 鍾職容 童徒紅 ⿱童土籀
童聲	蕫多動 衝昌容 橦宅江 穜之用 ⿸疒童時重 ⿺辶童籀 罿尺容 僮徒紅
	憧尺容 潼徒紅 撞宅江 曈土短入桓 鐘職茸 銿或 ⿰車童尺容
	龍力鍾

龍聲	瓏力鍾　蘢紅盧　嚨盧紅　[illegible]紀庸　龔俱容　籠盧紅　[illegible]盧紅　櫳盧紅
	[illegible]盧紅　寵丑壟　襱丈冢　襩或　龐薄紅　[illegible]盧紅　瀧力公　[illegible]盧紅
	聾盧紅　蠪盧紅　壠力堹　隴力鍾
	冢從豕聲知隴
	舂書容
舂聲	𡦼丑尨　惷丑江
	充從育省聲昌終
充聲	統他綜
	同徒紅
同聲	迵徒弄　衕徒弄　詷徒紅　眮徒弄　筒徒弄　桐徒紅　侗他紅　駧徒弄
	恫他紅　洞徒弄　鮦讀若絝襱直隴　挏徒總　敵他孔　銅徒紅
蟲聲	蝕讀若同徒紅原徒冬
	用余訟　甪古
用聲	甬余隴
甬聲	趙余隴　通他紅　踊余隴　誦似用　筩徒紅　桶他奉　痛他貢
	俑他紅又余隴切　涌余隴　蛹余隴　勈余隴　㦷或　恿古
	庸余封
庸聲	鱅余封　鄘余封　傭余封　𧴩余封　鱅蜀容　墉余封　𩰲古　鏞余封
	𩫖讀若庸余封
	容余封小徐谷聲　宊古

容聲	傛余嚨　溶余隴又音容　鰫余封　搈余隴　䆝余封原與封切　鎔余封
	宂而隴
宂聲	䶨而隴
	軵付聲讀若茸茸作胥誤而隴
	弄盧貢
弄聲	梇盧貢
	囪楚江　窗或　囱古
囪聲	悤倉紅
悤聲	璁倉紅　蔥倉紅　窻楚江古本所無當删　𢥞職茸　帪或　廳倉紅　驄倉紅
	熜作孔　聰倉紅　總作孔　鏓倉紅
蔥聲	繱倉紅
聰聲	茸而容段從耳聲
茸聲	鞲而隴　揖而隴　醋而容段作酕從耳聲　髶而容
	从疾容
从聲	從慈用
從聲	樅七恭　瘲卽容　豵子紅　慫讀若悚息拱　縱足用　蹤子紅
	鏦七恭又楚江切　錄或從彖聲入桓　䢸息拱　縦足容　𨏥卽容
取聲	叢徂紅
叢聲	藂徂紅
	送蘇弄　遊籒

	雙所江
雙聲	㒚息拱
	竦息拱小徐束聲入屋
	封府容　㞷古　⿰丰土籀
封聲	葑府容　紨博蠓
	豐敷戎　𧯩古
豐聲	麷讀若馮敷戎　酆敷戎　寷敷戎
	丰敷容
丰聲	玤補蠓　奉扶隴　夆讀若縫敷容　邦博江　⿱㞢田古　蚌步項
奉聲	琫邊孔　菶補蠓　唪讀若詩曰瓜瓞菶菶方蠓
夆聲	峯敷容
峯聲	逢符容
逢聲	蓬薄紅　莑籀　⿱夆夂敷容　縫符容　蠭敷容　⿱夆䖵古　鏠敷容
	冡莫紅
冡聲	蒙莫紅　幪莫紅　⿰馬冡莫紅　⿰酉冡莫紅
蒙聲	矇莫中　⿰馬蒙莫紅　饛莫紅　濛莫紅　蠓莫孔
	⿱冃見莫紅小徐冃聲又亡沃切
	尨莫江
尨聲	牻莫江　哤讀若尨莫江　厖莫江　駹莫江　浝莫江　⿱浝土讀若隴亡江
浝聲	⿱浝土力堹

蕭部

	幼伊謬
幼聲	呦伊虬　𣢈或　窈烏皎　𣢈於虯　黝於虯　怮於虯　泑於糾
	𩶅讀若幽於糾
	𢆶於虯
𢆶聲	幽於虯
幽聲	𧍢於虯
	麀於虯　𪊨或
麀聲	𨧽讀若奧於刀
	𢝊韵會頁聲於求
𢝊聲	憂於求
憂聲	嚘於求　櫌於求　鄾於求　優於求　瀀於求
𥁕聲	媼讀若奧烏皓
	休許尤　庥或
	好呼皓
好聲	薅呼毛　𦼊籀　茠或
	嘼許救
嘼聲	獸小徐嘼聲舒救許救
	告古奧古沃
告聲	祰苦浩　牿古屋　造七到　艁古　誥古到　𦠬古　𦪞古　鵠胡沃

	梏古沃　郜古到　晧胡老　窖古孝　祰古到　硞苦角　焅苦沃　浩胡老
	靠苦到　陪苦沃　酷苦沃
造聲	簉初救
	丩居虯
丩聲	叫古弔　赳居黝　嘂古弔　茻居虯　糾居黝詩月出釋文又己小反小徐丩聲
	訆古弔　收式州　觓渠幽　朻吉虯　疝古巧　虯渠幽
	句九遇句古有兩讀章句之句讀若瞿在模部句曲之句讀若鉤在矦部
收聲	荍渠遥
句聲	跔其俱　翑其俱　鴝其俱　朐其俱　椒俱羽　郇其俱　欨況于　齁其俱
	竘丘羽　軥其俱　蒟俱羽
龜聲	鬮讀若三合繩糾居黝原古矦
	臼居玉
臼聲	斆胡覺　學篆　鷽居玉
學聲	嚳苦沃　鷽胡角　礐或　嚳烏酷　鷽胡角　覺古岳　嶨胡角　礐胡角
	鷽於角　澩胡角　澩或　嚳音皓又音效胡老
覺聲	攪古巧
	殷居又
殷聲	𨓈讀若九居又　匓己又又乙庶切　廄居又　𥦗古
	簋居洧　匭古　匭古　朹古
簋聲	嬀讀若詩糾糾葛屨居夭

	韭舉友
	九舉有
九聲	艽巨鳩　訅巨鳩　朹巨鳩　鼽巨鳩　鳩居求　肒讀若舊巨鳩　㽱許交
	旭讀若勖許玉　宄讀若軌居偉原居洧切　[illegible]古　[illegible]古　究居又　仇巨鳩
	尻苦刀　勼讀若鳩居求　氿居洧　軌居洧
尻聲	梲苦浩
	匊居六
匊聲	菊居六　趜居六　鞠居六　[illegible]或　鵴居六　蝌居六
鞠聲	蘜居六　驧巨六
	夰古老
夰聲	奡讀若傲五到段古到　昦胡老
	丂苦浩
丂聲	攷苦浩　㱙許久　朽或　巧苦絞　考苦浩
	臼其九段其久
臼聲	齨其久　舊巨救　鵂或　臬韵會引臼聲其久　舀小徐臼聲以沼　抗或
	[illegible]或　舅其久段其九
舀聲	蹈徒到　韜土刀　稻徒皓　騊土刀　慆土刀　滔土刀　搯土刀　[illegible]土刀
舊聲	匶柩籀文巨救
	咎小徐各聲咎及咎聲字併鐸其久
咎聲	礜古勞　棔讀若晧古老　稽讀若晧古老　櫜古勞　晷居洧　倃其久

	𣢑讀若爾雅曰麔貑短脰於糾
	麔其久 𢜳其久 鮥其久 綹讀若柳力久
咎聲	㼀讀若軌居洧
	裘巨鳩
	求古
求聲	球巨鳩 璆或 莍巨鳩 逑巨鳩 救居又 脙讀若休止巨鳩 梂巨鳩
	賕巨留 郝巨鳩 俅巨鳩 捄舉朱 絿巨鳩 𧓍巨鳩 蛷或
	𢍏讀若逵渠追
𢍏聲	踦讀若逵渠追 頯渠追
	祝之六
祝聲	柷昌六
	周職留 𠛎古
周聲	裯都皓 騆或 琱都僚 啁陟交 調徒遼 雕都僚 鵰籀
	椆讀若丩職留 稠直由 禂都牢 彫都僚
	鬝直由 惆敕鳩 淍都僚 鯛都僚 婤職流 綢直由 蜩徒聊 蚺或
	錭徒刀 輖職流
弔聲	祰讀若雕都僚
	舟職流
舟聲	鵃張流 輈陟遥入豪 侜張流 㫪職流 貈下各 輈張流 𩰲籀
	受殖酉

𦩍聲	廟眉召　庿古入豪　淖直遙
受聲	授殖酉　綬殖酉
	州職流　𡿧古
州聲	喌讀若祝之六　詶市流　盩張流
	鳥都了
鳥聲	蔦都了　樢或　瞗讀若雕都僚　窵多嘯　𧙖都僚　島都皓
	肘陟柳
肘聲	疛陟柳　紂除柳　酎六書故引蜀本肘省聲各本從時省蓋誤除柳
	竹陟玉
竹聲	筑張六　䈞讀若篤冬毒　篤冬毒　𥷚今說文作蘜云𥷚省聲誤　𥫴或 竺冬毒
筑聲	築陟玉　𥴑古　𦶜陟玉
𥷚省聲	𥷚馳六　鞫或　匊巨六　鞠居六
𥫴聲	鵴居六　𥨪居六　𥨍或
𥷚省聲	蘜居六　𦬆或
	帚支手
帚聲	𢅆小徐帚聲博下　埽小徐帚聲穌老
	討他皓
	尗式竹
尗聲	茮子寮　叔式竹　𡬠或　𪁜七由　𥶗或　寂前歷　𧦆或　𣢟才六

	戚倉歷
叔聲	⿰口叔前歷　⿰山叔昌六　踧子六　督冬毒　俶昌六　裻冬毒　惄奴歷　淑殊六
	埱昌六
俶聲	蔋徒歷
戚聲	槭子六　慽倉歷
	守書九
守聲	狩書究
	首古文百字書九　𦣻書九　頁古文䭫首如此胡結
首聲	道徒皓　⿰首寸古　⿰尢首段九亦聲渠追　⿺辵首或
道聲	導徒到　䆃徒到
	㐁徒皓　𠔾古文讀若三年導服之導原他念
㐁聲	⿱艹㐁讀若陸力竹切原直例切
	手書九　𠂿古
手聲	杽敕九
	臭尺救
臭聲	⿺走臭香仲　齅讀若畜牲之畜許救　殠尺救　糗去九
	夲讀若滔土刀
夲聲	皋小徐夲聲古勞
皋聲	⿱艹皋古勞　嗥乎刀　獋譚長説　翱五牢　皞胡老
攴聲	牧讀若滔土刀

	畜丑六　䈝魯郊礼
畜聲	蓄丑六　鄐丑六　慉許六　嬸丑六
有聲	�讀若畜牧之畜許救
	丑敕九
丑聲	峱女六　鈕女久　杻今説文以爲杶之古文釋草云杻檍敕倫入魂　䢺女九　粈女久
	狃女久　沑人九　䍤呼到　紐女久　鈕女久　珇古　秈女久
	肚小徐丑聲女久　羞息流
狃聲	莥敕久　猸奴刀
俞聲	牏一曰讀若紐女久切原度侯切
	毒小徐毒聲徒沃　䈞古
毒聲	薵徒沃　禱讀若督冬毒
	逐直六
	孰從𦎫聲殊六
	雔讀若疇市流
雔聲	犨赤周　讎市流
	卤讀若調徒遼　𠧪籀
卤聲	卣讀若攸以周
卣聲	莤以周　覰讀若攸以周　歖與久
歖聲	鋚以周

	暍直由　𠷎或
𠷎聲	䰜直由　𣪍市流　𠷎直由
𠷎聲	瑒讀若淑殊六　犃讀若粮糧之粮徒刀　𢿱周書以爲討市流　檮徒刀 幬直由
	壽殖酉　壔都皓
	壔讀若毒都皓　醻市流　酬或
𣪍聲	翳徒到
壽聲	禱都浩　䛬或　䨨籀　譸讀若醻張流　籌直由　鄯市流　儔直由
	燾徒到　鑄之戍
𥫗聲	䆅𥫗卽籌𥫗蓋卽之變文籌省聲也直由
	鼀直遥段陟遥　鼀篆
	攸以周　汥秦刻石
攸聲	筱式竹　㣿敕鳩　肞或　脩息流　筱先杳　條徒遼　旒以周　修息流
	儵讀若叔式竹　儵式竹　悠以周　儵直由
	匜徒聊　綮土刀　鋈以周
脩聲	蓨徒聊又湯彫切　瞻他歷　滫息流又思酒切
條聲	篠徒弔　滌徒歷　莜徒弔段從攸聲
儵聲	鱐式竹
	由蓋甹古文象形字也以舟
由聲	苗徒歷　迪徒歷　油徒歷　抽直又　胄直又　笛徒歷　柚余救　邮徒歷

	甹以州　宙直又　胄直又　⿱皐車司馬法　舳直六　岫似又　⿱穴由籀
	鼬余救　怞直又　油以周　妯徒歷　紬直由　軸直六
	牖與久小徐甫聲
	羑從久聲與久
羑聲	⿱羊次與久　誘或　䛻或　⿱羊久古
	酉與久　丣古
酉聲	遒字秋　逎或　槱余救　酒或　醜昌久　庮與久　酒子酉
丣聲	珋力求　茆力久　桺力九　駠力求　⿰鼠丣力求　畱力求
畱聲	⿰衤畱力救　鶹力求　餾力救　瘤力救　罶力九　⿱罒婁或　廇力救　騮力求
	溜力救　霤力救　㨨敕鳩　抽或　⿰扌秀或　鎦小徐留聲力求
㨨聲	籀直又
劉聲	䉧力求劉説文無此字偏旁有之蓋從刀鎦省聲也　瀏力久
	囚似由　汓古或以汓爲没似由　泅或
汓聲	游以周　遊古
票聲	膘讀若繇以舟切原敷紹切入灰
	肉如六
肉聲	䍃讀若由余招　䍃以周　脜讀若柔耳由　育余六　毓或
䍃聲	傜余招　䌛余招
繇聲	櫾以周繇説文無此字偏旁有之　⿵門繇旨沇入桓　⿸厂繇余昭
䌛聲	蘨余招　邎以周

育聲	䓘余六　淯余六　𦁎余六
毓聲	鬻余六　𩱲或
	夒奴刀
夒聲	瓇讀若柔耳尤　犪而沼　巙乃昆入寒　獿女交　擾沼而
	内段九聲人九　蹂篆
	褭奴鳥小徐馬聲
弱聲	愵讀與惄同奴歷切
	牢小徐冬省聲魯刀
	翏力救
翏聲	蓼盧鳥　嘐古肴　謬靡幼　䦘力求　雡力救　鷚力救　膠古肴　樛吉虯
	鄝盧鳥　瘳敕鳩　僇讀若雡力救　𤢔火包　熮洛蕭　憀洛蕭　漻洛蕭
	豂洛蕭　摎居求　嫪郎到　蟉力幽　戮力六　繆武彪　飂力求　𥈮力求
	勠力竹　鏐力幽　醪魯刀　廖洛蕭
漻聲	𥂕古巧
宷聲	敹洛蕭
	老盧皓
老聲	孝呼教
孝聲	哮許交
	㳅力求　流篆
流聲	𡍚力求

	六力竹
六聲	𡴀力竹 [illegible]籀
𡴀聲	𢍰余六 鼀七宿 [illegible]或 坴讀若逐力竹
鼀聲	[illegible]才六 噈俗 竈則到 [illegible]或
坴聲	睦莫卜 𡕷古 [illegible]力竹 稑力竹 穋或 陸力竹 [illegible]籀
𡕷聲	𧶠余六
𧶠聲	[illegible]徒谷 讟徒谷 韇徒谷 殰徒谷 櫝徒谷 贖殊六 牘徒谷 儥余六
	黷徒谷 瀆徒谷 嬻徒谷 匵徒谷 隫讀若瀆徒谷 [illegible]古
	襩丈冢襱或體從𧶠
	爪側狡
	叉側狡
叉聲	[illegible]子皓 蚤或
蚤聲	瑵側絞 [illegible]讀若戚倉歷 [illegible]鮮遭 騷穌遭 慅穌遭 搔穌遭
	屮古文以爲艸字丑列
	艸倉老
	莤所六 𣗥小徐按今字書音曹昨牢
	曹昨牢
曹聲	蓸昨牢 遭作曹 槽昨牢 糟作曹 [illegible]籀 傮作曹 褿昨牢又七刀切
	[illegible]作曹 慒藏宗入東 漕在到 [illegible]財牢
	就疾僦 [illegible]籀

就聲	蹴七宿　鷲疾僦
	酋字秋
酋聲	趥千牛　𦩎讀若鰌字秋　梄讀若糗以周　猶以周　鰌七由　揂即由
	𢿬七宿　緧七由　蝤字秋　輶以周
猶聲	蕕以周
	蒐所鳩
	叟穌后　𡨦籀　傁或
叟聲	瞍穌后　㮴穌遭　鄋所鳩　瘦所又　獀所鳩　溲疏有　搜所鳩　嫂穌老
嫂聲	𦶊蘇老
	肅息逐　𦘓古
肅聲	蕭蘇彫　嘯穌弔　歗籀　鷫息逐　𪄀司馬相如説　䐹所鳩　簫蘇彫
	橚山巧　歗穌弔　潚子叔　繡息救　蠨穌彫
	𤋯讀若焦即消
𤋯聲	秋七由　龝籀
秋聲	萩七由　啾即由　篍七肖　楸七由　愁士尤　湫子了　揫即由　𣯧側救
愁聲	𣿖士尤
	𤓰從雥聲即消　焦或
焦聲	蕉即消　噍才笑又才爵　嚼或　譙才肖　誚古　𩤻即消　樵昨焦
	穛側角　顦昨焦　醮即消　燋即消　潐子肖　鐎即消　醮子肖　𧜗或
穛聲	𪍈讀若酋即由　𪎭或　揫或　𥽋子肖

	早子浩
早聲	草自保
	棗子皓
	夙息逐　佰古　佰古
佰聲	宿息逐
宿聲	摍所六　縮所六
	秀息救
秀聲	莠讀若酉與久
莠聲	琇息救
	虒甫州
彪聲	滮皮彪
	缶方九
缶聲	⿰缶刂方九　⿱壴缶土盍　寶博皓　寚古
	𠤏博抱
𠤏聲	鴇博好　鳵或
	髟必凋又所銜切
髟聲	髹許由
	勹布交
勹聲	勽薄皓　包布交
包聲	苞布交　咆薄交　鞄讀若朴蒲角　皰旁教　飽博巧　⿰食采古　⿱卯食古

	枹甫無　麭匹皃　郇布交　𦉘縛牟　罦或　袍博褒　褒薄保
	胞博交原匹交切　匏韵會引包聲薄交　庖薄交　炮薄交　泡匹交　雹蒲角
	靁古　鮑薄巧　匋案史篇讀與缶同徒刀
匋聲	萄徒刀　詾大牢　䛌或　騊徒刀　陶徒刀　𩫖符宵
𩫖聲	𧓕縛牟　蜉或
	鴇甫虬
鴇聲	𦽳所臻入先
	報博号
	孚芳無　采古
孚聲	莩芳無　脬匹交　筟芳無　桴附柔　郛甫無　稃芳無　粰或　俘芳無
	烰縛牟　浮縛牟　捊步侯　抱或
采聲	褒小徐采聲博毛　保博裒　禾古子部以爲古孟字　𠈃古
保聲	葆博裒　㨐方茍　緥博抱
禾聲	宲博裒
	复從高聲房六
复聲	復房六　腹房六原方六切　椱扶富　馥房六　複方六　鰒蒲角　蝮方目
	鍑方副　輹芳六
復聲	蕧房六　𥨍芳福　覆敷救段芳福切　復扶富　𡕥或
	阜房九　𡰹古　𨸏房九
	牟莫浮

牟聲	⿰革牟莫浮　⿱艹牟或　侔莫浮
	矛莫浮　古
矛聲	茅莫交　敄此下規其外者入侯亡遇　柔耳由　楙莫候　袤莫候　籀
	蟊莫交　⿱矛蟲莫浮　蝥或　蛑古
敄聲	⿱艹敄莫候　鞪莫卜　瞀莫候　鍪讀若霚已遇切又亡遇切
	鶩莫卜　⿰木敄讀若髦莫候　楘莫卜　⿱敄示讀若項莫卜　⿱髟敄亡牢　髳或　嵍亡遇
	騖亡遇　霚亡遇　雺籀　婺亡遇　務亡遇　鍪莫浮　⿱敄酉莫候　蝥莫交
	蛑古
瞀聲	霿莫弄
婺聲	⿱艹婺莫候
務聲	蓩亡老
柔聲	⿰彳柔人九　鞣耳由　腬耳由　煣人又　蝚耳由　⿰目柔耳由　鍒耳由　輮人九
楙聲	⿱艹楙莫候　懋莫候　⿱矛心或
	禸人九　蹂篆
	目莫六　古
目聲	冒莫報　古小徐目聲　窅蓋目聲烏皎
冒聲	瑁莫報　⿰王冃古段作玥　萺莫報　⿰目冒亡保　⿰木冒莫報　媢莫報　勖許玉
	冃讀若艸苺之苺莫保　冃莫報段古報切
冃聲	冡莫紅入東又亡沃切　㣎從𥄉聲莫卜
㣎聲	穆莫卜

	戊莫候
戊聲	茂莫候
	卯莫飽　𤕰古
卯聲	貿莫候　昴莫飽　窌匹皃段以爲當從戼聲力救切　奅匹皃　聊洛蕭
貿聲	鄮莫候當讀如卯
	牡從土聲莫厚

豪部	
	窅烏皎
	皛讀若皎烏皎
	皀讀若窈窕之窈烏皎
皀聲	⿱宀皀烏皎　⿰亻皀讀若燿弋笑
	杳烏皎
	幺於堯
	覞於笑
	夭於兆
夭聲	芺烏皓　笑蓋夭聲私妙　枖於喬
芺聲	⿰礻芺於喬　⿰芺鳥烏浩　⿰食芺依據　⿰氵芺烏鵠　⿰女芺於喬
⿰氵芺聲	⿱⿰氵芺金烏酷
	囂許嬌　買或
囂聲	⿱艹囂許嬌　⿱囂鬲許嬌
虍聲	唬讀若暠呼訏或作呼訝切
虎聲	諕乎刀
	爻胡茅
爻聲	肴胡茅　駁北角　較古岳　𡥈古肴
肴聲	殽胡茅　倄胡茅
肴聲	䰜古孝

	号胡到
号聲	鴞于嬌　號蓋号聲胡刀　𧇈讀若鎬胡到　枵許嬌　鄂乎刀
號聲	𤩭乎到　饕土刀　叨或　𩟿籀　𥢑乎刀
	顥胡老
顥聲	灝乎老
	教蓋𤕝聲讀若狡古孝　𡥈古　𤕝古
𤕝聲	𣀔讀若狡古巧
	高古牢
高聲	蒿呼毛　毃口卓　敲口交　翯胡角　膏古勞　槀苦浩　鄗呼各　稾古老
	歊許嬌　毫乎刀　豪籀　熇火屋　滈乎老　鰝胡老　縞古老　塙苦角
	鎬乎老
蒿聲	薧呼毛　𧃑小徐蒿聲莫報
歊聲	藃許嬌
	杲讀若槀古老　夰古老
夰聲	奡讀若傲五到　昦胡老
	梟古堯
梟聲	嘄古堯　鄡牽遙
	県古堯
	交古爻
交聲	茭古肴　这古肴　齩五巧　效胡教　駮古肴　骹口交　筊胡茅　校古孝

	郊古肴　𩥭蒲角　窔烏叫　皎古了　佼蓋交聲下巧　駮北角　狡古巧
	烄古巧　絞古巧　恔古了　洨下交　鮫古肴　姣胡茅　蛟古肴
	要於消又於笑切　嬰古
要聲	葽於消　腰烏皎
	羔從照省聲古牢
羔聲	䅧之若　窯余招　䫜口幺
	喬巨嬌
喬聲	趫讀若王子蹻去囂　蹻居勺段丘消切　敿讀若撟居夭　鷮巨嬌　矯居夭
	橋巨驕　僑巨驕　屩居勺　驕舉喬　獢許嬌　撟居少　繑牽摇　蟜居夭
	鐈巨嬌
丩聲	赳讀若鐈巨嬌原居黝　糾居黝
	敖五牢
	𣪊五牢
敖聲	嗷五牢　謷五牢　傲五到　贅蓋敖聲之芮入末　贅五到　嶅五交　驁五到
	獒五牢　熬五牢　鼇或　滶五勞　嫯五到　勢讀若豪五牢
	垚五聊
垚聲	堯吾聊　䒙古
堯聲	蕘如昭　嘵許幺　趬牽遙　譊女交　𪉖牽遙　翹渠遙　膮許幺　饒如昭
	橈女教　曉呼鳥　皢呼鳥　僥五聊　顤五弔　嶢古僚　磽口交　驍古堯
	獟五弔　燒式昭　澆古堯　撓奴巧　嬈奴鳥　繞而沼　蟯如招　鐃女交

曉聲	[illegible]呼鳥
	[illegible]讀若到都校
舟聲	朝陟遥
	刀都牢
刀聲	芀徒聊　召直少　到都悼
召聲	苕徒聊　超敕宵　詔之紹　韶市招　鞀徒刀　鞉或　鼗或　[illegible]籒
	[illegible]市沼　柖止遥　邵寔照　昭止遥　佋市招　袑市沼　卲寔照　貂都僚
	沼之少　招止遥　弨尺招　紹市沼　[illegible]古　蛁都僚　劭讀若舃寔昭
	鉊止遥　軺以招　[illegible]之少
沼聲	菬昨焦
到聲	菿都盗
昭聲	照之少
	弔多嘯
弔聲	[illegible]都歷　盄止遥　[illegible]小徐弔聲讀若雕都僚
	釗止遥
	少書沼
少聲	訬楚交入添　眇亡沼　杪亡沼　[illegible]書沼　秒亡沼　玅於霄
	鈔蓋少聲少段從丿聲楚眇
眇聲	[illegible]亡沼　篎亡沼
	[illegible]土刀

攴聲	𤘻土九入蕭　敨土刀
	𣃏治小　兆古
兆聲	珧余昭　咷徒刀　趒徒遼　逃徒刀　跳徒遼　誂徒了　眺他弔
	䍸讀若春秋盟於洮治小　朓土了　桃徒刀　旐治小　朓土了　窕讀若挑徒了
	佻土彫　覜他弔　洮土刀　鮡治小　挑土凋　姚余招　絩治小　垗治小
	銚以招
厎聲	𦨶說文無厎字𦨶蓋兆聲厂象𦨶形土雕
	庳治矯
庳聲	𢧐直小
𢧐聲	𢧵治小
	盜徒到
䍃聲	瑤余招　嗂余招　䌛余招　鷂弋笑　榣余昭　歙余招　搖余招　媱余招
䌛聲	䌛讀若燒火招
	褭奴鳥
	𡿺奴皓
𡿺聲	嫋蓋𡿺省聲奴皓
	尞力照
尞聲	璙洛蕭　遼洛蕭　鷯洛蕭　膫洛蕭　𥷑或　簝洛蕭　橑盧浩　寮洛蕭
	僚力小　獠力昭　燎力小　𤢪讀若變力照　憭力小　潦盧皓　撩洛蕭
	嫽洛蕭　繚奴鳥　𡒯力沼　鐐洛蕭　轑盧皓

橑聲	藔盧皓　蓼或
	簩魯刀　簝古
勞聲	嘮敕交　癆郎到　澇魯刀　犖呂角
	牢從冬省聲魯刀
	料讀若遼洛蕭
	了奴鳥
焦聲	灑讀若勦子小
	巢鉏交
巢聲	璅子浩　藻子浩　薻或　樔鉏交　鄛鉏交　摷子小　繅穌遭
	勦子小又楚交切　轈鉏交
	小私兆
小聲	肖私妙　朴私兆
肖聲	莦所交　哨才肖　趙治小　削息約　梢所交　郩所教　稍所教　宵相邀
	痟相邀　悄親小　消相幺　霄相邀　捎所交　娋息約　綃相幺　蛸相邀
	銷相邀　陗七笑　誚譙古文才肖
削聲	箾所角　揱所角
稍聲	籍山樞
捎聲	䈰所交
	喿蘇到
喿聲	璪子皓　趮則到　譟蘇到　臊穌遭　劋子小　橾山樞入侯　燥穌到

	懆七早　澡子皓　鱢穌遭　操七刀　繰讀若喿親小
	表陂矯　襮古
	猋甫遙
猋聲	旚甫遙　飆甫遙　颮或
	䙳從要聲方昭
票聲	蔈方小　嘌招撫　𧼱撫招　瞟敷沼　膘敷紹入蕭　剽匹妙　標敷沼　旚匹招
	瓢符宵　幖方招　僄匹妙　覭方小　驃毗召　熛讀若摽甫遙　慓敷沼
	漂匹消又匹妙切　摽符少　嫖匹摽　縹敷沼　飄撫招　勡匹眇　麃薄交
	鏢撫招
麃聲	藨讀若剽平表　𧝄補嬌　鄜甫無　穮甫嬌　儦甫嬌　瀌甫嬌　鑣補嬌
	䲃或
	𤔔讀若詩摽有梅平小
	苗武鑣
苗聲	媌莫交　緢武儦　庿廟古文眉召
	毛莫袍
毛聲	芼莫抱　氂蓋毛聲莫交又里之切　眊亡報　旄莫袍　秏呼到　覒讀若苗莫袍
	髦小徐毛聲莫袍

沃部

	隺胡沃
隺聲	萑余六　犨五角　鶴下各　臛呼各　榷江岳　確胡沃　鶴下各
	熇羽沃原胡沃切　濩口角又公沃切　搉苦角
	虐魚約　虍古
虐聲	謔虛約　瘧魚約
	樂五角
樂聲	瓅郎擊　藥以勺　嚛火沃　趯讀若春秋傳曰輔趯郎擊　觻盧各原盧谷切　櫟郎擊
	癵力照　療或　礫郎擊　濼盧谷　鱳盧谷　繺以約　鑠書藥　轢郎擊
	𠦝竹角　卓古
卓聲	趠敕角　逴讀若棹苕之棹敕角　踔之教原知教切　穛竹角　罩都教　倬竹角
	焯之若　悼徒到　淖奴教　鯙都教　掉徒弔　婥奴教　䓬昌約　綽或
	勺之若
勺聲	礿以灼　玓都歷　芍胡了　箹北角　肑或　杓小徐勺聲甫遙俗音市若切
	的都歷　矵都了　仢徒歷
	豹北教　䶂之若　灼之若　尥力弔　汋市若　扚都了　妁市勺　約於略
	勬以灼　釣多嘯　酌之若
的聲	馰都歷
約聲	箹於角

	焯從皀聲讀若馰顙之馰都歷　皀丑略　㑅篆段以爲籀文
皀聲	㚘讀若薄他各
	翟徒歷
翟聲	藋徒弔　趯以灼　躍以灼　鸐以勺　糶他弔　燿弋笑　濯直角 擢直角
	嬥徒了　蠗首角段直角切
糴聲	糴徒歷　糶他弔
	龠以灼
龠聲	蘥以勺　䟑以灼　籥以灼　䶳弋笑　爚以灼　瀹以灼　闟以灼
籥聲	䈾讀與籥同羊戍
	敫讀若龠以灼
敫聲	璬古了　噭古弔　徼古堯　警古弔　鷩胡狄　檄胡狄　竅牽料 覈下革
	𩅦或　皦古了　憿古堯　激古歷　擊苦弔　繁之若　墽口交
噭聲	敫小徐敫聲讀若噭呼之噭古弔
	𡵂讀若躍以灼
	㞙奴弔
	弱而勺
弱聲	蒻而灼　腸而勺　愵讀與惄同奴歷　溺而灼　搦尼革　嫋小徐弱聲奴鳥
	觷於角
	休讀與溺同奴歷

	雀讀若爵雀聲之字並入爵即略
雀聲	截昨結
截聲	䳜子結　鬛子結　巀才葛　蠽子列
	爵即略　古　古見段本
爵聲	爝子肖　灂士角　釂小徐爵聲子肖　嚼噍或體才笑
	丵讀若浞士角
丵聲	糳則各　鑿在各　暴步卜　𠪚古
暴聲	謈蒲角　襮蒲沃　爆蒲木　瀑平到　謈蒲角　𦆍補各　曓薄報
曓聲	鸔蒲木
	皃莫報　貌或皃從豹省聲　𧳜籀
貌聲	藐莫覺　𢡱莫角

冬部

	夅下江
夅聲	𥫔古送　竷苦感入添　栙讀若鴻入東下江　洚户工　絳古巷　降古巷
竷聲	贛古送　𧹓籀　[illegible]古禫入添
贛聲	[illegible]古送又古禫切　戇陟絳　[illegible]古送　[illegible]或
降聲	隆力中
隆聲	[illegible]徒冬　癃力中　𤸇籀
	躳居戎　躬或俗
躳聲	竆渠弓　宮居戎
竆聲	藭渠弓　[illegible]渠弓
宮聲	营去弓　芎司馬相如説　[illegible]徒冬又火宮切
	中陟弓　𠁧古　𠁩籀
中聲	[illegible]陟宮　盅直弓　仲陟衆原直衆切　衷直弓　忠陟弓　忡敕中
	沖讀若動直弓
	眾之仲
眾聲	潨徂紅　[illegible]職戎
	冬都宗　𣅶古
冬聲	苳都宗　鼨職戎　[illegible]籀　終職戎　𠔇古
𠔇聲	[illegible]職戎　螽職戎　𧒍或　[illegible]徒冬
	[illegible]敷容讀若螽職戎

	彤小徐彡聲徒冬
	蟲直弓
蟲聲	融以戎　𩰫籀　痋徒冬　赨徒冬　鉵讀若同入東徒冬
	農從囟聲奴冬　𨐲籀　𨑃古　𨑈古
農聲	癑奴動　襛汝容　獿奴刀　濃女容　醲女容　𥂁奴冬　膿俗
	戎如融
戎聲	娀息弓
	宗作冬
宗聲	琮藏宗　賨徂紅　崇徂弓　悰藏宗　淙藏宗　綜子宋
曹聲	慒藏宗　宋小徐木聲蘇綜

咍部	
	𢑚讀若娭過在
	醫於其
	𠩺從未聲許其
𠩺聲	犛里之　嫠里之　𣃥里之　斄里之　𢡟力至　漦俟甾　釐里之
	喜虛里　歖古
喜聲	禧許其　譆火衣　瞦讀若禧許其　憙許記　饎昌志　𩞄或　糦或
	僖許其　歖欠部作歖小徐喜聲許其　熹許其
	灰呼恢
灰聲	恢苦回
自聲	詯讀若反目相睞荒内
	亥胡改　𠀅古
亥聲	荄古哀　咳户來　孩古　該讀若心中滿該古哀　㱾古哀　骸户皆　胲古哀
	刻苦得　𠛬古　核古哀　郂古哀　晐古哀　痎古諧　侅古哀　欬苦蓋
	頦户來　駭侯楷　㤥胡槩　閡五溉　垓古哀　劾胡槩　陔古哀
	又於救
又聲	右于救　右于救　有云久　㾓于救　尤羽求　祐于救
有聲	珛許救入蕭　趙讀若又于救　𥁕讀若灰一曰若賄于救　𥁕或　囿于救
	𡈪籀　賄呼罪　郁於六　宥于救　痏榮美　洧榮美　鮪榮美

	姷讀若祐于救　侑或　絠弋宰又古亥切　蛕户恢　蕕呼皐
尤聲	訧羽求　肬羽求　黖籀　煩從尤聲于救　疣或　忧讀若祐于救
	沋羽求
㿼聲	醢小徐㿼聲呼改　𨣾籀
䖈聲	䖈于救
	友云久　古　𦫳古
	郵羽求
	箕居之　古　古　古　籀　籀
其聲	祺渠之　禥籀　萁渠之　朞渠記　諆去其　棊渠之　旗渠之　期渠之
	㫷古　稘居之　欺去其　頬去其　騏渠之　麒渠之　惎渠記　淇渠之
	鯕渠之　娸去其　基居之　斯息移入齊
	曩讀若杞暨己
欺聲	僛去其
	丌讀若箕同居之
丌聲	迈讀與記同居吏
甶聲	畁杜林以爲騏驎字渠記
畀聲	綥渠之　綦或
綦聲	璂渠之　瑧或　藄渠之
	久舉友

久聲	玖讀若芑或若句脊之句舉友入侯　羑與久　[illegible]居又　灸舉友　[illegible]舉友 匛巨救
	柩或　匶籀入蕭
	龜居追　[illegible]古
龜聲	䰎古侯入蕭
	己擬居　己古
己聲	芑驅里　記居吏　改古亥　杞墟里　邔居擬　屺墟里　忌渠記 [illegible]非尾
	妃芳非入灰　攺居擬　紀居擬　圮符鄙　[illegible]或從配省聲　配滂佩入灰
忌聲	跽渠几　誋渠記
	丘去鳩　[illegible]古
丘聲	邱去鳩
	牛語求　𠤕𠤕疑並從矣聲矣古文矢字語期
	疑語其
疑聲	薿魚己　嶷魚力　譺五介　癡丑之　儗魚己　嶷語其　礙五溉 懝五溉
	擬魚己
	[illegible]讀若薿薿一曰若存小徐曰聲魚紀　朁籀朁即奇字簪
	止諸市
止聲	祉敕里　辵讀若春秋公羊傳曰辵階而走廣韻止聲丑略　徙斯氏入歌 [illegible]或　[illegible]古　齒昌里
	[illegible]古　企去智入齊　[illegible]古　沚諸市　阯諸市　址或
	之止而

之聲	芝小徐之聲止而　寺祥吏　[illegible]侍之　⿰㞢欠許其　志職吏　臺小徐之聲徒哀
	蚩赤之　事鉏史　[illegible]古
	市時止
寺聲	特徒得　峙直离　待徒在　詩書之　訨古　等蓋寺聲多肯　邿書之
	時市之　旹古　痔直里　侍時吏　庤直里　恃時止　洔直里　持直之
	畤周市
特聲	⿰木特陟革
待聲	偫小徐待聲直里
時聲	蒔時吏　塒市之
臺聲	嬯徒哀
蚩聲	⿰蚩攴豬几段豬己切　滍直几
	㠯羊止
㠯聲	苢羊止　台與之　⿱㠯廾羊吏　矣于己　⿰木㠯詳里　梩或　似詳里　能奴登
台聲	齝丑之　詒與之　眙丑吏　殆徒亥　胎土來　笞丑之　飴與之　⿱異食籀
	枱弋之　鈶或　辝籀　邰土來　枲胥里　⿱辝木籀　佁讀若騃夷在
	駘徒哀　炱徒哀　怡與之　怠徒亥　治直之　冶羊者入模　鮐徒哀
	始詩止　瓵與之　紿徒亥
怠聲	⿱竹怠徒哀
治聲	菭徒哀
枲聲	⿰枲隶徒耐

矣聲	唉讀若塵埃烏開　誒許其　[illegible]牀史　𢔝或　俟牀史 欸凶栽又烏開切段烏戒切
	騃五駭　竢牀史　[illegible]或　涘牀史　挨於駭段於駭切　娭遏在　埃烏開
能聲	𦞤奴代　態他代　䏻或蓋能聲
	𦣝與之　頤篆　𩠐籀
𦣝聲	𤦸讀若貽與之　茝昌改　笸居之　宧與之　𤟹息茲　洍詳里　姬居之
	巳詳里
巳聲	祀詳里　禩或　起墟里　𨑔古　攺讀若巳古亥　汜詳里　巸與之
	戺古　圯與之
巸聲	熙許其　媐許其
	辤似茲　辝籀
	辭似茲　𤔲籀
	耳而止
耳聲	珥仍吏　𩰪仍吏　餌或　刵蓋耳亦聲仍吏　佴仍吏　恥敕里　㚷仍吏
	弭緜婢　𢏖或入齊
弭聲	𪏮莫兮　㥝讀若沔入先彌兗　渳緜婢
	而如之
而聲	荋如之　胹如之　栭如之　𪚍奴禾入戈　恧女六　洏如之 鮞讀如而如之
	輀如之
	耏奴代　耐或

	來洛哀
來聲	⿱來土落哀　萊洛哀　⿱艹⿱來禾洛哀　⿸厂來古　睞洛代　賚洛帶　⿰禾來洛哀　⿰來見洛代
	騋洛哀　⿰來犬讀若銀入痕魚僅　淶洛哀　勑洛代
	里良止
里聲	理良止　荲讀若氂里之　⿺走里讀若小兒孩户來　⿰里阝良止　俚良止　裏良止
	貍里之　悝苦回　鯉良止
貍聲	薶莫皆　霾莫皆
	𠩺許其
	氂里之原莫交
	再作代
再聲	洅作代
	茲子之
茲聲	嗞子之　鷀疾之　慈疾之　滋子之　孳子之　籀
	宰作亥　⿱艹宰阻史又子亥切　滓阻史　⿰耳宰作亥　梓卽里　榟或
	⿰月宰囟或作⿰月宰息進切
㚇聲	艐讀若⿱艹宰阻史原子紅
	𡿧祖才
𡿧聲	菑蓋𡿧聲側詞　甾或
甾聲	緇側持　錙側持　輜側持
	子卽里　𢀈古　籀

子聲	芓疾吏　孜子之　李良止　杍古　秄卽里　仔子之　字疾置
	側詞　古
	采倉宰
采聲	菜倉代　倸倉宰
青聲	猜倉才
	士鉏里
士聲	仕小徐士聲鉏里
仕聲	阻史　胏揚雄説入灰
	才昨哉
才聲	倉才　讀若載作代　昨哉　材昨哉　財昨哉　鼒子之　鎡俗
	豺士皆　𢦏祖才　在昨代
𢦏聲	哉祖才　戴都代　籒　㦴側吏　栽昨代　昨代　裁昨哉　烖祖才
	灾或　扻古　災籒　千志　載作代　酨徒奈
在聲	茬仕甾
	史疏士
史聲	吏力置
吏聲	讀若迅疏吏　使疏士
	司息兹
司聲	祠似兹　嗣詳吏　孠古　笥相吏　詞小徐司聲似兹
	思息兹

思聲	諰小徐思聲胥里　䚡穌來　偲倉才　緦息玆　古
	絲息玆
絲聲	玆子之
	不方久
不聲	丕敷悲　芣縛牟　否小徐不聲方久　肧匹桮　衃芳桮　咅天口 [illegible]薄回
	否方久　紑匹丘　坏芳桮
丕聲	邳敷悲　秠敷悲　伾敷悲　駓敷悲　魾敷悲
否聲	嚭匹鄙　桮布回　籒　痞符鄙　罟縛牟　[illegible]敷悲　娝讀若箁匹才
	否美畢
	啚方美　古
啚聲	鄙兵美
咅聲	菩步乃　踣蒲北　箁薄侯　倍薄亥　培薄回　陪薄回
	佩蒲妹
	婦房九
	負房九
負聲	萯房九
	某莫厚　槑古
某聲	禖莫桮　謀莫浮　[illegible]古　[illegible]古　腜莫桮　[illegible]讀若侮亡甫　媒莫桮
	母莫后

母聲	峔武罪　苺武罪　䳇文甫　拇莫厚　坶莫六
每聲	誨荒内　敏眉殞　𣫭荒内　脢莫桮　梅莫桮　楳或　晦荒内　䍙莫桮
	侮文甫　㑄古　悔荒内　海呼改　娒讀如母莫后　畮莫厚　䀲古
	鋂莫桮
	冃讀若草莓之莓莫保
麻聲	靡讀若湃水亡彼

德部

	𠶷小徐中聲於力
𠶷聲	⿱艹𠶷於力　⿰木𠶷於力　⿱𠶷心於力　意籀
意聲	億於力
	意小徐音聲於記
意聲	噫於介　檍於力　澺於力
	黑呼北
黑聲	默讀若墨莫北　嫼呼北　纆莫北　墨莫北
	或于逼今俗胡國切　域或
或聲	⿰金或于逼　棫于逼　國小徐或聲古或　⿸疒或讀若溝洫之洫入屑吁逼　⿰或欠於六　⿰黑或于逼
	惑胡國　淢於逼　⿹或心于逼　閾于逼　⿵門⿹或心古入屑　聝古獲　馘或
	蜮于逼　蟈或今俗古獲切
⿹或心聲	⿰角⿹或心於六
	戒居拜
戒聲	祴古哀　誡古拜　械胡戒　悈古拜段居薤切
	革古覈　𠦃古從臼聲
革聲	諽讀若戒古覈　⿰革羽古翮　䨣匹各入鐸
䨣聲	霸普伯入鐸　𩃬古入鐸
	棘己力

棘聲	僰蒲北　襋己力
𠦝丸聲	戟讀若棘紀逆
音聲	𧼮讀若匐蒲北切原朋北　醅讀若僰蒲北切原匹回
	茍己力　[illegible]古
	亟紀力又去吏切
亟聲	[illegible]紀力　殛己力　極渠力　㥛己力
	戛讀若棘古黠
	怪從聖聲古壞
	克苦得　[illegible]古　[illegible]古
克聲	勀苦得
	㝵多則
㝵聲	得多則　㝵古
	悳多則　[illegible]古
悳聲	德多則
	戠之弋
戠聲	識賞職　樴之弋　熾昌志　[illegible]古　職之弋　織之弋
	[illegible]樂浪挈令
	陟竹力　[illegible]古
陟聲	騭讀若郅之日
	敕從束聲恥力

	食乘力
食聲	飤蓋食聲詳吏　飾賞隻　飭乘力　飭讀若敕恥力　飤篡古文居洧
	直除力　㮓古
直聲	殖常職　植常職　櫃或　穡常職　置陟吏　值直吏　湞恥力　埴常職
	異羊吏
異聲	冀羊吏　趩讀若敕丑亦　冀几利　廙與職　廙讀若枲胥里　潩與職
	𩕛與職　翼篆　廙與職
冀聲	驥几利
翼聲	趩與職　瀷與職
	弋與職
弋聲	隿與職　式賞職　杙與職　貣他得　代徒耐　忒他得　㚤與職 酟與職
式聲	試式吏　弒式吏　侙恥力　軾賞職
代聲	貸他代　岱徒耐　㤞他得
貸聲	蟘徒得
	力林直
力聲	仂盧則　勒盧則　肋盧則　朸盧則　扐盧則　阞盧則
勒聲	墊盧則
阞聲	泐盧則
	則子德　劃古　鼎古　㓵籀

則聲	萴阻力　側阻力　廁初吏　惻初側當爲初力切　測初側　鰂昨則 鯽或
	賊昨則　𡍐初力
	仄阻力　𠂆籀
仄聲	昃阻力
	夨阻力
	畟初力
畟聲	䅟子力　稷子力　𥞊古
	𡨄穌則
𡨄聲	塞小徐𡨄聲先代
塞聲	簺先代　𡫳先則
	嗇來省聲所力　𤲸古
嗇聲	薔所力　穡所力　𣢀所力　濇色力　轖所力
	色所力　𢒠古
	息自亦聲相卽
息聲	㮩相卽　鄎相卽　瘜相卽　熄相卽
	皕讀若祕彼力
皕聲	奭讀若郝詩亦　𡚁古　𧮰讀若憘許力
	北博墨
北聲	背補妹　邶補妹　𣏋兵媚

	畐讀若伏芳逼
畐聲	福方六　葍方六　副芳逼　⿰畐畐籀　楅彼即　⿰片畐芳逼　⿱雨畐蒲北　富方副
	幅方六　匐蒲北　愊芳逼　蝠方六　堛芳逼　輻方六
稫聲	⿺尢畐從稫聲説文無稫字蓋當從⿱雨畐省聲也符逼　⿱畐尢籀
富聲	⿱艹富方布
	𠬝房六
𠬝聲	服房六　⿰舟人古
般聲	蒲北
	箙房六
	伏房六
伏聲	絥平祕　茯或　鞴或
	⿲王車王讀與服同房六
	葡平祕
葡聲	犕平祕　糒平祕　備平祕　俻古　⿰忄葡蒲拜　⿸疒葡或
	麥莫獲　牧莫卜

登部	
	癰從㾮省聲或從人亦聲於凌　鷹籀
癰聲	譍於證　膺於陵　癰於陵
㚘聲	鞥讀若譍烏合
旬聲	郇讀若泓烏宏本相倫在先
	興虛陵
興聲	嬹許應　鄓虛陵
	恆胡登　死古
恆聲	栶古鄧　亙古　緪古恆　揯古恆　縆古恆
	弓居戎
弓聲	穹去弓
	兢從丰聲韻會引玤聲讀若矜居陵
	巹讀若詩云赤舄己己居隱
	肎苦等　肎古
	冰魚陵　凝俗
	登都滕　𤼷籀
登聲	璒都滕　證諸應　簦都滕　橙丈庚　鄧徒亙　憕直陵　鐙都滕 隥都鄧
	𧑼讀若鐙同都滕
	徵陟陵　𢼸古

徵聲	懲直陵　澂直陵
	爯處陵
爯聲	稱處陵　偁處陵
	升識蒸
升聲	抍蒸上聲　撜或
	丞署陵
丞聲	脀讀若丞署陵　烝煑仍
烝聲	蒸煑仍　𦭵或　⿱丞韭讀若拯署陵
𦭵聲	⿱𦭵豆居隱
	承署陵
	乘食陵　𠓗古
乘聲	騬食陵
	灷說文無此字偏旁有之直亙
灷聲	⿰豐灷而隴　⿱灷衣或　栚直衽　⿰亻灷古文以爲訓字以證
	朕直禁
朕聲	謄徒登　榺詩證　賸以證　幐徒登　騰徒登　黱徒耐　滕徒登 ⿸朕仌力膺
	凌或　縢徒登　螣徒登　塍食陵　勝識蒸
騰聲	⿺鬼騰徒登
	蠅余陵

蠅聲	繩食陵
	孕從乃聲以證
	乃奴亥 古 籀
乃聲	芿如乘 ⿰言乃如乘 ⿰木乃讀若仍如乘 鼐奴代 仍如乘 扔如乘
卤聲	𠧪讀如仍如乘 古
耎聲	陾如乘
	夌力膺
夌聲	堎讀若陵力膺 䬋里甑 棱魯登 淩力膺 掕里甑 綾力膺 陵力膺
淩聲	蔆力膺 ⿱艹遴司馬相如説入先
	曾段從困聲困囱古文昨稜
曾聲	譄作滕 熷作滕 贈作鄧 鄫疾陵 罾作騰 層昨稜 ⿱曾灬作滕
	⿺辶曾七耕段士耕切 憎作滕 潧側詵 甑子孕 ⿱⿲弓曾弓鬲籀 䰝子孕 繒疾陵
	⿰糸辛籀 增作滕
	厷古薨 𠃋古 肱或
厷聲	雄羽弓 宏户萌 ⿸厷谷户萌 閎户萌 紘户萌 ⿰糸弘或
𠃋聲	弘胡肱
弘聲	鞃丘弘 弦户萌 泓烏宏 強巨良強及強聲字入唐 彊籀
強聲	襁居兩 繈居兩 勥巨良 ⿱彊力古
	仌筆陵
仌聲	馮房戎本音皮冰切

馮聲	㵗房戎
豐聲	𩞧讀若馮皮冰原數戎
	凭讀若馮皮冰
	鳳從凡聲馮貢　朋古　鵬古
朋聲	棚薄衡　倗讀若陪位步崩　崩北滕　堋古
	淜皮冰　掤筆陵　弸父耕　堋方鄧　輣薄庚
崩聲	萠讀若陪薄回　繃補盲
	瞢木空
瞢聲	薨呼肱　夢莫忠又亡貢切
薨聲	儚呼肱
夢聲	薎讀若萌莫中　寢莫鳳　懜武亙　甍莫耕
	轟李善曰今爲軥玉篇作輷則當在先部呼宏

合部	
	邑於汲
邑聲	裛於業　悒於汲　浥於及　挹於汲
	合侯閤
合聲	祫侯夾　荅都合　迨侯閤　跲居怯　詥侯閤　鞈古洽　敆古沓　翕許及
	鴿古沓　礊徒合　韐古　柗胡甲　郃侯閤　帢古洽　韐或　佮古沓
	袷古洽　欱呼合　頜胡感　匌侯閤　洽侯夾　龕口含　閤古沓　拾是執
	姶烏合　給居立　盒古沓
荅聲	踏他合　榙讀若嚃土合
翕聲	[illegible]希立　歙許及　潝許及
拾聲	湁丑入
𣎳聲	迖讀若拾北末
	及巨立　乁古　弓古　[illegible]古
及聲	芨讀若急居立　吸許及　彶居立　趿穌合　靸讀若沓穌合　极讀若急其輒
	[illegible]呼合　[illegible]讀若蛤古沓　伋居立　馺小徐及聲穌荅　急居立　汲居立
	扱楚洽　級居立　鈒蘇合
	㬎讀若唫五合
㬎聲	濕他合　[illegible]敕立　隰似入　溼失入
	馽讀若輒陟立　縶或

	十是執
十聲	什蓋十聲是執　汁之入　協小徐十聲段入帖胡頰　叶古　叶或
	㗊讀若沓徒合
㗊聲	雭丈甲
	沓從曰聲曰在末部徒合
沓聲	䂿他合　誻徒合　碴徒合　涾徒合　搭他合原徒合切　媎他合 錔他荅
	龖讀若沓徒合
龖聲	讋之涉　讋籀　襲似入　襲籀
	眔小徐隶省聲徒合
眔聲	遝徒合
遝聲	譶他合　榙徒合
	疊徒叶
	習小徐白聲似入
習聲	謵秦入　槢似入　騽似入　熠羊入　慴讀若疊之涉　鰼似入 摺之涉
	廿人汁
	入人汁
入聲	𨥚尼輒
	㚔讀若瓠一曰若籋尼輒
㚔聲	執之入

執聲	蓻姊入　𧾺徒叶　䜭之涉　𢷬讀若晉卽刃入先　鷙脂利入咼
	䞃小徐執聲私利入咼
	𥨍都念　褺徒叶　𪆟陟利入咼　㥃之入　䨊讀若春秋傳墊阨都念
	蟄直立　墊都念
	摯脂利入咼
	立力入
立聲	翊與職　鴗力入　笠力入　柆盧合　昱余六　粒力入　𩚊古　㕇盧荅
	泣去急　拉盧合　颯蘇合
昱聲	喅余六　煜余六
	㗊讀若戢又讀若呶阻力
算聲	潠初洽又先活切
	咠七入
咠聲	葺七入　䏶秦入　讘他叶　楫子葉　湒姊入　揖伊入　戢阻立 緝七入
	輯秦入
戢聲	濈阻立
	皀讀若香又讀若扱皮及（楚洽）
皀聲	鵖彼及
	雧秦入　集或
集聲	㠁讀若集子入　䌖徂合　鏶秦入　𨧫或　𦆽蓋集聲讀若捷姊入

	亼讀若集秦入
亼聲	食乘力
	雥徂合
	歰色立
歰聲	⿰彳歰一曰此與馺同穌合
	卅蘇沓

覃部

	音於今
音聲	喑於今　諳烏含　暗烏紺　窨於禁　瘖於今　罯烏感　歆許今 猎乙咸
	黯去減　湆去急　闇烏紺
闇聲	灡乙咸原乙感切
	咸小徐戌聲胡監
咸聲	葴職深　鹹工咸　諴胡毚　瞡苦夾　箴職深　椷古咸　顑下感又下坎切
	麙胡毚　感古禫　減古斬　鰔胡毚　撼胡感　緘古咸　鍼職深
鹹聲	覃徒含　 古　 篆
覃聲	禫徒感　蕈慈衽　嘾徒感　瞫式荏　簟徒念　橝徒含　鄿徒含 糰徒感
	驔讀若簟徒玷　燂火甘又徐鹽切　潭徒含　鱏余箴　撢他紺 嬋讀若深乃忝
	蟫余箴　鐔徐林　醰徒紺
箴聲	鸃職深　黬古咸
緘聲	鰔古咸
	銜胡監
彗聲	兢讀若矜居陵
	今居音
今聲	玪古函　芩巨今　犙巨禁　含胡男　吟魚音　齡或　訡或　鈐巨今
	雂巨奄原巨淹切　棽丑林　貪他含　衾去音　欽丘嚴　岑鉏箴

	䶈讀若含胡男　黚巨淹　念奴店　霠於今　侌古　㞤古　䱟徂慘
	龕口含　䶃巨今　妗火占　戡口含　䃁胡男　紟居音　䋮籀　金居音
	𨤾古　鈐巨淹　矜居陵　禽巨今　酓於剡
含聲	琀胡紺　頷胡感
貪聲	嗿他感
岑聲	梣子林　橬或　涔鉏箴
念聲	唸都見　諗式荏　敜奴叶　稔而甚　淰乃忝
侌聲	陰於今
陰聲	蔭於禁
酓聲	䤌恩甘　雂恩含　䳺籀　盦烏合　歓於錦　㱃古　㱃古　㜝五感
金聲	芩巨今　唫巨錦又牛音切　趛牛錦　鈙讀若琴巨今　錦居飲　衿居音
	欽去音　顉五感　崟魚音　㶣讀若紟巨今　黔古咸　淦古暗　汵或
	捦巨今　㩒或　釿宜引
欽聲	廞讀若歆許今
	琴巨今　珡古
	㐺讀若欽崟魚音
㐺聲	眾蓋㐺聲之仲
	宷式荏　審篆
審聲	瀋昌枕
	㝚小徐求省聲讀若禮三年導服之導式鍼

罙聲	深式針　探他含
深聲	蓡式箴
	闖讀若郴丑禁
	甚常枕　[illegible]古
甚聲	葚常衽　斟小徐甚聲子入　諶是吟　糂桑感　糣籒　糝古　[illegible]丁含
	歁讀若坎苦感　煁氏任　黮他感　湛宅減段直林切　[illegible]古　媅丁含
	戡竹甚又口含切　堪口含　斟職深　[illegible]余箴
吉聲	劼讀若簟徒感原巨乙切
	冘余箴
冘聲	芜直深　訦是吟　炈知朕　眈丁含　鴆直禁　肬他感　枕章衽　頕章衽
	黕都感　忱氏任　沈直深又尸甚切　耽丁含　扰竹甚　紞都感　鈂直深
	酖丁含
肬聲	[illegible]他感
沈聲	霃直深　㸒余箴
㸒聲	淫余箴　婬余箴
	㝷彡聲徐林
㝷聲	蕁徒含段徒南切　[illegible]或　鄩徐林　襑他感　潯徐林
	𢆉讀若飪如審
𢆉聲	南那含　[illegible]古　[illegible]直廉

南聲	湳奴感
㚒聲	[illegible]力鹽
	男那含
	壬如林
壬聲	飪如甚　[illegible]古　[illegible]古　任如林　衽如甚　妊如甚　紝如甚　[illegible]或
任聲	荏如甚　栠如甚　賃尼禁　恁如甚　[illegible]蓋任聲而琰
	㐭力甚　廩或
㐭聲	稟蓋㐭聲筆錦　[illegible]讀若桑葚之葚力荏
廩聲	癝力稔
[illegible]聲	[illegible]讀若淫力荏　[illegible]盧感
	林力尋
林聲	禁居蔭　琳力尋　菻力稔　郴丑林　痳力尋　罧所今　惏盧含 淋力尋
	霖力尋　婪讀若潭盧含　綝讀若郴丑林
禁聲	噤巨禁
	兓子林
兓聲	鬵才林　[illegible]籀　朁七感
朁聲	𤩽側岑　噆子荅　譖莊蔭　僭子念　憯七感　潛昨鹽　[illegible]鉏箴 蠶昨含
	鐕則參　[illegible]子朕
鬵聲	灊昨鹽

	㚊側岑　簪俗　侵七林
侵聲	葠失廉　寑七荏　𡫳籀　祲子林　蔓七朕　梫七荏　駸子林　綅子林
	埐從帚聲蓋侵省聲子林
𡫳聲	浸子鴆　𩆄七荏
浸聲	蓡山林
	三穌甘　弎古
	森讀若曾參之參所今
	彡所銜
彡聲	彤丑林
彤聲	𧡆讀若郴丑林
	心息林
心聲	沁七鴆
	曑所今　曑或
參聲	犙穌含　謲倉南　篸所今　槮所今　傪倉含　驂倉含　狻山檻 黲七感
	慘七感　滲所禁　嵾七感　縿所銜
	品丕飲
品聲	臨力尋　喦小徐品聲五咸　碞韵會引品聲讀與巖同五銜
臨聲	瀶力尋
	凡浮芝

凡聲	芃房戎　鳳馮貢　汎孚梵　風方戎　凮古 帆音範同笵廣韻防鋄切防芟
風聲	葻讀若婪盧含　諷芳奉　楓方戎　颿符嚴
	宂讀若深鉏箴
	縣讀若唫五合（巨錦）

帖部	
	䖔從去聲併凵入模呼濫
	盇小徐大聲胡臘
盇聲	嗑讀若甲候榼　𪘉以贍　饁筠輒　榼枯蹋　𨛜胡蠟 𤻚讀若脅又若掩烏盇
	磕口太又苦盇切　闔胡臘
	劦胡頰
劦聲	珕郎計　荔郎計　脅虛業　拹虛業　恊胡頰　𪐠胡頰　協胡頰
	叶古　旪或
脅聲	𣤊虛業
	曄蓋華聲筠輒
	曅小徐𦐇聲筠輒
𦐇聲	爗筠輒
	夾古狎
夾聲	莢古叶　唊讀若莢古叶　䩡古洽　䀹子葉　[illegible]讀若澀山洽　梜古洽
	郟工洽　㾜苦叶　俠胡頰　頰古叶　𩠐籀　㕒胡甲　悏苦叶　挾胡頰
	𡝫呼帖　匧苦叶　篋或　綊胡頰　蛺兼叶　㰼許兼
	鋏讀若漁人莢魚之莢一曰若挾持古叶　陜侯夾
㾜聲	瘱於計　瘞於罽
匧聲	㥦苦叶

	甲古狎　古
甲聲	呷呼甲　柙烏匣　古　宑烏狎　狎胡甲　閘烏甲　匣胡甲
	劫居怯
劫聲	[illegible]口盍
	鉣讀若劫居怯
	狜狜怯併凵入模去劫　怯杜林説
	業魚怯　古
業聲	鄴魚怯
	耴陟葉
耴聲	帖陟葉　䮙尼輒　㧙丁愜　鈳陟葉　輒陟葉　䎟而涉
	聑丁帖
舌聲	狧讀若比目魚鰈之鰈他合小徐舌聲
	[illegible]時攝　涉篆
	聶尼輒
聶聲	[illegible]尼輒　讘之涉　[illegible]之涉　儠齒涉　懾之涉　攝書涉
	讀與聶同尼輒　尼輒
	図讀若聶女洽
㚏聲	甈零帖
	巤良涉

巤聲	邋良涉　臘盧盍　儠良涉　鬣良涉　⿰毛巤或　⿰豕巤或　獵良涉　擸良涉
	帀子荅
	妾七接
妾聲	菨子葉　翜山洽　椄子葉　淁七接　鯜七接　接子葉
	臿小徐干聲楚洽
臿聲	⿸尸臿楚洽　歃山洽　插韵會引臿聲楚洽　⿰女臿讀若懾丑聶　鍤楚洽
	疌從中聲疌及疌聲字見曷疾葉
疌聲	萐山洽　箑山洽　䈉或　寁子感　倢子葉　⿰衤疌七入　捷疾葉
	婕讀若接子葉　⿰山疌楚洽　緁七接　⿰糸習或　蜨徒叶
	枼從世聲穌合又與涉切
枼聲	葉與涉　諜徒叶　⿰月枼直葉　⿱竹枼與接　韘失涉　⿰弓枼或　牒徒叶　屟穌叶
	渫私列　揲食列　媟私列　緤紲或體私列　鍱與涉
葉聲	偞與涉　⿰衤葉徒叶　⿰土葉徒叶
	⿱由寸杜林説以爲貶損之貶方斂
	灋方乏　法今法　⿱亼正古
	乏房法
乏聲	⿱艹乏孚凡　⿱髟乏平立　⿰舌乏讀若⿱冃羽土盍　貶小徐乏聲方斂　窆方驗　覂方勇
	⿸尸乏直立　砭方彤又方驗切　泛孚梵　姂房法　⿱冃羽從羽冃土盍
⿱冃羽聲	蹋徒盍　鰨土盍　闒徒盍
闒聲	⿰言闒徒盍

添部	
	弇小徐聲一儉　古
弇聲	䪶讀若讋烏合　黭烏感　渰衣檢　揜衣檢　媕衣檢　奄依檢
奄聲	鞥烏合　腌於業　郁依檢　晻烏感　罨於業　俺於業　裺依檢　黤於檻
	淹英廉　閹英廉　掩衣檢　婘依劍
	猒於鹽　猒或
猒聲	厭於輒又一琰切
厭聲	檿於琰　黶於琰　懕於鹽　擪於協　嬮於鹽　壓烏狎
	马呼感原乎感切
马聲	圅胡男　肣俗
	小徐本及大徐宋本皆同從木马马亦聲胡感　犯防險　氾孚梵
圅聲	菡胡感　顄胡男　涵胡男　涵胡男　霝胡男
氾聲	范房芠　笵防芠
笵聲	範大徐音犯廣韻防錽切防險
	臽户猎
臽聲	啗讀與含同徒濫　脂讀若陷户猎　峪苦紺　鹽或　窞徒感　欿讀若貪他含
	餤以冉　惂苦感　淊胡感　鮥户賺　閻余廉　壛或　蜭乎感　陷户猎
峪聲	監古銜　警古
監聲	藍魯甘　瞰古銜　籃魯甘　厱古　檻胡黯　艦魯甘　襤魯甘　覽盧敢

	藍讀若春秋黑肱以濫來奔魯甘　濫盧瞰　鹽余廉　擥盧敢　爁盧瞰　鑑革懺
	醯盧瞰
濫聲	灆説文誤與染青艸之藍重今依廣韻引作灆魯甘
閻聲	藺徒感　譋丑剡　諂或　爓余廉　澗余廉
	㔾胡先
㔾聲	㮖胡感
	炎于廉
炎聲	琰以冉　啖徒敢　談徒甘　燮讀若溼籀文作燮從羊穌叶
	睒讀若白蓋谓之苫相似失冉
	剡以冉　棪讀若三年導服之導以冉　郯徒甘　倓讀若談徒甘　倒或　覢失冉
	欻讀若忽許物　惔徒甘　淡徒敢　緂充三　錟讀若老聃徒甘　熊羽弓
燮聲	瓆穌叶
剡聲	蒳土敢　蒅或　箌丑廉　緂土敢
	敢從古聲古覽　𣪊籀　𢽼古
𣪊聲	譀下闞　諴俗　厰魚音　玂荒檻　黤於檻　闞苦濫
厰聲	嚴語杴　𠪚古
嚴聲	囒五銜　籢語杴　儼魚儉　巖五緘　礹五銜
	甘古三
甘聲	苷小徐甘聲古三　甜蓋甘聲徒兼　曆讀若函古三　邯胡安　黚巨淹　泔古三

	拑巨淹　紺古暗　鉗巨淹　酣胡甘
甜聲	恬徒兼
拑聲	箝巨淹
	兼古甜
兼聲	蒹古恬　嗛户監　⿰齒兼五銜段五緘切　謙苦兼 ⿰食兼讀若風溓溓一曰廉絜也力鹽
	槏苦減　稴讀若風廉之廉力兼　⿰巾兼力鹽　歉苦簞　⿰兼頁五咸 鬑讀若慊力鹽
	廉力兼　磏力鹽　⿰犭兼讀若檻胡黯　⿰黑兼丘檢　熑力鹽　⿺走兼古咸　慊户兼
	溓力鹽　濂或　⿱雨兼力鹽　鰜古甜　嫌户兼　縑古甜　⿰虫兼讀若嗛力鹽
	鎌力鹽　隒魚檢
廉聲	薕力鹽　簾力鹽
	凵口犯
	竷苦感
竷聲	⿰章⿱夅畐讀若春秋傳曰美而豔古禫
	欠去劍
欠聲	芡巨儉　坎苦感
	广讀若儼魚儉
	詹職廉
詹聲	瞻職廉　膽都敢　檐余廉　儋都甘　襜處占　黵當敢　憺徒敢
	澹徒濫段徒敢切　闔余廉　聸都甘

	占職廉
占聲	苫失廉　䩞他叶　𠚤丁念　笘失廉　䛸奴兼　䛸都念　枮息廉 黏女廉
	痁失廉　帖他叶　耇讀若耿介之耿丁念　覘敕豔　䊾舒贍　點多忝 沾他兼
	鮎奴兼　貼丁兼　拈奴兼　姑齒懾　蛅職廉　坫都念　黇他兼 鉆敕淹
	阽余廉
沾聲	䈴讀若錢昨鹽　霑張廉　𡜞丑廉
粘聲	𣘗所銜
天聲	忝他點
	丙讀若三年導服之導一曰讀若沾一曰讀若誓他念　㐁古
	夾失冉
夾聲	陝失冉
陝聲	𡑿失冉
舌聲	栝他念　狧讀若比目魚鰜鰈之鰜他合　䑙以冉 銛讀若棪桑欽讀若鐮息廉
	閃失冉
	燄以冉　燅韵會引炎聲大徐從炎從熱省徐鹽　𧵳或
干聲	芺直廉
芺聲	覝讀若鎌力鹽
	冉而琰
冉聲	詽汝閻　枏汝閻　那諾何入歌　痈讀若枏又讀若襜赤占　𤷛籀

	㲻汝鹽　聃他甘　耼或
	抩他含　姌而琰　蚺人占　䑙没閤段汝閤切
	染從杂聲説文無杂字而琰
染聲	䆷而琰　媣而琰　𢦏古文讀若咸又讀若詩云攕攕女手子廉
𢦏聲	韱息廉　𩃺子廉又讀若芟
韱聲	讖楚蔭　殲子廉　籤七廉　櫼子廉　㡨精廉　瀸子廉　攕所咸 孅息廉
	纖息廉　鑯子廉　䃢初減
	斬側減
斬聲	蔪慈冉　䈴或　𧾷藏濫　槧自琰　暫藏濫　𨌲鉏銜　慙昨甘　漸慈冉
	蹔昨甘　螹慈染　塹七豔　鏨藏濫
漸聲	㵴慈冉
	僉七廉
僉聲	薟良冉　蘞或　譣息廉　斂良冉　劒居欠　劍籒　檢居奄　儉巨險
	顩魚檢　㦓讀若藍魯甘　驗魚窆　獫虛檢　憸息廉　䨘子廉　鹼魚欠
	撿良冉　嬐息廉　險虛檢　醶魚窆
斂聲	籢力鹽
	毚士咸
毚聲	嚵士咸　讒士咸　㔆鉏銜　酁讀若讒士咸　儳士咸　纔讀若讒士咸
	鑱士銜

少聲	訬讀若毚士咸原楚交
	芟小徐殳聲所銜
	⿱冊心小徐冊聲息廉
	⿱癶又讀若范亡范

後記（一）

《音學四表》係已故貴州大學中文系副系主任趙伯愚教授之遺著。著者曾師事國學大師黄侃（季剛）先生有年，對文字聲韵之學研習甚深，晚年所著《音學四表》對研究漢語聲韵學者當有所裨益。《四表》中《古韵二十八部》的前部分（即鐸部前）爲著者親筆所定稿；後部分（即唐部以下）著者未能親筆定稿，只留下有些塗乙的初稿，乃由其學生楊適整理謄正。楊適自謂己學識淺薄，疏漏難免，希讀者明鑒。

楊適

後記（二）

先父趙伯愚教授辭世四十有一年，二〇一九年也是他誕辰百二十周年。他的遺著《音學四表》能於近日問世，他定會含笑於九泉，我們兒孫也會感到莫大的慰藉。這是對先父先祖最好的紀念。

“文化大革命”中期，先父從“革命”對象“反動學術權威”忽然被“三結合”成“貴州大學中文系革命委員會副主任”，真是滄海桑田。那時他已年逾古稀，“革命”的事已無能爲力，被允許在家休息。他自知歲月不多，乃伏案著述，夜以繼日。古韵分爲二十八部，係他恩師黄侃先生肇始。可惜，其先師過早仙逝，未能將其細化。先父期以自己餘生完成恩師夙願，以告慰恩師在天之靈。

一九七五年秋冬，書稿已近尾聲，全書初稿已完成。第一至四册上半册已定稿并以楷書謄正。不幸先母病重，我在北京空軍總醫院作軍醫的長姊接先母去北京治療。先父帶上書稿和有關資料陪同北上，希望能抓緊時間完成全稿。先母一到北京就住進醫院，住院一月多便開始昏迷，以後再也没有出院。先父日夜記挂老伴病情，無法繼續著述，特别是次年陰曆正月初一日上午四時先母辭世，先父悲痛欲絶，從此判若兩人，連話都不想説了。這樣過了一年，先父便與世長辭，遺稿第四册後半部尚未最後定稿謄正。

二十世紀九十年代，貴陽市政協擬出一本有關貴陽二十世紀前半葉教育界人物的專輯，向楊適先生約稿。楊先生是一九四八年國立貴州大學中文系畢業的高材生，師事先父十數年，師生情誼至深。他向市政協提供了一篇緬懷先父的文章《趙伯愚先生事略》，情見乎辭，非常感人。該專輯問世，楊先生贈我一册留作紀念，并問我先父辭世後尚留下些什麽遺稿，我將先父全部遺稿（包括全部原始初稿和定稿後謄正稿）都交與他。楊先生費心將所有原始初稿和定稿後謄正稿進行比對，把先父未來得及定稿的第四册（下）從先父原始初稿中整理確定并以楷書謄正。這樣，全書的定稿終於在楊先生的努力下得以最後完成。全書論述都按黄氏古韵廿八部和古聲十九紐排序，共分四册，各册標題和順序都按先父原始初稿，第四册以分量偏重分上、下二分册，歌部至鐸部歸上册，唐部至添部歸下册。全書書名先父未定，楊先生便仿明末學者顧炎武名著《音學五書》建議稱爲《音學四表》。然後楊先生將先父遺稿交於我，囑我仔細校對。二十世紀五十年代，我在高校所修爲理論物理。校對古漢語文字學、音韵學著述真是勉爲其難，力不從心。楊先生看出我的顧慮，便鼓勵我："我知你少年時，令尊指導你讀過些古文、詩、詞，總算有點基礎，去買一部《辭源》和王力先生編著的北大教材《古代漢語》，先抱著《辭源》學習《古代漢語》，然後邊學邊校。"那時我的兩個女兒趙曉梅和趙曉冬還在上學。我命她們姊妹倆同我合作。我們父女三人懷著對先父先祖深切的敬愛和對家族的强烈使命感，便在楊先生的耐心指導下"邊學邊校"，用了三年時間學完了《古代漢語》，完成了校對，作了筆記并向楊先生進行了彙報。楊先生對我們的努力予以肯定和鼓勵。

我的女兒曉梅和曉冬從二〇一六年起開始爲先祖遺稿製作電子版。此時她們已碩士畢業，姊姊修文學，妹妹修美學。我們希望"電子版"能保留祖父原稿的字形和縱行排列，只是第四册小姊妹作了點小調整。"文化大革命"後期紙張奇缺，先父定稿謄正時爲省紙，將同韵部相同聲旁諸字組成的各組字寫得靠近，組與組間僅以一空格分開，沒有另起一行，頁面稍嫌擁擠，小姊妹製作電子版時將同聲旁每組都另起一行。楊先生説，這樣也可，學理上更明晰，閲讀時更美觀，予以肯定。古漢語稿件繁體字多，生僻字多，製作"電子版"費工又費時，尤其是還需要對稿件有一定的瞭解。小姊妹曾抱著《辭源》，在楊適伯伯指導下認真學過《古代漢語》，參加過前期的校對，此時獨立製作電子版仍覺心中没底，恰好楊世伯來電話表示“電子版”的校對他承擔。我們父女三人真是喜出望外。我們原有此奢望，但楊世伯已九十高齡，怎能向他開口？得楊世伯電話後，姊妹倆就陸續將“電子版”複印稿呈楊世伯過目，并將已校複印稿取回，重新在電腦上彌補訂正，二〇一八年年底，先父遺著“電子版”才告雛形。

二〇一七年春末，我帶著先父遺稿拜見貴大出版社梁老師，向她陳述先父遺稿出版事宜，受到她的熱情接待。二〇一八年我又帶著先父遺稿拜見貴大王芳恒副校長，也向他陳述先父遺稿出版事宜。王芳恒副校長很快告知貴大出版社閔社長，閔社長很快委派出版社葛老師兩次約見我們，後來方老師又與我簽了合同。我和我的家屬感到很大鼓舞，在此，對母校和母校出版社領導和梁、葛、方三位老師的支持先致衷心的謝忱！

趙和
二〇一九年七月八日